LETTRES A ÉMILIE

sur

LA MYTHOLOGIE.

—

TOME II.

PARIS. — Imprimerie de BOURGOGNE et MARTINET,
rue du Colombier, 30.

LETTRES A ÉMILIE

SUR

LA MYTHOLOGIE,

SUIVIES

DES CONSOLATIONS;

Par Demoustier;

AVEC UNE NOTICE NOUVELLE ET DES NOTES,
PAR G. TOUCHARD-LAFOSSE.

TOME SECOND.

PARIS,
A.-R. LANGLOIS, LIBRAIRE-ÉDITEUR,
RUE DES GRANDS-AUGUSTINS, 25.

1835.

LETTRES A ÉMILIE

sur

LA MYTHOLOGIE.

LETTRE XLIX.

FLORE, PALÈS, FAUNE, SYLVAIN.

Pourquoi demeurer à la ville
Quand tout reverdit dans nos champs,
Quand Flore décore l'asile
Que l'Amour destine aux amans?
Ah! venez dans nos bois: ces berceaux vous attendent;
Ce gazon vous appelle, et ces roses demandent
Pourquoi vous les privez si long-temps du bonheur
De couronner le sein de la pudeur.

J'ignore ce qui se passe sur les bords tumultueux de la Seine; mais ici le sujet intéressant de la nouvelle du jour est l'arrivée du Printemps, qui vient de faire son entrée dans nos plaines avec tout l'appareil de son antique magnificence.

Sur un nuage de rosée
Doré des rayons du soleil,

LETTRE XLIX.

Il parcourt nos guérets, et presse le réveil
  De la Nature reposée,
  Qui, de mille feux embrasée,
Le sein couvert de fleurs, sort des bras du Sommeil.
  Une légère draperie,
  Pareille à l'écharpe d'Iris,
Couvre le sein du dieu. Son aimable souris,
  Qu'un tendre regard accompagne,
  Ranime les vallons flétris,
  Et fait sourire la campagne.
A l'aspect des coteaux qu'il vient de rajeunir,
  Le jeune amant de la Nature
  Rougit, comme une vierge pure,
  De modestie et de plaisir.
Son front est couronné de l'herbe des prairies,
  Pour prouver que de la Beauté
Le premier ornement est la simplicité.

  L'Amour, qui, sans être invité,
  Assiste à toutes les parties,
Voltige à ses côtés, et, tandis que les fleurs
Échappent de ses mains, le fripon les ramasse,
  Puis, en riant, les entrelace
Sur la pointe des traits qu'il destine à nos cœurs.

La mère du Printemps, jeune, fraîche et vermeille,
  Flore dans sa riche corbeille
Assortit un tribut de roses et de lis,
Et le donne au Zéphyr pour l'offrir à son fils.
Les plaisirs enfantins, les jeunes amourettes
  Suivent en jouant du hautbois,

Et chassent vers le nord l'Hiver au fond des bois,
En lui jetant des violettes.

La foule des courtisans qui ferme le cortége est conduite par le dieu Pan, environné de Faunes et de Sylvains. Priape marche à sa droite, escorté par les Satyres. Ceux-ci, d'un œil lascif, considèrent les Dryades, les Hamadryades, les Oréades et les Napées, qui s'empressent autour de Palès, déesse des prairies, et protectrice des bergers. Le dieu Terme, qui les voit passer, soupire de ne pouvoir les suivre; mais il se réjouit en voyant croître la verdure qui bientôt doit ombrager sa tête.

Tels sont, Émilie, l'ordre et la marche de cette entrée, qui, selon moi, vaut bien celle de nos ambassadeurs. Or, quand vous voyez passer ces simulacres de potentats au milieu de la magnificence royale, vous vous informez du nom et de l'emploi des principaux officiers qui les environnent; je crois donc devoir vous faire connaître en détail les principaux ministres du plus aimable roi de l'année.

Le premier ministre du Printemps est la déesse Flore, qui, en sa qualité de reine-mère, gouverne, durant le règne de son fils, le peuple brillant des fleurs. Zéphyre, qui l'accompagne, partage ses soins entre Flore, Cérès et Pomone. Ce dieu léger est fils d'Éole et de l'Aurore. Des ailes de papillon soutiennent son corps diaphane au milieu de la vapeur éthérée. Aussi vermeil, aussi frais que les fleurs qu'il caresse, son teint offre la rougeur virginale de la rose naissante, ses regards, la douceur des premiers rayons du printemps. Soigneux des trésors fragiles qu'enfante le sein de Cybèle[1], il écarte, de son souffle et de ses ailes, les Aquilons et les noires Tempêtes, et nourrit des pleurs de sa mère l'enfance des fleurs, des fruits et des moissons.

Les savans n'osent décider si Zéphyre est l'époux ou l'amant de Flore, en sorte que la légitimité du Printemps est encore un problème. Les médisans vont plus loin; s'il faut les en croire, la déesse Flore n'est qu'une mortelle parvenue, qui vivait autrefois à Rome aux dépens des jeunes citoyens. Chloris était alors son nom. Enrichie par ses amans, elle nomma pour son héritier le sénat, qui, par reconnaissance, fit son apothéose. Mais, ne sachant trop quel domaine lui assigner, il lui donna celui des fleurs, qui était alors vacant, et la maria à Zéphyre, époux sans conséquence, qui convenait parfaitement au caractère variable de la nouvelle déesse. Il institua en son honneur les jeux floraux, où les femmes publiques, dépouillées de leurs vêtemens, combattaient et couraient au son des trompettes. Celles qui remportaient le prix de la

---

[1] La Terre.

FLORE, PALÈS, FAUNE, SYLVAIN. 5

lutte ou de la course recevaient une couronne de fleurs. La statue de la déesse paraissait, au milieu d'elles, couronnée de guirlandes, et couverte d'une draperie qu'elle tenait de la main droite; de l'autre, elle présentait une poignée de pois et de fèves, parce que, durant les jeux floraux, les Édiles jetaient ces légumes au peuple de Rome.

Si ces détails sont véritables, vous préfèrerez à la déesse Flore la déesse Féronie, autre ministre du Printemps, qui gouverne par *interim* les fruits naissans, jusqu'au moment où Pomone vient prendre elle-même les rênes de son empire. Le feu, ayant consumé jadis un bois situé sur le mont Soracte, et consacré à la déesse Féronie, les habitans voisins accoururent pour sauver sa statue, mais tout-à-coup le bois se couronna d'une verdure nouvelle. Ce miracle accrédita tellement la déesse, que ses prêtres osèrent se vanter de marcher sur des brasiers, et de tenir un fer ardent sans ressentir la plus légère impression.

Pour éprouver ce pouvoir plus qu'humain,
J'aurais voulu les voir, et vous donner la main,
Ou marcher sur vos pas; et je crois, mon amie,
    Que j'aurais fort déconcerté
    La feinte insensibilité
    Des chapelains de Féronie.

Moins respectée, mais plus aimée que cette

déesse, Palès régnait sur les prés et sur les troupeaux. Sa parure est aussi simple que son culte. Un voile couvre ses charmes innocens. Un peu de laurier et de romarin couronne sa chevelure, parce que, durant ses fêtes, les bergers purgeaient leurs troupeaux, en mêlant du romarin et du laurier dans leur pâturage. Elle tient une poignée de paille[1], qui sert de litière aux bestiaux. Ses fêtes se célébraient au mois de mai. Les pasteurs lui offraient du lait et du miel; puis allumant, à des distances égales, trois grands feux de paille, ils sautaient par-dessus; et le plus agile remportait le prix, qui ordinairement était une jeune chèvre ou un agneau.

> Ainsi, dans l'âge d'or, quand la simple innocence
>   Rendait hommage à la divinité,
> Ses fêtes commençaient par la reconnaissance,
>   Et finissaient par la gaîté.

Les compagnes de Palès sont les Napées, qui présidaient aux plaines, et les Oréades aux montagnes. Ces nymphes furent, dit-on, les nourrices de Cérès et de Bacchus, parce que les moissons croissent dans les campagnes, et les vendanges sur les coteaux. C'est aux Oréades que nous devons le miel. Une de ces nymphes, nommée Mélisse, ayant trouvé dans un arbre creux un rayon rempli de cette liqueur dorée, en fit goûter à ses compagnes,

---

[1] Le mot *Palès* dérive du mot latin *palea*, paille.

qui, enchantées de cette découverte, donnèrent aux abeilles le nom de *mélisses*, et à leur nectar celui de *mel*, que nous avons traduit par *miel*.

Les Dryades[1] avaient l'inspection des bois et des arbres en général[2]; les Hamadryades, aussi multipliées que les arbres, naissaient et mouraient avec celui auquel leur existence était intimement liée. Cette fiction ingénieuse, qui prodigue les divinités aimables et attache des nymphes à tous les objets qui nous environnent, a je ne sais quel charme attendrissant. Quand je me reporte au temps de la fable,

Les monts, les bois, les champs, tout s'anime à mes yeux:
A travers les épis des ces plaines dorées
  Je crois voir courir les Napées.
  Sur ces coteaux délicieux
J'écoute les soupirs des tendres Oréades;
  Sous ces bosquets mystérieux
Je cherche les gazons foulés par les Dryades;
  Et si, le soir, dans mon jardin,
  J'arrose un arbuste malade,

---

[1] Dryade dérive du mot grec *Drys* (ρῦς), arbre; *Ama* (Ἅμα) signifie *avec*. Ainsi Hamadryade signifie, qui est unie *avec l'arbre*.

[2] On les avait imaginées pour empêcher les peuples de détruire trop facilement les forêts. On ne pouvait couper un arbre avant que les ministres de la religion n'eussent déclaré que les nymphes l'avaient abandonné.

En le baignant, je songe que ma main
Rafraîchit une Hamadryade.

Parmi ces nymphes, les plus révérées étaient les Querculanes[1], dont la vie était attachée à celle des chênes. Le célèbre chasseur Arcas, se reposant au bord d'un ruisseau qu'ombrageait un chêne, vit, dit-on, sortir de son écorce une nymphe qui lui dit : « Détourne, je t'en supplie, le cours rapide de » cette onde qui déracine l'arbre auquel ma vie est » attachée. » Arcas détourna le ruisseau, et la nymphe reconnaissante le couronna sur le rivage.

Oh! si les nymphes à présent
Récompensaient encor de même un bon office,
Comme j'irais courir les bois, en leur disant :
N'est-il rien pour votre service?

Les amans de ces nymphes sont les Sylvains, fils de Sylvain, dieu des forêts, qui protégeait aussi les troupeaux, et partageait avec le dieu Terme la garde des limites champêtres. Les Romains appelaient ses fêtes les Lupercales[2], soit parce qu'il écartait les loups des bergeries, soit parce que son temple, construit dans le lieu même où Rémus et Romulus avaient été nourris par une louve, en conservait le nom de Lupercal. On raconte que

---

[1] Du mot latin *Quercus*, chêne.
[2] *Voyez* la lettre IV, tome Ier, p. 16.

QUERCULANE.

FLORE, PALÈS, FAUNE, SYLVAIN.

Sylvain, amoureux d'Iole, épouse d'Hercule, s'introduisit la nuit dans une grotte où les deux époux étaient couchés séparément. Hercule avait enveloppé Iole dans la peau du lion de la forêt de Némée. Sylvain, marchant à tâtons, et sentant la peau hérissée du lion, prit Iole pour Hercule, et Hercule pour Iole. Mais Hercule, éveillé par ses caresses, le saisit d'un bras vigoureux, et le lança hors de la caverne contre un rocher qui fut l'écueil de ses amours.

Après cette chute, Sylvain
Renonçant aux profits de la galanterie,
Et dégoûté du bien de son prochain,
Se maria le lendemain;
Car, dès qu'on ne veut plus aimer, l'on se marie.

Sylvain eut un grand nombre d'enfans, qui tous portèrent son nom. On les confond souvent avec les Faunes, parce que leurs figures et leurs attributs sont les mêmes; mais leur origine est différente.

Les Faunes sont les petits-fils de Picus, fils de Saturne, et roi des Latins, qui, pour avoir résisté à l'amour de Circé, fut métamorphosé en pivert par cette enchanteresse. Canente, sa veuve, fille de Janus, fut changée en voix à force de parler, comme plusieurs autres avaient été changées en fontaines à force de pleurer.

Or, si le ciel prenait encor la peine
De consulter leurs dispositions
Pour métamorphoser les veuves de la Seine,
Sur nos rivages nous aurions
Cent mille voix peut-être, et pas une fontaine.

Picus et Canente laissèrent pour héritier Faune, qui enseigna l'agriculture aux Latins, vers le temps où Pandion [1] donnait des lois au peuple d'Athènes. Faune épousa Fauna sa sœur, et en eut d'abord un fils nommé Sterculie [2], qui inventa l'art de fertiliser la terre par des engrais. Ses autres enfans furent les Faunes, que l'on mit au rang des dieux champêtres. On leur immolait une chèvre, et le pin leur était consacré. On les représentait avec des pieds de chevaux ou de bœufs, une barbe, des cornes et des oreilles de bouc, environnées d'une couronne de sapin, dont ils tenaient aussi une branche dans la main droite. On leur donnait quelquefois, mais plus rarement, des pieds de chèvre. Fauna, leur mère, après la mort de son époux, s'enferma seule, et mourut sans avoir parlé à un seul homme. Les Latins déifièrent ce modèle des veuves, qui devint l'inimitable patronne des dames romaines. Elle avait à Rome un temple, dont les prêtres distri-

[1] Il fut le père de Philomèle et de Progné, qui périrent victimes de la brutalité de Térée, roi de Thrace, et époux de Progné.

[2] *Sterculum*, fumier, engrais.

buaient au peuple des simples pour toutes les maladies. Les Romains confondaient Fauna avec Cybèle, ou la bonne déesse, et lui donnaient les mêmes attributs. Les dames romaines célébraient ses fêtes durant la nuit, et il était défendu aux hommes d'oser même regarder l'asile sacré de ces mystères, dont il faut avouer que les femmes n'ont jamais révélé le secret.

> Je ne sais quel historien,
> Piqué de ce rare silence,
> Dit que, suivant toute apparence,
> Ces grands mystères n'étaient rien.
> C'est son avis, chacun le sien;
> Mais je crains fort, lorsque j'y pense,
> Que ce ne soit aussi le mien.

Les dieux qui ressemblent le plus aux enfans de Fauna sont les Satyres, qui ne diffèrent des Faunes que parce qu'ils ont toujours des pieds de chèvre, et qu'ils portent tantôt un thyrse, tantôt une flûte ou un tambourin, pour faire danser les nymphes, dont ils animent la joie, enflamment les sens et réveillent les désirs, en précipitant, au gré de leur rustique harmonie, la mesure rapide de leurs pas cadencés.

Priape, qui marche à leur tête, quoique fils de Vénus et de Bacchus, n'était pas jadis en grande vénération. Cependant il avait son culte particulier.

On lui sacrifiait un âne, parce qu'ayant jadis défié un âne, j'ignore à quel genre de combat, et en ayant glorieusement triomphé, le vaincu, désespéré, s'était jeté sur le vainqueur, et l'avait laissé mourant à l'ombre de ses lauriers.

Ses fêtes se célébraient particulièrement à Lampsaque, d'où il avait été chassé autrefois pour y avoir fait, par ses noirs sourcils, ses cheveux crépus, sa bouche énorme, son nez recourbé, ses larges épaules et son énergique laideur, la conquête de toutes les jolies femmes.

> Nos belles, à ce que je croi,
> Ont hérité de ce caprice;
> Telle refuse encor d'admettre sous sa loi
> Un Apollon blondin, qui prend à son service
> Un Priape aux crins noirs. Demandez-lui pourquoi [1]?

Priape, piqué du procédé des Lampsaciens, les rendit furieux, et leurs femmes folles. C'étaient des batailles, des danses, des ris, des hurlemens continuels; et la ville de Lampsaque semblait n'être peuplée que de convulsionnaires. Enfin la diète

---

[1] Il est de nos jours bon nombre de dames qui pensent comme celles de Lampsaque et comme celles du xviiie siècle.. C'est sans doute ce qui généralise, parmi nos jeunes gens, le goût des épais favoris, des longues moustaches et même des barbes imitées du moyen âge.

(*Note de l'Éditeur.*)

générale des maris, qui, par caractère ou par habitude, avaient conservé l'impassibilité du flegme conjugal, décréta le rappel du dieu exilé; et soudain toutes les cervelles dérangées se remirent sans bruit à leur place.

C'est au dieu Terme que Priape a l'obligation de ne pas être le plus laid de tous les dieux. Terme ressemble tantôt à une tuile, tantôt à un tronc d'arbre, plus souvent à une borne ronde ou carrée. Malgré sa figure grotesque, il était jadis en grande vénération. Le téméraire dont la main sacrilége le dérangeait de sa place était proscrit [1]; aussi n'y a-t-il jamais eu de sentinelle plus ferme dans son poste que le dieu Terme. Lorsque tous les dieux se retirèrent aux environs du Capitole pour le céder à Jupiter, Terme y demeura seul immobile, et sacrifia la politesse à l'esprit de son état. Ses fêtes se célébraient à Rome le dernier jour de l'année. On le couronnait d'épis au temps de la moisson, et de fleurs au moment où je vous écris, c'est-à-dire à l'arrivée du printemps.

Mais tandis que je vous décris la marche de cet aimable dieu, il passe et emporte avec lui la jeunesse de l'année.

> Ainsi s'envolent les instans
> Des plus beaux jours de notre vie;

[1] Il était dévoué aux Furies, et chacun avait droit de le tuer.

LETTRE XLIX.

Quand ils sont passés, mon amie,
On les regrette : il n'est plus temps.
Hâtons-nous d'être heureux, et, si la jouissance
Avec nos beaux jours doit finir,
Nous en conserverons du moins le souvenir.
Le Souvenir, frère de l'Espérance,
En nous retraçant nos amours,
Nous rendra leur première ivresse,
Et fera luire encor, sur le soir de nos jours,
L'aurore de notre jeunesse.

LETTRE L.

POMONE, VERTUMNE.

Je me doutais, Émilie, qu'à propos de la déesse des fleurs, vous demanderiez l'histoire de la déesse des fruits. Je conviens que ces deux divinités sont de tous temps inséparables.

>Je sais qu'on dit : Flore et Pomone,
>Comme on dit : la Nuit et le Jour,
>Les Jeux et les Plaisirs, le Printemps et l'Automne,
>Les Grâces et Vénus, Émilie et l'Amour.

D'ailleurs, je ne suis pas étonné de l'intérêt que vous témoignez pour Pomone :

>Car je vous connais, entre nous,
>Des fruits de la plus belle espèce,
>Que la pudeur en vain nous voile avec adresse ;
>Trésors mystérieux, dont l'éclat vif et doux
>Perce le voile... Eh bien ! pourquoi rougissez-vous
>De m'entendre vanter les fruits de la sagesse ?

Pomone, déesse des jardins, vivait célibataire, et ne concevait pas au monde d'autre plaisir que celui de cultiver les arbres qui portent les trésors de l'Automne. En vain mille amans avaient essayé de lui plaire; elle dédaignait leurs hommages. Vertumne, dieu des jardins, quoique ses plaisirs et son emploi dussent naturellement le rapprocher de Pomone, n'en fut pas mieux accueilli que ses rivaux. Heureusement Vertumne[1] avait le talent de changer de figure à son gré. Il prit d'abord celle d'un jeune laboureur, on le reçut mal; puis celle d'un jeune moissonneur, on le congédia; enfin celle d'une vieille femme, on l'écouta.

La vieille, appuyée sur son bâton, après avoir long-temps parcouru les jardins de Pomone, vint se reposer à l'ombre d'une vigne mariée à un jeune ormeau. Là, embrassant la déesse avec une tendresse maternelle, elle lui dit d'un ton de confidence :

« Ma fille, j'applaudis à vos amusemens.
» Des plaisirs que l'on puise au sein de la Nature
» La source fut toujours intarissable et pure.
» Ces espaliers sont beaux, ces vergers sont charmans;
   » Mais de votre asile champêtre
   » Pour rendre le séjour plus doux,
» Malgré vos soins, il y manque peut-être
» Le plus bel ornement.—Quel est-il?—Un époux.
» Oui, mon enfant; croyez à mon expérience:

---

[1] Le nom de *Vertumne* dérive du mot latin *vertere*, changer.

» Sans amour à votre âge il n'est point de bonheur.
   » On a beau s'imposer silence
   » Et donner le change à son cœur,
   » Du célibat, plus qu'on ne pense,
» Le sentier solitaire est glissant pour l'honneur;
» L'hymen seul, accordant l'Amour et la Pudeur,
» Peut mettre en sûreté la fragile Innocence.

» Vous seule de l'Hymen pourquoi braver les lois?
   » Mariez-vous, tout se marie :
» L'aigle au milieu des airs, le tigre au fond des bois,
» Le poisson sous les eaux, l'agneau dans la prairie.
» Les arbres et les fleurs ont aussi leur hymen;
» Et, du plus haut des cieux jusque dans la poussière,
» Tous les êtres unis par ce commun lien,
   » Forment une famille entière
   » Qui semble se donner la main.
» Mais si votre froideur vous rend inaccessible
» Aux plus purs sentimens de la société,
» Peut-être aux doux plaisirs de la maternité
   » Ne serez-vous pas insensible.
   » Voyez cette vigne flexible,
   » Mariée à ce jeune ormeau :
   » L'arbre, étendant au loin chaque rameau,
» Soutient ses faibles bras, et la vigne fidèle
» De ses trésors naissans couronne son appui;
   » Son époux s'embellit par elle,
   » Elle se féconde par lui.

   » O vigne, jeune et vierge encore !
   » Je sais l'ormeau qu'il vous faudrait.

» Vous connaissez Vertumne ; il est tendre et discret ;
» Vous l'estimez, il vous adore.
» Sur vos goûts les plus chers il règle tous ses goûts ;
» Vous aimez les fruits, il les aime ;
» Il les cultive comme vous ;
» Vertumne, aux grâces près, est un autre vous-même ;
» L'Amour l'a fait exprès pour être votre époux.
» — Ah ! si je vous croyais! lui répondit Pomone ;
» Mais qui peut de son cœur me répondre, ma bonne ?
» — Lui ; le voici. — Comment!... Où donc? — A vos genoux. »

Et soudain, reprenant sa figure naturelle, Vertumne tombe aux pieds de la déesse déconcertée, qui, en lui reprochant sa trahison, abandonne sa main au traître.

Ce mariage fut heureux. Vertumne, malgré son caractère changeant, fut toujours fidèle à son épouse. Ils veillirent ainsi dans la constance conjugale jusqu'au moment où Vertumne, par le moyen d'une recette particulière, rajeunit Pomone, et se rajeunit avec elle. C'est bien dommage que Vertumne n'ait jamais publié sa recette.

Les époux, revenus à l'âge de vingt ans,
Reprendraient le chemin de la galanterie.
Les femmes, avec leur printemps,
Retrouveraient la fleur de la coquetterie ;
De là, craintes, soupçons, soupirs, éloignemens,
Sermens toujours nouveaux et toujours infidèles.
Tourmens délicieux!... Age heureux des amans,

POMONE, VERTUMNE.

Plus tu fomentes les querelles,
Plus tu donnes de prix aux raccommodemens.

Pomone a souvent été confondue avec l'Automne, Cérès avec l'Été, Flore avec le Printemps. Cependant Ovide, en décrivant le cours du soleil, distingue ainsi les quatre saisons de l'année. « Le Prin-
» temps y paraissait la tête couronnée de fleurs ;
» l'Été nu portait une couronne d'épis, l'Automne
» était vêtue d'une robe rougie par la vendange; et
» l'Hiver avait une chevelure blanche et hérissée. »
En effet, on représentait l'Hiver, tantôt sous la figure d'un vieillard couché dans une grotte, tantôt sous les traits d'une vieille femme enveloppée de peaux de mouton, et tenant un réchaud. On mettait quelquefois une faucille dans la main de l'Été, et un chien aux pieds de l'Automne, pour indiquer que ces saisons amènent la moisson et la chasse.

Sans le secours de ces emblèmes, je retrouve sans cesse près de vous, Émilie, toutes les saisons de l'année :

Quand je vois vos attraits, c'est pour moi le Printemps;
Quand je cueille un baiser, c'est l'Été : je moissonne.
Quand vous me prodiguez, dans vos discours charmans,
Les fruits de votre esprit, j'amasse : c'est l'Automne.
Mais si, dans vos yeux, dans votre air,
Je vois de la froideur, je tremble : c'est l'Hiver.

LETTRE LI.

PAN ET SYRINX, ÉCHO ET NARCISSE.

Revenons au dieu Pan, auquel, pour vous plaire, Émilie, j'ai fait un passe-droit en faveur de Pomone.

Les médisans prétendent que Pénélope, épouse d'Ulysse, persécutée, en l'absence de son mari, par une foule d'amans, leur tint long-temps rigueur en apparence; mais qu'elle ne put s'empêcher de faire secrètement un heureux, qui la rendit mère d'un fils. Or, comme on ignorait lequel des nombreux amans de la reine était vraiment le père de l'enfant anonyme, on en partagea l'honneur entre tous, et l'on nomma leur fils *Pan*, ce qui signifie à peu près *universel*. Que de Pans à Paris!

D'autres ont poussé la médisance encore plus loin; ils ont prétendu que Pan était fils de Pénélope et de Mercure, qui avait pris la figure d'un bouc pour plaire à cette princesse.

> Voyez quelle étrange malice!
> Changer Mercure en animal,

PAN ET SYRINX.

PAN ET SYRINX, ÉCHO ET NARCISSE.

En animal cornu, pour supplanter Ulysse!
Ce pauvre Ulysse!... Ah! c'est bien mal!

Quel que fût le père de Pan, il n'eut pas à se vanter de la beauté de son fils. Pan naquit avec une figure rubiconde, ornée de deux sourcils épais, d'un nez plat et bourgeonné, et d'une bouche riante jusqu'à ses oreilles, dont la largeur ombrageait la racine d'une paire de cornes qui surmontaient sa chevelure rousse et crépue. Son corps était vêtu d'une peau blanche, tachetée de noir, et son échine dégénérait en une queue de bouc qui balayait ses cuisses et ses pieds de chèvre. Avec ces avantages extérieurs, il se mit en tête de se faire homme à bonnes fortunes, et débuta, suivant l'usage, par le genre sentimental.

Le voilà donc aux genoux de Syrinx, l'une des nymphes de Diane, et fille du fleuve Ladon, filant le parfait amour, de manière à faire peur à sa nymphe, qui se sauve de ses protestations. Le dieu cornu, étonné du peu de succès de sa génuflexion, se redresse sur ses pieds velus, et court en sautillant après la belle fugitive, à laquelle il adresse ces paroles:

« D'où naît cette rigueur extrême!
» Pourquoi refusez-vous d'écouter mes sermens?
» Je suis laid; mais, hélas! est-on laid quand on aime?
» La beauté véritable est dans les sentimens.

» Vous craignez, dites-vous, que ma laideur amère
» Ne passe à tous nos fils? mais depuis fort long-temps
   » Vous savez bien que les enfans
   » Ne ressemblent point à leur père.
» Les miens auront mon cœur et les traits de leur mère.
» Epousez-moi; le ciel semble m'avoir pétri
   » Tout exprès pour faire un mari :
   » Je suis d'un si bon caractère !
   » D'ailleurs on sait que j'ai du bien ;
» Je vous donnerai tout... Vous ne répondez rien !
   » Où courez-vous, cruelle ?... Eh bien !...
   » Vous vous jetez à la rivière ?...
» Au moins dites-moi donc pourquoi vous vous noyez:
   » Nous ne sommes pas mariés. »

Il dit, et s'élance dans le fleuve Ladon, où Syrinx vient de se précipiter; mais, au lieu d'y retrouver son inhumaine, il voit croître des roseaux qui, agités par le vent, semblent encore soupirer tendrement. Pan reconnaît Syrinx sous cette forme nouvelle; et, coupant quelques roseaux d'inégales longueurs, il les unit avec de la cire, et compose ainsi la flûte à sept tuyaux dont les bergers se servent encore de nos jours.

Cet instrument le consolait de son veuvage précoce. Il parcourait les vallons et les bois solitaires, en exprimant, par des airs tendres, les regrets que lui causait sa chère Syrinx, lorsqu'il rencontra la nymphe Pitys dansant avec ses compagnes. Malgré

PAN ET SYRINX, ÉCHO ET NARCISSE. 23

l'invitation des nymphes, il refusa de prendre part à leurs jeux; et Pitys lui ayant demandé la cause de son chagrin, il lui répondit en soupirant :

« Pardonnez ma peine secrète :
» Plaisirs, bonheur, j'ai tout perdu !
» Vous jouissez, moi, je regrette;
» Vous vivez, et moi j'ai vécu.

» Syrinx avait su me charmer.
» Je lui dis : Syrinx, je t'adore.
» Car dans nos bois l'on aime encore,
» Et l'on ne rougit pas d'aimer.

» Sa cruauté se fit un jeu
» D'éprouver ma persévérance.
» Je me nourrissais d'espérance;
» Je vivais : l'Amour vit de peu.

» A peine j'en pus obtenir,
» Pour prix de mon amour fidèle,
» Un baiser; encor semblait-elle,
» En le donnant, le retenir. »

Ici le dieu cornu, passant modestement sur le dégoût insurmontable dont Syrinx avait payé les prémices de sa flamme, en vint à l'évènement de la métamorphose, et attendrit tellement Pitys, que cette nymphe, trouvant dans sa laideur je ne sais quoi d'intéressant, parut disposée à le consoler. Ils gagnèrent ensemble le sommet d'une montagne déserte; et de là le dieu Pan, montrant à la nymphe les vastes campagnes qui s'étendaient autour d'eux, lui dit tendrement :

« Contemplez mes rians domaines,
» Admirez ces vergers, ces vallons, ces fontaines,
» Et ces coteaux délicieux;
» Voyez ces lacs et ces forêts lointaines,
» Et ces monts azurés se perdre dans les cieux.
» Partout l'Amour s'offre à vos yeux;
» L'Amour règne partout; le monde est son empire.
» C'est un vaste tableau qu'il peut seul animer;
» Sans l'amour tout est mort, et par lui tout respire;
» Tout aime autour de vous, et tout vous dit d'aimer.
» Moi seul je n'ose vous le dire. »

Ici les regards timides de la nymphe répondirent : Osez. Mais Pitys était aimée de Borée, qui avait donné à Zéphyre l'inspection de sa vertu. Ce léger Mercure, la surprenant en tête à tête avec le dieu Pan, recueille le premier soupir qui lui échappe, et va le porter à Borée comme pièce de conviction. A cette nouvelle, Borée s'échappe des antres d'Éole, vole au lieu du rendez-vous, et précipite du haut de la montagne la nymphe infidèle, qui, dans sa chute, fut métamorphosée en pin. Pan, désespéré, cueillit une branche de cet arbre, et s'en composa une couronne, qu'il porta toujours en mémoire de sa chère Pitys. C'est à cette occasion que le pin lui fut consacré.

PAN ET SYRINX, ÉCHO ET NARCISSE.

Il était écrit au livre des destinées amoureuses que Pan serait toujours malheureux dans ses galantes aventures. Pour se consoler de la mort de sa chère Pitys, il s'attacha à la nymphe Écho, fille de l'Air et de la Terre.

> Écho, dans les vallons, dans les bois, dans les champs,
>   Après avoir joui long-temps
> Du privilége heureux de parler la première,
> Fut condamnée enfin, par un fâcheux retour,
>   A ne parler que la dernière,
>   Afin que chacun eût son tour.

On prétend que Junon, piquée de ce que, par ses discours adroits, cette nymphe l'avait empêchée de surprendre Jupiter au dénouement de plusieurs intrigues galantes, la condamna à ne plus répéter que les dernières syllabes de tout ce qu'elle entendrait dire.

Pan se trouva assez bien de ce nouvel ordre de conversation. Jusqu'alors la volubilité de sa nymphe ne lui avait jamais laissé le temps de lui déclarer sa tendresse; mais, depuis qu'elle était réduite à la nécessité de l'écouter, il lui expliquait, il lui détaillait la naissance, les progrès et la nature de son amour. « Voilà, lui disait-il, comment je vous aime. » Et aussitôt, bon gré mal gré, Écho répétait : « Je vous aime. »

Le roman tirait à sa fin, lorsque la jeune Écho

rencontra dans les bois le beau Narcisse, fils de la nymphe Lyriope et du fleuve Céphise. L'oracle avait prédit à sa mère qu'il vivrait long-temps, s'il pouvait éviter de se voir. Mais si sa vue devait lui être fatale, elle ne l'était pas moins aux nymphes que sa beauté avait rendues sensibles. Écho en fit la triste expérience.

D'abord elle conçut le désir de lui plaire.
Or nymphe à qui l'Amour inspire ce désir
   Se croit toujours sûre de son affaire.
      Écho, comptant y réussir,
      Épiait le premier soupir,
      Le premier aveu de Narcisse.
Mais le beau jouvenceau, trop fier, ou trop novice,
Sans jeter un coup d'œil, sans proférer un mot,
    Dans une gravité sublime,
   Jouait le rôle ou d'un sage ou d'un sot,
   Rôle, en amour, à peu près synonyme.
    De cet objet silencieux
  Pour animer la froide indifférence,
Écho prend le parti de rompre le silence..
    Elle approche en baissant les yeux;
    Tremblante, interdite, confuse,
    Elle s'apprête à révéler
Le secret de son cœur... Sa bouche lui refuse
La parole; aussitôt ses larmes de couler.
Narcisse, sans penser même à la consoler,
    Voit ses yeux humides se fondre
En un ruisseau de pleurs qu'un autre aurait séché,

Et, d'un air à demi touché,
Dit : « Vous pleurez, j'en suis fâché.
» Mais vous ne dites rien ; je n'ai rien à répondre. »

« Rien à répondre! » répète la nymphe en gémissant ; et le chasseur, sans l'écouter, va rejoindre ses compagnons occupés à poursuivre les hôtes des forêts. Echo, demeurée seule au pied d'un rocher, s'abîmait dans sa douleur et dans ses regrets ; puis, se tournant vers l'endroit où elle croyait voir encore Narcisse, elle lui disait intérieurement :

« Ah! si le ciel t'eût doué d'un cœur tendre,
» Mon trouble, ma rougeur, les pleurs que j'ai versés,
» Et mon silence, ingrat, t'en auraient dit assez!
» Le cœur entend toujours, quand le cœur veut entendre. »

Poursuivie par ses pensées, Écho parcourt au hasard les antres solitaires et les grottes profondes. Là, consumée par les feux de l'amour, atténuée par la douleur, elle se dessèche peu à peu. Ses os se pétrifient et se changent en rocher; et de même qu'après le trépas nous ne conserverons plus que notre âme, principe essentiel de l'existence de l'homme, Écho, en qualité de femme, ne conserva plus que la voix.

Ses compagnes, touchées de son sort, et victimes elles-mêmes de l'amour qu'elles avaient conçu pour Narcisse, prièrent l'Amour de les venger de son indifférence.

LETTRE LI.

L'Amour les exauça. Non cet Amour aimable
Qui, confondant les sentimens
Des cœurs de deux jeunes amans,
Rend leur bonheur inséparable ;
Mais cet amour triste, isolé,
D'orgueil, de sottise gonflé,
Qui rapporte tout à soi-même,
Et dans le monde entier ne voit que lui qu'il aime ;
Amour qui suit les orateurs
A la tribune, et va sur les banquettes
S'asseoir avec les auditeurs ;
Qui martyrise les coquettes,
Et magnétise les auteurs :
Amour de tout pays, ainsi que de tout âge,
Dont une faible part fut adjugée au sage,
Et la plus forte dose au sot ;
Amour propre... Je dis ce mot
Bien bas : car, tel que la finance
Qui s'est débaptisée en prenant le blason,
Cet amour orgueilleux s'offense
Dès qu'on l'appelle par son nom.

Ce dieu, au retour de la chasse, conduisit Narcisse, tourmenté par la soif, au fond d'une vallée mystérieuse.

Là, sous un dôme de verdure
D'un jour voluptueux faiblement éclairé,
Coule sur un sable doré
Le cristal d'une source pure.
Incliné sur ses bords, le chasseur altéré

Voit son image. A cette vue,
Sa main sur le ruisseau demeure suspendue.
Immobile d'extase et d'amour enivré,
Il s'oublie. A la soif dont le feu le dévore
    Succède un feu plus dévorant encore.
        Le corps penché, les yeux baissés,
    Le bras tendus et les regards fixés
        Vers cette image qu'il adore :
« Objet charmant, dit-il, qui que tu sois,
    » Bergère, naïade ou déesse,
    » Ne dédaigne pas ma tendresse.
» J'aime ! j'en fais l'aveu pour la première fois.
    » Hélas ! tu parais me sourire,
    » Et chaque fois que ma bouche soupire,
        » Tu sembles soupirer aussi.
        » M'aimerais-tu ?... Je vois tes larmes
        » S'échapper !... » En parlant ainsi,
Ses pleurs tombent dans l'onde, et sillonnent les charmes
De la nymphe qui tremble au milieu du cristal. —
    « Grands dieux !... quel changement fatal !
» Quel sort, où quel caprice à mes yeux te déguise?
    » Ce n'est plus toi ! » L'onde se tranquillise ;
La nymphe reparaît. — « Enfin je te revois !
» Tu me parles ! Pourquoi n'entends-je pas ta voix ?
        » Ce que tu dis paraît si tendre !
» Il est doux de se voir, mais plus doux de s'entendre ;
» Si près de toi ! comment en suis-je séparé?
» Viens apaiser l'ardeur dont je suis dévoré !
» Viens, je brûle d'unir mon âme avec la tienne.
» Quoi ! tu me tends les bras ? Ah ! volé dans mon sein...

» Approche, approche encore, et donne-moi la main...
» Tu fuis? Hélas! ta main semblait chercher la mienne,
» Et, quand je vais sous l'eau la saisir, à l'instant
» Elle s'évanouit, et m'échappe en tremblant.
» Non, tu ne m'aimes pas, je le vois, ton sourire,
» Tes yeux, tes soupirs, sont trompeurs.
» Je brûle, je languis, je succombe, je meurs!...
» Hélas! tu me donnes des pleurs!
» Tu m'aimes donc?... et tu veux que j'expire! »
Il dit, et déjà la pâleur
Décolore son front. Ses grâces se flétrissent,
Son œil s'appesantit, et ses larmes tarissent.
Il dépérit comme la jeune fleur
Qui, des feux du printemps en naissant desséchée,
Prête à s'épanouir, meurt la tête penchée.
Écho, témoin du sort de son amant,
Répond à ses soupirs jusqu'au dernier moment.
« Adieu, dit-il. — Adieu! soupire-t-elle.
» —Je t'aimais. — Je t'aimais, dit la nymphe fidèle.
» — Et même en ce moment où tu causes ma mort,
» Je t'aime encore! » Écho répond : « Je t'aime encor! »

Le soir, en descendant des montagnes, des Oréades aperçurent le corps immobile de Narcisse.

Sa tête, le long du rivage,
Reposait entre les roseaux.
Ses yeux éteints, fixés sur le miroir des eaux,
Semblaient encore y chercher son image.

A cette vue, les nymphes, vengées de ses mépris, versent des larmes amères, et accusent l'Amour de les avoir trop exaucées. Elles se dispersent dans toute la contrée, et rassemblent à grands cris leurs compagnes pour célébrer les funérailles de Narcisse. Les nymphes, couronnées de cyprès, s'avancent lentement vers la rive fatale; mais elles y cherchent en vain le corps de celui qu'elles regrettent; elles n'y trouvent, à sa place, qu'une fleur nouvelle, composée de feuilles jaunes et blanches, à laquelle elles donnent le nom de Narcisse; nom qu'elle a depuis conservé. Les anciens consacrèrent cette fleur aux Euménides, et en couronnèrent les urnes et les tombeaux.

Quelques auteurs, qui, sans doute, avaient alors des correspondances avec l'autre monde, assurent qu'en entrant dans la barque de Caron, l'ombre de Narcisse se pencha sur les bords pour s'admirer dans les eaux du Styx : ils ajoutent que, depuis son passage, elle parcourt sans cesse les rivages de ce fleuve pour s'enivrer du plaisir de s'adorer. Ah! si l'on conserve ce goût chez les morts, après l'avoir eu chez les vivans,

> Sur les rives du Styx que d'antiques Laïs,
>   De coquettes aux traits vernis,
> Aux sourcils peints à neuf, aux trésors reblanchis;
> Que d'abbés rubiconds, que de courtisans blêmes,
>   Idolâtres de leur beauté,
>   A deux genoux devant eux-mêmes
>   S'adorent pour l'éternité!

Depuis la mort de Narcisse, Echo s'est retirée dans les vallées profondes et dans les grottes solitaires. Là, dès qu'elle entend soupirer une bergère trop tendre, elle se plaît à répéter ses soupirs, qui lui rappellent sa triste aventure. Mais si, le moment d'après, elle entend les chants d'allégresse, elle en répète gaiement le refrain, soit par une suite de l'inconstance naturelle à son sexe, soit pour faire diversion à sa douleur.

Pan, toujours amoureux de cette nymphe, crut souvent reconnaître sa voix. Il l'appelait en gémissant; et, attiré par ses réponses plaintives, il la cherchait nuit et jour au fond des bois. Enfin, lassé de poursuivre cet objet invisible, instruit d'ailleurs par ses infortunes amoureuses, il en conclut que l'amour était la plus folle des vanités humaines, et finit par vivre en paix, c'est-à-dire sans femme et sans maîtresse.

Ce dieu, adoré et redouté dans les campagnes, avait, dit-on, la puissance de semer à son gré l'épouvante. Les Gaulois, qui, sous la conduite de Brennus leur chef, avaient pénétré dans la Grèce, étant sur le point de piller le temple de Delphes, furent tout-à-coup frappés d'une si grande terreur, que, sans être poursuivis, ils prirent tous la fuite. Cette terreur soudaine fut attribuée au dieu Pan; et l'on appelle encore terreurs paniques toutes celles dont la cause est inconnue et subite.

PAN ET SYRINX, ÉCHO ET NARCISSE.

On prétend qu'au moment où les géans escaladaient le ciel, Pan, voyant l'effroyable Typhon prêt à l'emporter d'assaut, conseilla aux dieux de se sauver en Égypte sous la figure de divers animaux; qu'il prit lui-même celle d'un bouc, et qu'en récompense d'un si noble stratagème, il fut transporté au ciel, où il forme le signe du Capricorne, signe assez analogue à la nature de ses amours. Le culte de Pan n'ensanglantait point ses autels; on lui présentait pour toute offrande du lait et du miel.

Les auteurs s'accordent à croire que Pan était le dieu de toute la nature. Les anciens, après avoir divinisé tous les détails de l'univers, en déifièrent l'ensemble, et adorèrent le grand *Pan*, ou le grand *Tout*. Réfléchissant ensuite que ce tout était animé par un principe caché, ils adorèrent ce principe sous le nom de Psyché ou Ame, et marièrent cette divinité avec Cupidon; c'est-à-dire qu'ils unirent le moral et le physique de l'Amour, et que de cette union ils firent naître la Volupté. Cette allégorie me paraît aussi juste qu'ingénieuse[1].

> Pour être heureux, il faut sentir.
> Si les sens nous donnent la vie,

---

[1] Cette union de l'âme avec les sens, et leur dépendance réciproque, furent reconnues par les philosophes de tous les temps, excepté par une secte moderne, appelée Psychologues,

Le sentiment nous donne le plaisir.
L'amour n'est qu'une frénésie
Qui s'éteint avec le désir;
Le vrai bonheur est bien moins de jouir
Que d'aimer toujours son amie.

qui prétend nier l'empire des sens dans les passions de l'âme. Par malheur pour leur doctrine, ils l'expliquent par des argumens à peu près aussi clairs, aussi démonstratifs que ceux dont se sert l'un des médecins ridicules de Molière pour expliquer le mutisme d'une jeune fille.

LETTRE LII.

PSYCHÉ.

Consolez-vous, belle Émilie;
Consolez-vous si, quelque jour,
Votre cœur un moment s'oublie.
Vertus, pudeur et modestie,
N'étouffent point la sympathie
Qui règne au terrestre séjour.
Chacun doit aimer à son tour;
Les uns au matin de la vie,
Et les autres sur le retour.
La loi d'aimer fut établie
Pour les dieux même : mon amie,
Lisez l'histoire de l'Amour.

Dans un royaume inconnu régnait un prince tout-puissant, car il était aimé de tous ses sujets. Son épouse partageait avec lui leur amour. Elle n'avait point, à la vérité, donné d'héritier à la couronne; mais elle avait mis au jour une fille qui, dans un âge encore tendre, unissait à tous les trésors de la beauté naissante tous les charmes de l'esprit et du cœur. On la nommait Psyché.

Sa beauté n'était pas encore
Une beauté parfaite; mais,
En la considérant de près,
On sentait qu'elle allait éclore.
Elle avait à peine compté
Quatorze printemps. A cet âge
On sait qu'en naissant la beauté
Nous présente à la fois fraîcheur, timidité,
Sourire ingénu, doux langage,
Confiance, naïveté,
Innocence, enfin tout, et promet davantage.

Promettre est un grand point lorsque l'on tient déjà.
Sitôt qu'une belle commence,
On se peint en secret les charmes qu'elle aura,
Et l'on embellit ceux qu'elle a
Du coloris de l'espérance.

Ainsi, en admirant Psyché telle qu'elle était, et plus encore en imaginant ce qu'elle devait être, on en vint au point de la comparer à Vénus elle-même. Je ne vous dirai point que la déesse en fut outrée de dépit : vous l'avez déjà deviné.

Psyché avait deux sœurs aînées dont je dois vous parler.

Fières par habitude, et coquettes par goût,
D'esprit très ordinaire, et d'humeur très jalouse ;
C'étaient de ces beautés qu'on rencontre partout,
Qu'on n'aime point, mais qu'on épouse.
On vantait au loin leurs trésors,

Non ces trésors dont la Nature
Orne l'esprit, pare le corps,
Et de Vénus enrichit la ceinture;
Mais des trésors de ce métal
Auquel on donne sur la terre
Une valeur imaginaire,
Qui, pour un peu de bien, y fait beaucoup de mal.
Cependant, en formant à peu près un total
De leur âge, de leur naissance,
Item de leur dot, tout compris,
Nos sœurs étaient pour des maris
Deux figures de convenance.

Aussi convinrent-elles à deux princes voisins, qui, suivant l'usage, les épousèrent de concert avec leurs créanciers.

Cependant les grâces de Psyché se développaient de jour en jour. Après l'avoir comparée à Vénus, on osa la préférer à la déesse; on lui éleva même un temple; et la fille de l'Océan vit croître l'herbe dans son sanctuaire, tandis que l'encens destiné à son culte fumait sur les autels de Psyché. Elle en conçut une jalousie dix fois plus ardente que celle qui dévore le cœur des mortelles; et prenant l'Amour par la main: « Vois-tu, mon fils, dit-elle, » l'indigne rivale que ce peuple donne à ta mère? » Ah! par ce sein qui t'a nourri, par ces bras ma- » ternels qui soutinrent ton enfance, mon cher » fils, venge mon outrage; perce-la de tes traits;

» qu'elle brûle d'un amour insensé pour le plus vil
» de tous les êtres. L'orgueilleuse sans doute pré-
» tend me détrôner. Abaisse sa fierté, confonds ses
» projets, et sauve mon empire pour conserver le
» tien. » Elle dit, s'envole sur son char de nacre,
et laisse son fils en présence de l'ennemi. A l'instant l'Amour saisit son arc, tire de son carquois un trait empoisonné, et le pose sur la corde tendue ; mais son œil, en le dirigeant, rencontre un regard de Psyché.

   Regard vif, mais plein d'innocence,
   Regard qui va chercher le cœur,
   Regard voilé par la décence,
   Et tempéré par la douceur.
L'Amour frappé, s'arrête ; il soupire, il balance ;
   L'arc et le trait, sans qu'il y pense,
Échappent de ses mains ; il se sent attendrir.
« Non, ma mère, dit-il, je ne puis t'obéir.
» Pardonne, cet effort surpasse ma puissance.
» Si tu veux que mes traits exercent ta vengeance,
» Fais-toi des ennemis que je puisse haïr [1]. »

A ces mots, il détend son arc, remet le trait dans le carquois, s'éloigne lentement, et retourne souvent la tête pour considérer Psyché qui ne l'aperçoit pas, et ne se doute pas même qu'il existe.

[1] Corneille, tragédie d'Horace, acte Ier, scène 1re.

« Quoi ! se disait-il, c'est par moi seul que tout
» aime dans la nature, et je suis le seul qui n'aime
» pas ! je suis la source du bonheur, et le bonheur
» m'est étranger !

> » Mortels, ce doux poison dont l'effet vous enchante
> » Vous est préparé par mes soins ;
> » Ah ! de votre ivresse touchante
> » Puisque je suis l'auteur, je veux goûter au moins
> » La coupe que je vous présente. »

Dès ce moment Cupidon s'abandonna au sentiment que lui inspirait Psyché, et conçut l'espoir d'être son époux. Mais cet espoir ne pouvait se réaliser qu'à l'ombre du mystère : si Vénus en était instruite, Psyché sans doute était perdue. L'Amour crut donc avoir besoin de conseil.

> Sur son projet il consulta,
> Non point la déesse *Muta*[1],
> Quoiqu'il rendît justice à sa délicatesse :
> Mais de sa part il craignait un éclat,
> Car il soupçonnait la déesse
> De n'avoir point l'esprit de son état.

L'Amour alla trouver le sage Harpocrate, fils d'Isis et d'Osiris, et dieu du silence :

---

[1] Muta ou Tacita, déesse du silence chez les Romains. Il existait encore chez eux une autre déesse du silence, nommée *Angeronia*; elle avait la bouche cachetée.

Il tient les grands secrets, les sublimes travaux,
> Renfermés dans les grandes âmes
> Et des sages et des héros.

D'un triple mur d'airain son autel est enclos.
Pour ne point profaner son auguste repos,
Dans la première enceinte on fait asseoir les dames.
Cependant la plupart ayant à concerter
> Des projets de galanterie,
> De médisance ou de coquetterie,
> Jour et nuit, pour le consulter,
> Viennent en foule dans son temple.

Le dieu ne leur répond qu'en les prêchant d'exemple;
> Mais il s'agit de l'imiter.

L'Amour, en entrant dans le sanctuaire, vit un dieu jeune, mais d'une figure sévère, assis sur un trône ombragé d'un arbre[1] dont les feuilles ressemblent à la langue qui doit taire les secrets, et les fruits au cœur qui les renferme. Le Silence tient de la main gauche un cachet, et de la main droite appuie un doigt sur ses lèvres fermées. Le front du dieu est couronné d'une mitre dont la pointe se divise en deux parties égales. Devant lui s'élève un autel couvert de légumes, dont la piété des habitans du Nil lui a consacré les prémices.

« Dieu puissant, lui dit le fils de Vénus, vous
» dont l'image révérée dans les tribunaux de Thé-
» mis, dans les conseils des rois et dans les vestibu-

---

[1] Le pêcher.

» les sacrés de nos temples, rappelle à tous les
» mortels la discrétion qu'ils doivent apporter dans
» les décrets de la justice, dans les secrets des
» empires, et dans les mystères de nos dieux; vous
» dont l'œil pénétrant lit jusqu'au fond des cœurs,
» tandis que le vôtre est inaccessible aux regards de
» Jupiter lui-même, voyez ce qui m'amène auprès
» de vous, et conseillez-moi. »

Alors le sage Harpocrate, prenant un voile, en couvrit l'Amour, pour lui faire entendre qu'il devait rester inconnu à son épouse, de peur qu'elle ne divulguât son secret. Cupidon suivit ce conseil. Je le plains; il est si doux de n'avoir point de secret pour ce qu'on aime! Aussi connaissez-vous, Émilie, le plus tendre et le plus intime de tous mes sentimens; mais, par un phénomène bien étrange, de nous deux c'est moi qui parle, et vous qui vous taisez.

Cependant vous devez, en tout bien, tout honneur,
De mon secret me payer par un autre;
Et, puisque vous lisez couramment dans mon cœur,
Me laisser quelquefois épeler dans le vôtre.

LETTRE LIII.

PSYCHÉ.

Environnée des hommages d'un peuple immense, Psyché, plus déesse que mortelle, arrivait à la saison de l'hyménée. Mille adorateurs composaient sa cour; aucun n'osait demander sa main.

>   Rivale d'une déesse,
>   L'encens fumait sur ses pas;
>   On adorait la princesse,
>   Mais on ne l'épousait pas.
> Or sitôt que le cœur, dans la saison de plaire,
> Sent ce vide inconnu qu'Hymen seul doit remplir,
>   La beauté ne peut, sans pâlir,
> Supporter le malheur d'être célibataire.

Psyché pâlissait donc tous les jours. Ses parens alarmés allèrent consulter l'oracle. Écoutez sa réponse :

> « En longs habits de deuil conduisez votre fille
> » Sur un rocher désert. Pleurez, éloignez-vous.
> » Là, par l'ordre des dieux, ravie à sa famille,
> » Psyché doit recevoir un monstre pour époux. »

Je ne vous peindrai pas le désespoir des parens et la feinte douleur des deux sœurs aînées, qui, assez mal mariées, n'étaient pas fâchées de voir leur cadette plus mal mariée encore. Cependant elles s'arrachaient les cheveux et versaient des torrens de larmes; et qu'on ne s'en étonne pas:

> L'art de pleurer est un talent
> Que la femme la plus novice
> Possède à fond, et que souvent
> Elle entretient par l'exercice.

Au milieu de la tristesse universelle, Psyché, soumise aux dieux et tranquille, conservait cette pure sérénité, compagne inséparable de la vertu.

> Conduisez l'innocence au bord des précipices;
> Étalez à ses yeux les plus affreux supplices:
> Son cœur est exempt de remords,
> Son front demeure inaltérable.
> L'aspect de l'empire des morts
> Ne fait pâlir que le coupable.

Psyché, environnée de la pompe funèbre qui semblait la conduire au tombeau, marchait les yeux baissés, et se disait:

« Je n'ai rien fait aux dieux, que peuvent-ils me faire?
» S'ils désirent ma mort, je ne puis m'y soustraire;
» Mais peuvent-ils la désirer?
» Je n'ai vécu que pour les adorer;

» J'ai mis mon bonheur à leur plaire.
» Le pauvre est mon ami, le malheureux mon frère.
» J'emporte leur amour et leurs tendres regrets.
» Mon cœur est aussi pur que le jour qui m'éclaire.
    » Hélas ! plus je me considère,
» Moins je prévois mon sort. Je m'y résigne ; mais
» Je n'ai rien fait aux dieux, que peuvent-ils me faire ? »

Cependant on arrive au rocher fatal. Là, le père de Psyché, courbé sous le poids des ans et de la douleur, lui fait ses derniers adieux. La reine, pour la dernière fois, la presse douloureusement dans ses bras maternels; et ses sœurs, en sanglotant, versent les pleurs qu'elles avaient réservés pour cette dernière scène.

Seule au milieu de ce désert épouvantable, Psyché promène long-temps ses regards sur les rochers, les bois et les abîmes qui l'environnent. A tout moment elle croit voir sortir de ces antres l'époux monstrueux auquel elle est destinée.

Tantôt se figurant un monstre horrible, immense,
Ses transports furieux, ses longs mugissemens,
    Elle frémit, et croit d'avance
Expirer de frayeur dans ses embrassemens.
Tantôt entrevoyant un rayon d'espérance :
« Ne puis-je pas, dit-elle, apaiser son courroux ?
    » Si ce monstre m'épouse, il m'aime ;
» S'il m'aime, il cessera bientôt d'être le même ;
    » De me plaire il sera jaloux ;

» Moi je ferai tout pour lui plaire.
» Je puis changer son caractère ;
» L'amour peut le rendre plus doux...
» Je ne crois pas que j'en meure.
» C'est un monstre, à la bonne heure ;
» Mais enfin c'est un époux. »

Tandis que Psyché se livrait à ces réflexions consolantes, Zéphyre, par l'ordre de Cupidon, volait au séjour du Sommeil pour implorer son secours.

Le Sommeil repose dans une grotte [1] sombre et tranquille, située au milieu de la ville des Songes. Les habitans de cette ville en sortent par deux portes opposées : l'une, faite de corne transparente, est la porte des Songes véridiques ; l'autre, d'un ivoire éclatant, sert de passage aux Songes menteurs.

Ces démons fantastiques prennent à leur gré mille figures, mille costumes différens pour aller accueillir les étrangers sur le chemin qui conduit à leur ville.

Les Songes véridiques font voir aux sages qu'ils favorisent les projets des hommes s'envolant en fumée ; les protecteurs de cour vendant de l'orviétan pour des louanges ; les héros, géans en perspective, *Lilliputiens* à quatre pas ; les astronomes

---

[1] Ovide place le Sommeil dans une grotte ; Lucien dans une ville : j'ai réuni ces deux opinions.

tourbillonnant parmi les sphères, les mondes, les rêves et les planètes, et se perdant au sein du vide, avec les atomes ronds et crochus; les orateurs à la mode, dos à dos avec le génie, attrapant en l'air des bluettes comme des papillons; des poètes délicieux brodant des arabesques au tambour; des agriculteurs académiques, plantant quatre grains de blé dans quatre tasses de porcelaine pour calculer le produit des quatre parties du monde; des financiers devenus pasteurs, tondant, avec des ciseaux économiques, leurs brebis jusqu'au sang, puis les abandonnant aux écorcheurs subalternes. Enfin, à travers le prisme de ces Songes, qui réduit tout à sa juste valeur, le sage voit tour à tour

> L'orgueil tapi sous l'humble froc,
> L'amour brûlant sous la chaste étamine,
> L'ambition creusant pour sa propre ruine,
> La fragile vertu brisée au moindre choc,
> L'esclavage assis sur le trône,
> Les soucis voltigeant autour de la couronne,
> La véritable royauté
> Réduite à l'empire suprême
> Que l'homme exerce sur lui-même
> Dans une sage obscurité;
> Les vrais biens chez la pauvreté,
> La pauvreté chez l'opulence,
> Le faux éclat dans la splendeur,
> Les seuls plaisirs dans l'espérance,

Les tourmens dans la jouissance,
Et le néant dans la grandeur.

Les Songes menteurs, bien plus nombreux que les premiers, se présentent aux simples commis sous les traits, tantôt du valet de chambre, tantôt de la sultane favorite d'un commis en chef; et, pour accueillir celui-ci, ils prennent le masque riant d'un contrôleur-général. Ils expédient pour les gens à projets des brevets d'invention, des priviléges exclusifs, et leur assurent des résultats de mille pour cent. Plusieurs offrent aux filles nubiles une longue suite d'aspirans; aux femmes mariées, le convoi funèbre de leurs époux; aux veuves, les apprêts de leurs secondes noces. Ceux-ci étalent aux jeunes médecins les pestes, les épidémies, les villes et les campagnes couvertes de moribonds implorant leur science divine, et leur tendant une bourse ronde qui tombe de leur main défaillante. Ceux-là montrent aux jeunes orateurs de Thémis la discorde universelle divisant les familles, des milliers de mains ouvertes pour donner ou pour applaudir, et le Pactole roulant ses flots dans l'antre de la Chicane. Quelques uns font apercevoir aux nourrissons des Muses des fauteuils académiques, des berceaux de lauriers, et leurs bustes de marbre noircis dans les places publiques par les siècles et par l'encens. Quelques autres réalisent aux yeux des calculateurs et des physiciens des bateaux qui

LETTRE LIII.

remontent seuls le cours des fleuves rapides, des globes dirigés dans l'air contre l'air même, des chaussures pour danser sur l'onde à pied sec, des chars volant vers la lune, des quadratures de cercle, des pierres philosophales, des cabriolets qui, de leur propre mouvement, partent en poste pour l'Espagne, etc., etc. Mais parmi ces aimables imposteurs

> Il en est un, le plus flatteur de tous,
> Qui quelquefois à l'ami d'Émilie
>   Offre les traits de son amie
> Qui lui sourit, et fait mille jaloux.
>   Hélas! je n'oserais le croire,
>   Ni vous consulter sur mon sort.
> Oserais-je pourtant vous demander s'il sort
> Par la porte de corne, ou par celle d'ivoire?

PSYCHÉ ET ZÉPHYRE.

a Paris, chez Ant. Aug. Renouard.

LETTRE LIV.

PSYCHÉ.

Après avoir traversé la ville des Songes, Zéphyre arrive à la grotte profonde où repose le Sommeil, fils de l'Érèbe et de la Nuit et frère de la Mort.

> Là, sur un lit de plume oiseuse,
> Étendu monacalement,
> Le dieu savoure mollement
> Une langueur voluptueuse.
> Sur ses traits rians et fleuris
> Brille la fraîcheur printanière
> D'un chérubin, d'une houris,
> Ou d'un chanoine qui digère.
> Le dispensateur du repos
> Dort entouré de somnifères,
> De gazettes et de pavots,
> D'opium et de commentaires,
> De nénuphar et de journaux.
> Près du lit, une source pure,
> Sur les cailloux et la verdure

Roulant son cristal argenté,
Le long de sa rive fleurie,
Appelle la mélancolie
Et murmure la volupté.

Jamais, dans sa course brûlante,
Phœbus sur ces paisibles lieux
N'a dardé les traits radieux
De sa lumière étincelante.
Un crépuscule faible et doux,
Une lueur mystérieuse,
Un demi-jour de rendez-vous,
Une fraîcheur délicieuse;
Tout inspire cette langueur,
Cette paisible léthargie
Où l'homme, rêvant le bonheur,
Poursuit le rêve de la vie.
Des vains Songes autour de lui
Voltige la troupe empressée;
Et leurs ailes de l'eau d'Oubli
Semblent secouer la rosée.

Près du lit sombre où repose le Sommeil, Zéphyre aperçoit ses trois enfans[1], Morphée, Phobétor et Fantase.

Morphée tenait une poignée de pavots. Son nom signifie figure ou image, parce que, durant le rê-

[1] On donnait au Sommeil jusqu'à mille enfans, qui sans doute n'étaient autres que les Songes dont il est le père, et dont la mère est l'Imagination.

gne de son père, il se présente souvent à nous sous la figure des êtres qui nous intéressent.

> Dans ses déguisemens, je crois
> Qu'il met de la coquetterie,
> Car je l'ai vu plus d'une fois
> Se présenter à moi sous les traits d'Émilie.

Le terrible Phobétor, ou Fantôme, enveloppé de draps mortuaires, de tristes lambeaux, porte sur un corps immense une figure blême et décharnée.

> C'est le dieu des esprits. Autrefois sa puissance
> Dominait un empire immense;
> Mais aujourd'hui son empire n'est plus
> Qu'un empire *in partibus*.

Enfin le troisième enfant du Sommeil, la capricieuse Fantase, ou Fantaisie, change de figure à chaque instant, rit, pleure, désire, dédaigne, va, revient, cour, s'arrête, et trouble la cervelle de tous ceux qu'elle approche.

> Hélas! si la Fantaisie
> Est fille du Sommeil, dans ce bon univers,
> Que de belles, mon amie,
> Sommeillent les yeux ouverts!

Au milieu de cette cour silencieuse, Zéphyre s'avance légèrement vers le Sommeil, soulève le noir rideau de son lit d'ébène, et entrevoit le dieu

LETTRE LIV.

assoupi, tenant une corne d'abondance, attribut de la paix qu'il inspire. Zéphyre, par un léger battement d'ailes, l'éveille doucement, et lui dit :

« Si, pour vous, couronnant les Songes
» Des roses de la volupté,
» L'Amour embellit leurs mensonges
» Des charmes de la vérité,
» Sommeil, écoutez sa prière :
» L'Amour, qui seul fait obéir
» Le puissant maître du tonnerre,
» Qui, dans les enfers, sur la terre,
» Seul peut tout, ne peut endormir
» Les yeux d'une simple bergère.
» De Psyché fermez la paupière,
» Et, jusques à l'aube du jour,
» Loin de cette belle endormie,
» Chassez la brûlante insomnie,
» Inséparable de l'Amour. »

Le Sommeil se lève à ces mots; il étend ses ailes sombres, qui embrassent à la fois la moitié de l'univers; et guidé par Zéphyre, il arrive au rocher fatal où Psyché tremblante attend son époux. Le dieu du repos plane sur sa tête, la couvre de pavots, et revole en silence vers son antre paisible.

Alors Zéphyre, prenant doucement Psyché dans ses bras, la porte au pied du rocher, dans un jardin délicieux, et la couche sur un gazon ombragé de myrtes et parsemé de violettes. Cet ombrage est si frais, que nous ferons bien, Émilie, de nous y reposer aussi.

> Et là, si vous daignez m'en croire,
> Interrompant cet entretien,
> De Psyché quelque temps vous oublîrez l'histoire
> En faveur de l'historien.

LETTRE LV.

PSYCHÉ.

« O quelle sérénité pure !
» Est-ce ici le séjour des dieux ?
» Est-ce la main de la Nature
» Qui dans ces prés délicieux
» A semé de ces fleurs l'émail sur la verdure ?
» De ce palais brillant la simple majesté,
» Ces bosquets, ces jardins, cette grotte profonde,
» Le cristal même de cette onde,
» Tout, jusqu'à l'air, me paraît enchanté.
» Il me semble que je respire
» La tendresse et la volupté !
» Je suis heureuse... et pourtant je soupire !...
» Que manque-t-il encore à ma félicité ?
» Et qu'est-ce donc que je désire ? »

Ainsi parlait Psyché en s'éveillant à l'ombre d'un berceau de myrte. Après le premier moment d'extase, elle se lève, marche vers le palais, et le parcourt avec ravissement. L'architecture de l'édifice, et les riches ornemens qui le décorent, portent l'empreinte d'une main divine. Cependant, au milieu de cette magnifique demeure, Psyché ne rencontrait pas même l'ombre d'un humain.

>Cette solitude profonde
>Commençait à la désoler :
>Dans le plus beau palais du monde,
>On veut trouver à qui parler.

Enfin une voix faible et tendre lui dit : « Psyché, » vous êtes reine de ce palais. N'ordonnez pas; » désirez seulement. » Psyché désire, et tour à tour une toilette brillante, un concert divin, un festin délicieux, se présentent devant elle. Servie par une cour nombreuse, elle l'entend sans la voir; bien différente des rois qui souvent voient la leur sans l'entendre.

Le soir, cette cour invisible assiste au coucher de la nouvelle reine, et se retire.

>Tout-à-coup, au milieu des ombres de la nuit,
>>Les rideaux s'ouvrent à grand bruit.
>Psyché sent une main, frissonne et la repousse.
>>« Ah! que le monstre a la main douce!
>» Réfléchit-elle; hélas! que n'est-il aussi doux! ».
>>Mais une voix plus douce encore
>>Lui dit : « Psyché, c'est moi qui vous adore
>» Et que l'Amour vous donne pour époux.
>» — Puisque le ciel le veut, dévorez-moi, dit-elle;
>>» Me voici. — Moi, vous dévorer!
>» Moi, votre amant soumis! moi, votre époux fidèle!
>>« — Hélas! comment puis-je espérer

« Ces procédés d'un monstre?—Un monstre, quand il aime,
» Tout monstre qu'il est, s'embellit;
» L'Amour embellirait la laideur elle-même.
» Le bonheur vous attend, si mon cœur vous suffit.
» — Le bonheur! ah! pourquoi m'en offrez-vous l'idée?
» Et comment me prouver ce que vous m'avez dit? »
J'ignore ce qu'il répondit;
Mais elle fut persuadée.

Le lendemain, Psyché, à peine éveillée, étend les bras, et cherche son époux à ses côtés : mais il avait disparu. Aussitôt elle visite le palais, les jardins, les bosquets et les antres solitaires, dans l'espérance d'y trouver le monstre. A chaque pas, sous chaque berceau, elle croit l'apercevoir. La pauvre Psyché se fait des monstres de tout. Enfin, épuisée de lassitude, elle s'assied sur un banc de gazon; et là, au défaut de la vue, le toucher servant sa mémoire, elle se trace ainsi le portrait du monstre qui la tourmente :

« D'abord sa figure est ovale;
» Des deux côtés une fossette égale,
» Quand il sourit, se creuse au-dessus du menton.
» Il doit me dévorer, dit-on...
» Ah! pour me dévorer, sa bouche est trop mignonne.
» Ses cheveux sur son front forment une couronne;
» Mais sont-ils noirs ou châtains? Non;
» Ni l'un ni l'autre : noirs, leur tresse
» Serait plus rude; et châtains, plus épaisse.

» J'en conclus que le monstre est blond.
» Il est blond.... De là je soupçonne
» Que sans doute il a les yeux bleus;
» Deux grands yeux en amande, ardens, voluptueux,
» Qu'un double sourcil brun de son arc environne.
» Comme il doit avoir un beau teint!
» Comme il a la peau veloutée!
» Comme sa poitrine agitée
» Exhale en soupirant la fraîcheur du matin!
» Et sa taille svelte et légère!
» Ses pieds pas plus grands que ma main,
» Sa main celle d'une bergère;
» Et de si jolis petits doigts!
» Et son cœur palpitant à peine
» Sous un sein d'ivoire! et sa voix
» Aussi douce que son haleine!...
» Le joli monstre que voilà!
» Vous dont l'amitié me regrette,
» Mes compagnes, je vous souhaite
» Des monstres tels que celui-là. »

Ces réflexions redoublèrent la curiosité de Psyché, et l'attente lui rendit la journée éternelle. Enfin la nuit tardive ramena l'époux invisible. Psyché, l'entendant approcher, lui dit :

« Aimable monstre, au nom de notre ardeur,
» Pour me prouver que j'ai du crédit sur votre âme,
» Daignez à mes regards vous offrir. Quoique femme;
» Je suis brave, et de vous je n'aurai jamais peur.

»—Psyché, reprit l'époux, craignez la curiosité ;
» elle est l'écueil du bonheur. Vos sœurs sont at-
» teintes comme vous de cette maladie. Demain
» elles viendront sur le rocher où vous fûtes expo-
» sée, et vous appelleront à grands cris. Si vous
» leur répondez, vous êtes perdue. »

La pauvre Psyché, confondue de cet ordre ab-
solu, répondit en sanglotant :

« Les maris se ressemblent tous!
» On me l'avait bien dit!... Je conviens qu'un époux
   » Peut demander à son amie
   » Quelque sacrifice léger;
   » C'est l'usage;... mais exiger
» Le silence d'abord... Voyez la tyrannie!

»—Eh bien! répliqua l'époux touché de ses lar-
» mes, je vous permets de voir vos sœurs; comblez-
» les même de présens; mais défiez-vous de leurs
» perfides conseils. »

Dès le matin, les sœurs arrivent sur le rocher.
Psyché les entend, et ordonne à Zéphyre de les
apporter dans son palais. Après les premières caresses, les deux aînées admirent le séjour de leur
cadette; et, tandis que l'envie tout naturellement
succède à l'admiration, la curiosité multiplie les
questions indiscrètes :—

« Quel est donc votre époux ? que dit-il ? que fait-il ?
» Est-il jeune? est-il beau? de face ou de profil?

» Est-il grand ou petit? est-il froid? est-il tendre?
» Vif ou lent? triste ou gai? maussade ou complaisant?
» Dites-nous tout enfin! Voilà, quant à présent,
» Le peu que nous brûlons d'apprendre. »

A tant de questions, Psyché, confuse de ne pouvoir répondre, dit à ses sœurs : « Mon époux est un » jeune prince qui passe tout le jour à la chasse. » Puis elle les combla de présens, et Zéphyre les reporta dans le palais de leur père. Là, le cœur gonflé de rage et de dépit, elles se répétaient sans cesse :

« Quoi! tandis que Psyché, dans cet aimable lieu,
» Pour époux a peut-être un dieu,
» Nous, malheureuses que nous sommes,
» Avec nos princes pituiteux,
» Podagres, catarrheux, quinteux,
» Nous n'avons pas même des hommes!
» L'orgueilleuse! à travers sa perfide douceur,
» N'avez-vous pas démêlé sa noirceur?
» Elle rit de notre détresse!...
» Vengeons-nous! vengeons notre honneur,
» Et l'affront que le sort a fait au droit d'aînesse. »

La nuit suivante, l'époux de Psyché l'embrassa tendrement, et lui dit : « Ma chère épouse, bien-» tôt vous deviendrez mère d'un fils qui, si vous » êtes discrète, sera immortel, et mortel si vous » parlez.

» — Eh! quel secret par moi peut être répété?
» Vous me les cachez tous.—C'est par égard, madame :

» Un époux qui chérit sa femme
» Ménage sa fragilité. »

Cette excuse, loin de satisfaire Psyché, ne fit qu'augmenter son dépit; et le lendemain, ses sœurs ayant remarqué sa tristesse, elle leur en découvrit ainsi le motif :

« J'adore mon époux, et ne puis le connaître.
» Il se cache et se tait; c'est, dit-il, pour mon bien.
» De ma discrétion vous m'en vouliez peut-être;
» Mais, si je n'ai rien dit, c'est que je ne sais rien. »

Aussitôt les deux sœurs, profitant de cet instant de défiance, prirent Psyché par la main, et lui dirent avec un ton de confidence perfide :

« Puisqu'il se cache, il est coupable.
» — Coupable? hélas! de quoi?—D'un projet exécrable,
» Qui vous menace. — Moi! — Laissez-vous éclairer :
» Dès que vous serez mère, il doit vous dévorer.
» — Il est si faible; il sort à peine de l'enfance...
» — Le crime est toujours fort auprès de l'innocence.
» — Il m'aime tant!—L'amour est un masque trompeur;
» Et, puisqu'il vous caresse, il vous trahit, ma sœur.
» — Qui vous l'a dit? — L'expérience.

» Voici, poursuivirent-elles, le seul moyen de
» vous sauver, vous et votre enfant. Cachez près du
» lit nuptial ce glaive et cette lampe nocturne;
» dès que le monstre sera endormi près de vous,

» levez-vous sans bruit, découvrez la lampe, pre-
» nez-la d'une main; de l'autre saisissez le glaive,
» approchez du monstre, et tranchez-lui la tête. »

A ces mots, les deux charitables sœurs donnent tour à tour à Psyché un baiser d'encouragement; puis, retournant au palais de leur père, elles se disent en confidence :

« Quand on saura la chose, on ne pourra la croire.
» Quel éclat scandaleux! quel plaisir de conter,
» De broder les détails, d'aigrir, de commenter,
» Et d'enrichir le fond d'une si belle histoire! »

Psyché, seule chargée de tout le poids de la conjuration, attendit la nuit en tremblant. Il semblait qu'elle pressentît le triste succès de cette espèce de complot, que l'Amour punit presque toujours à l'instant même du dénouement. Ah! si elle eût pu me consulter, comme je l'aurais guérie de cette fausse bravoure! Car vous savez qu'à cet égard je puis servir d'exemple aux téméraires :

Depuis un mois je vous aimais,
Lorsque de vos liens je voulus pour jamais
Délivrer mon âme asservie.
J'allai, pour m'affranchir, vous braver, Émilie;
Mais, tout fier que j'étais, un regard m'étonna;
Un sourire me dit : *Soyons amis, Cinna;*
Et je m'engageai pour la vie.

LETTRE LVI.

PSYCHÉ.

Vers le milieu de sa carrière
La nuit arrive; tout s'endort :
Le docteur sur un commentaire,
Le rentier sur un coffre-fort;
Le calculateur sur Barême,
L'entrepreneur sur un projet,
Le sermonneur sur un carême,
Le ministre sur un placet,
L'orateur sur un syllogisme,
L'historien sur un anachronisme.
Le poète, auprès d'un sonnet,
Ronfle sur un épithalame;
L'avare bâille en comptant ses écus,
L'astronome en lorgnant Vénus,
L'époux en souhaitant bonne nuit à sa femme.

Celui de Psyché sommeille la tête penchée sur le sein de son épouse. Alors celle-ci, dégageant peu à peu ses bras entrelacés avec ceux du monstre, se glisse doucement hors du lit, et marche à tâtons vers l'endroit où elle a caché la lampe et le glaive.

Elle découvre l'une, et saisit l'autre. Le glaive mal assuré étincelle dans sa main droite à la lueur de la lampe qui tremble dans sa main gauche. En cet état, le sein palpitant, l'œil fixe et les bras étendus, d'un pied craintif elle s'approche du lit nuptial. A chaque pas la figure du monstre varie, et s'adoucit à ses yeux.

  A quinze pas c'est un jeune chasseur,
   Et si ce n'est Adonis ou Céphale,
 Ce doit être leur frère; à dix pas c'est leur sœur;
   A huit pas c'est une vestale;
   A cinq à six pas, tour à tour,
   C'est un dieu, c'est une déesse;
 A quatre, c'est Zéphyre; à trois, c'est la Jeunesse;
 A deux, c'est le Printemps; et plus près, c'est l'Amour.

Peignez-vous de Psyché l'extase et le délire,
 Vous qui savez tout ce qu'Amour inspire
Au cœur qui le connaît pour la première fois.
  Psyché près du dieu qu'elle admire
   Aperçoit un arc, un carquois,
   En tire un trait avec adresse;
 Du bout du doigt veut l'essayer, se blesse,
   Le laisse échapper, et soudain
  Brûle d'amour pour l'Amour même.
Quelle ivresse, quel feu doit embraser son sein!
Comme l'on doit aimer le dieu par qui l'on aime!
L'épouse de l'Amour, sans troubler son repos,
En s'inclinant sur lui respire son haleine,

Baise ses yeux fermés, mais les effleure à peine,
De peur d'en souffler les pavots.
Par malheur, de la lampe, entre ses mains tremblante,
Sur le sein de l'époux une goutte brûlante
Tombe... Le dieu s'éveille et s'enfuit sans retour!
Et voilà ce qu'on gagne à voir de près l'amour.

En vain Psyché, pour le retenir, saisit son pied au moment où il s'envole, et se laisse enlever avec lui; bientôt elle retombe, et froissée de sa chute, anéantie de douleur, elle reçoit ces funestes adieux : « Ingrate Psyché! ma mère m'avait or-
» donné de vous donner un monstre pour amant;
» je me suis donné moi-même; et, pour prix de
» ma tendresse, vous voulez m'ôter le jour avant
» même de me connaître! Adieu : je punirai vos
» perfides sœurs; et vous, je vous abandonne. »

Revenue de son accablement, Psyché ouvre ses yeux baignés de pleurs; mais la lumière lui est odieuse, et la vie insupportable. L'œil égaré, les cheveux épars, elle court au rivage d'un fleuve voisin, s'élance et s'y précipite.

Le fleuve avec respect la reçoit dans ses ondes.
Les Naïades, du sein de leurs grottes profondes,
Sortent pour l'admirer. Dans ses bras amoureux
Le dieu la soulève et la presse;
De ses flots argentés doucement la caresse,
Et, par cent détours sinueux,
Cent fois revenant sur lui-même,

Prolonge le bonheur d'embrasser ce qu'il aime.
Enfin au pied d'un saule, ornement de ces bords,
Apercevant un lit de mousse et de verdure,
Il y vient lentement déposer ces trésors
    Dont s'enorgueillit la Nature.
Sur ces bords enchantés, depuis cet heureux jour,
Les oiseaux caressans, les zéphyrs, l'onde pure,
    Semblent dire par leur murmure :
Ici se reposa l'épouse de l'Amour.

Psyché, ne pouvant supporter la vie, ni trouver la mort, s'abandonne à sa destinée, et suit au hasard le premier chemin qui se présente devant elle. Après trois jours d'une marche pénible, ce chemin la conduit à la petite ville où règne sa sœur aînée. Psyché lui annonce que l'Amour vient de l'abandonner pour épouser sa seconde sœur. L'aînée, furieuse de cette préférence, vole au palais pour en avoir raison. Aussitôt Psyché court annoncer tout le contraire à la cadette, qui, pour supplanter l'aînée de sa famille, vole au palais peu de temps après elle.

Observez qu'en dépit de sa naïveté,
L'innocente Psyché, pour fuir la vérité,
  A pris deux fois un détour circonflexe.
    Je ne sais si c'est par oubli,
    Ou pour payer le tribut à son sexe;
    Mais je sais bien qu'elle a menti.

Déjà ses sœurs sont l'une et l'autre victimes de

ce double mensonge. En arrivant tour à tour sur le rocher, elles appellent le Zéphyre jusqu'ici fidèle à leurs ordres; et, croyant s'abandonner dans ses bras, elles se précipitent et disparaissent au fond de l'abîme qui environne le jardin de l'Amour. Cependant la Renommée va trouver Vénus chez Téthys, et lui apprend que son fils est malade.

«— Malade! lui, mon fils! de quoi? — D'une brûlure.
» — Hélas! qui l'a brûlé? — Son épouse... — Comment!
» Mon fils est marié? sans mon consentement!
» — Oui, suivant le droit de nature.
» —Eh! quelle est son épouse?—Un chef-d'œuvre des cieux
» Que l'on nomme Psyché. — Grands dieux!
» Cette petite créature,
» Après avoir usurpé mes autels,
» M'ose enlever mon fils!... Je suis d'une colère!...
» Tout le tiers-état de la terre
» Va bientôt supplanter l'ordre des Immortels! »

En parlant ainsi, la mère de l'Amour vole à l'Olympe. Là elle trouve son fils souffrant et couché. Elle lui lance un regard sévère; et après avoir examiné sa blessure : « Je vous amène, dit-elle, un » médecin qui en peu de temps saura vous guérir. » A ces mots l'Amour, levant les yeux, aperçoit auprès de sa mère une figure béante sur un corps maigre et long.

Ce fantôme femelle, au teint blême, aux yeux creux,
Est frère de la Médecine.

Le seul point sur lequel ils diffèrent entre eux,
C'est que l'un exténue, et que l'autre assassine.

Plus l'Amour considère cette pâle effigie, moins il la reconnaît. En vain parcourt-il en idée tous les lieux qu'il habite ordinairement, les boudoirs des dieux et des princes, les petites maisons des disciples de Plutus, les cellules des prêtres de Jupiter, de Junon, et surtout de Cypris; en aucun de ces séjours il n'a rencontré ce spectre inconnu. Enfin Vénus, pour le tirer d'inquiétude, lui dit : « Mon » fils, vous voyez la Diète ; fiez-vous à ses soins, » votre guérison est infaillible. »

Vénus avait tort : l'abstinence
Ne guérit point l'amour. Vous avez mis le mien
Au régime de l'espérance;
Ce régime-là n'y fait rien.
Donnez-lui donc quelque substance,
Puisqu'il est décidé d'avance
Que jamais je ne guérirai,
Qu'à ses désirs enfin votre amitié se rende
Au malade désespéré
Refuse-t-on ce qu'il demande?

LETTRE LVII.

PSYCHÉ.

Psyché, veuve avant d'être mère, errait au gré de sa douleur, et cherchait son époux dans tout l'univers. Durant ce pénible voyage, elle aperçoit au sommet d'une montagne un temple dédié à Cérès. Elle y porte ses pas, et adresse sa prière à la déesse : « Souffrez, lui dit-elle, que, pour échap- » per aux persécutions de Vénus, je me cache sous » ces épis que la piété consacre sur vos autels. » Cérès lui répond en soupirant :

« Je voudrais vous soustraire aux fureurs de Cyprine,
» Et vous cacher à ses regards.
» Elle a tort, j'en conviens ; mais elle est ma cousine,
» Et les cousins se doivent des égards. »

Congédiée par Cérès, la veuve de l'Amour se présente chez Junon, et lui fait la même prière. En écoutant les plaintes de Psyché contre Vénus, Junon s'écrie :

« C'est bien le cœur le plus vindicatif !
» C'est le fléau de toute ma famille !

L'AMOUR ET PSYCHÉ.

à Paris, chez Ant. Aug. Renouard

» Mais enfin c'est ma belle-fille ;
» Il faut que je me plie à cet esprit rétif.
» La loi blâme d'ailleurs quiconque favorise
　　» Aucun esclave fugitif ;
» Ainsi, ma pauvre enfant, Jupiter vous conduise ! »

Après ce second refus, Psyché n'osa plus se présenter chez aucune déesse. Elle ne voyait dans tout l'Olympe que des sœurs, des nièces, des tantes et des cousines de Vénus, qui tour à tour la renverraient par des considérations d'alliance ou de parenté. Dans cette extrémité, elle prit le parti d'aller elle-même se mettre à la discrétion de Cypris, espérant, par ce trait de noblesse, exciter sa générosité.

Cependant Vénus, fatiguée de chercher en vain sa rivale, va trouver Mercure et lui dit : «Mon frère, » j'ai gravé sur ces tablettes le signalement d'une » esclave fugitive, et la récompense promise à ce- » lui qui me la ramènera. Allez, et publiez cet » écrit. » Aussitôt Mercure parcourt les grands chemins, les carrefours, les ports, les marchés, et les places publiques, qui, comme l'on sait, composent ses domaines, et lit à haute voix l'édit suivant :

　« Vénus, déesse de Cythère,
　» A tous les amans de la terre
» *Salut.* Savoir faisons que, depuis quelque temps,
　　» Certaine esclave assez jolie,

» Que l'on nomme Psyché, beaux cheveux, belles dents,
» Petit minois de fantaisie,
» Age de quatorze à quinze ans,
» A pris la fuite. S'il arrive
» Qu'un mortel, par hasard, la trouve en son chemin,
» Et ramène à Paphos la jeune fugitive,
» En la recevant de sa main,
» De sept baisers comptant Vénus lui fait promesse,
» Et sera le dernier de tous
» Assaisonné par la déesse
» De tout ce qu'un baiser peut avoir de plus doux. »

Soudain les mortels, avides d'une telle récompense, se mettent tous à la poursuite de Psyché. Trompés par son signalement, ils arrêtaient sur les chemins et aux portes des villes la jeunesse et la beauté comme suspectes.

Tel fut en ce temps-là le caprice du sort,
Qu'il devint dangereux d'être jeune et jolie,
Et que vous n'auriez pu voyager, Émilie,
Sans vous munir d'un passe-port.

Tandis que les hommes cherchaient Psyché sur la terre, elle était aux genoux de Vénus, et s'abandonnait à sa générosité. Mais la déesse, oubliant que le pardon est la seule vengeance digne des dieux, la faisait charger de fers, et ordonnait à ses nymphes de la frapper de verges. Au milieu de ses tourmens, Psyché la conjurait d'avoir au moins pitié de son état, et de considérer qu'elle allait être mère. A ces mots Vénus, outrée d'un nouveau dépit, s'écriait avec fureur :

« Tu ne survivras pas à ce nouvel outrage!...
» Frappez! frappez jusqu'à la mort!
» C'est peu d'aimer mon fils, l'insolente ose encor
» Me rendre grand'mère à mon âge! »

En parlant ainsi, elle la frappait elle-même au visage et déchirait ses vêtemens. Mais, apprenant que l'Amour, exténué par le régime de la diète, venait de tomber en faiblesse, elle abandonne sa victime, vole à l'Olympe, prend son fils dans ses bras, le ranime contre son cœur, et passe la nuit auprès de lui. Le chagrin et l'insomnie firent pâlir la mère de l'Amour. Au jour naissant elle s'en aperçut; et ayant fait venir Psyché : « Allez, lui » dit-elle, allez chez Proserpine, et dites-lui de ma » part : Vénus vous demande une boîte de beauté » pour réparer celle qu'elle a perdue pendant la » maladie de son fils. »

Psyché devait succomber dans ce message; mais elle descendit au sombre Averne avec cette sécurité qui accompagne l'innocence, et tous les obstacles s'évanouirent sous ses pas.

Les Ombres à l'envi planèrent autour d'elle;
Cerbère, en murmurant, lécha ses jolis pieds,

Et l'avare Caron, deux fois dans sa nacelle,
Lui fit passer le Styx sans lui dire : « Payez. »

Proserpine elle-même, touchée des grâces naïves de Psyché, lui dit en lui remettant la boîte de beauté : « Que Vénus est heureuse d'avoir une si ai- » mable messagère! J'en suis jalouse; et, si ce » n'était par égard pour elle, je serais presque ten- » tée, mon enfant, de te recommander à mon pre- » mier médecin, qui, avec une simple ordonnance, » te placerait auprès de moi pour toujours. Mais » Vénus m'en voudrait, et elle aurait raison. Adieu; » porte-lui cette boîte, et garde-toi bien de l'ou- » vrir; tu n'en as pas besoin. »

La défense aiguillonne la curiosité. Psyché, en revenant des enfers, tournait, retournait et secouait la boîte pour soupçonner au moins ce qu'elle pouvait contenir; puis elle disait en elle-même :

« En vérité, je voudrais bien savoir
  » Quelle figure peut avoir
» La beauté renfermée ainsi dans une boîte...
» — Garde-toi de l'ouvrir; tu n'en as pas besoin,
  » M'a-t-elle dit. C'est bien honnête!...
» Si pourtant je pouvais en voir un petit coin!
  » Sur mainte table de toilette,
» J'ai vu du noir, du blanc et du rouge apprêté;
  » Tout cela n'est pas la beauté.
» De celle que je tiens si j'avais la recette,
» Combien j'obligerais mon sexe!... Il est certain

» Que je puis, sans être indiscrète,
» Envier le secret d'obliger mon prochain. »

Malgré cette apologie intérieure, Psyché, conservant un reste de scrupule, n'osait ouvrir la boîte; mais elle la laissa tomber par distraction, afin qu'elle s'ouvrît par accident. Enfin, l'accident n'arrivant pas assez tôt, Psyché, innocemment, aida un peu la catastrophe, en poussant, sans le vouloir, le couvercle de la boîte en dehors; mais, au lieu d'y trouver la beauté, elle en vit s'exhaler une vapeur infernale qui, l'enveloppant tout-à-coup, la plongea dans un sommeil léthargique.

Heureusement l'Amour, alors convalescent, se promenait ce jour-là pour la première fois.

Sans doute il existe un génie
Qui conduit les amans : à chaque instant du jour,
C'est lui qui sur vos pas me conduit, Émilie,
Et ce fut lui, je le parie,
Qui vers Psyché guida l'Amour.

Ce dieu, recueillant la vapeur mortelle dans la boîte, la referme avec soin, éveille son épouse, l'embrasse tendrement, et lui dit : « Hâtez-vous, ma » chère Psyché, de porter cette boîte à ma mère; » et moi, je vais supplier Jupiter de consentir à » notre hymen. »

Déjà Vénus, irritée de voir sa beauté flétrie, avait brisé, de dépit, trois miroirs trop véridiques;

elle en consultait un quatrième qui allait subir le même sort, lorsque Psyché lui présenta la boîte mystérieuse. Jamais la reine de Cythère n'en avait si bien connu tout le prix.

Tandis qu'elle la recevait des mains de Psyché, l'Amour, faible et tremblant, arrivait au palais céleste; et se jetant aux pieds de Jupiter : « Mon père, » s'écriait-il, ou accordez-moi Psyché pour épouse, » ou laissez-moi mourir; car, sans elle, l'immorta- » lité m'est insupportable. » Le bon Jupiter, attendri, relève son petit-fils avec une feinte sévérité. « Je sais, lui dit-il, je sais ce que je voudrais igno- » rer. Mon fils, la faute est grave... — Mais unique; » et quel dieu peut en dire autant? »

A cet argument direct, Jupin, faisant un retour sur lui-même, ajoute avec une bonté de circonstance : « Je consens à réparer une première erreur, » pourvu qu'à l'avenir vous me juriez une sagesse... » — Égale à la vôtre, mon père. »

Le roi du ciel, confus de l'éloge, rougit pour la première fois, assemble le conseil secret des dieux, et leur dit :

« Mon petit-fils a fait des siennes.
» Malgré son sourire enfantin,
» Tel que vous le voyez, c'est un franc libertin!...
» Mais je veux que tu t'en souviennes!...
» Qu'il eût formé là-bas une inclination,
» C'était bien; mais dâme Nature

» A poussé si loin l'aventure,
» Qu'il y paraît un peu, dit-on ;
» Or, mes enfans, le mariage
» Étant, dans la jeune saison,
» Le tombeau du libertinage,
» Je suis d'avis que, pour le corriger,
» Nous lui fassions épouser sa conquête.
» — Mais, mon père, c'est déroger,
» Reprit Vénus. — Elle est d'une famille honnête,
» Répliqua Jupiter. — Oui, bon pour ces gens-là.
» Mais c'est une mortelle. — Ah! n'est-ce que cela
» Qui s'oppose à son alliance?
» En sûreté de conscience
» Votre fils pourra l'épouser,
» Et je me charge, moi, de l'immortaliser. »

A ces mots, les dieux applaudirent, et Vénus, réduite au silence, consentit à devenir grand'mère.

Psyché, les yeux baissés, tenant ses deux mains croisées sur son petit sein maternel, fut présentée aux dieux, qui admirèrent en elle la réunion intéressante des grâces naïves de l'enfance et des prémices de la maternité. Jupiter, la prenant par la main, lui dit en lui présentant l'ambrosie :

« Venez, Psyché, soyez ma fille.
» Recevez l'immortalité ;
» Bientôt l'aimable Volupté
» Doit avec vous entrer dans ma famille. »

La prédiction de Jupiter ne tarda pas à s'accomplir. Peu de temps après, Psyché mit au jour cette aimable déesse avec laquelle, Émilie, vous m'avez un peu familiarisé. D'après les traits que j'en vais tracer, décidez si j'ai su la connaître :

>Aimer pour le plaisir d'aimer,
>Épancher librement son âme tout entière
>Dans un cœur qu'on sait estimer ;
>D'un adorable caractère
>Éprouver chaque jour la douce égalité ;
>N'y trouver de variété
>Que dans mille moyens de plaire ;
>Entre les bras de la pudeur
>S'abandonner à la tendresse ;
>Goûter avec délicatesse
>Le prix de la moindre faveur ;
>Au sein du plus tendre délire,
>Jouir de tout, ne perdre rien,
>Heureux du peu que l'on obtient,
>Plus heureux de ce qu'on désire ;
>Par la résistance irrité,
>Et retenu par la décence,
>En l'économisant, doubler la jouissance,
>N'est-ce pas là la Volupté ?

Telle est, Émilie, la fable de l'Amour et de Psyché. Vous saisirez aisément tous les traits de cette ingénieuse allégorie, dont je vous ai seulement extrait la substance. Apulée, qui paraît en être l'auteur, vous offrira des détails aussi multipliés qu'agréables ; et notre immortel fabuliste[1], qui a composé un roman de ces aventures, vous intéressera par ces grâces naïves qui n'appartiennent qu'à lui seul.

Après le divin La Fontaine,
Il était dangereux d'essayer ce tableau.
Sans doute j'aurais dû m'en épargner la peine,
Pour ménager l'honneur de mon pinceau ;
Mais je vous aime ! Amour nous mène
Toujours trop loin, et nous fait tout oser.
Ce dieu m'excusera peut-être
D'avoir, avec un si grand maître,
Osé presque rivaliser.
Sans être comme lui favorisé des Grâces,
J'ai présumé, je ne m'en défends pas,
Qu'après avoir cueilli tant de fleurs sur vos pas,
J'en pourrais glaner sur ses traces.

[1] Nous avons sur le même sujet un poème dont j'aurais fait l'éloge, si je ne m'abstenais autant de louer les vivans que de blâmer les morts.

LETTRE LVIII.

L'AMITIÉ.

Quoi! je vous aurai parlé de la naissance, des exploits, du culte et des amours même de l'Amour, et je ne vous dirai pas un seul mot de l'Amitié!

Hélas! les statues et les temples du fils de Vénus couvrent encore la terre; ses lois se sont perpétuées jusqu'à nous; nous les avons reçues de nos pères pour les transmettre à nos enfans, qui probablement les transmettront aux leurs. Et l'Amitié! où sont les débris de ses autels? qui nous a transmis ses lois? Ses sujets, s'il en existe, osent à peine se montrer. Le culte de l'Amour est aujourd'hui la religion dominante, et les adorateurs de l'Amitié forment une secte obscure qui n'a ni temple, ni sacrificateurs.

Cependant les Grecs l'avaient divinisée. Ils l'appelaient la *Divinité des grandes âmes*; mais ce titre était purement honorifique.

> Les vices couronnés des grâces du bel âge,
> Méprisés, mais charmans, sont l'objet de nos soins,

L'AMITIÉ.

Tandis que les Vertus, avec un vieux visage,
En honneur parmi nous languissent sans témoins;
 On les adore d'autant moins,
 Qu'on les regrette davantage.

Telle est la différence qui a toujours existé entre l'Amour et l'Amitié.

Il paraît que les Romains la consolèrent un peu de l'oubli des Grecs. Ils la représentèrent sous la figure d'une jeune fille, et je trouve qu'ils eurent raison. Quoique l'Amour préside au printemps, et l'Amitié à l'hiver de notre vie, peut-être devrait-on quelquefois donner à l'Amour les traits de l'Hiver, et à l'Amitié ceux du Printemps; car, comme nous l'apprend l'expérience,

 Souvent l'Amour fait vieillir la jeunesse,
 Et toujours l'Amitié rajeunit la vieillesse.

L'Amitié était représentée vêtue d'une tunique sur les bords de laquelle on avait gravé cette légende : *La mort et la vie*. Le sens de ces paroles s'explique de lui-même au cœur des vrais amis.

Le premier sentiment qui vient nous enflammer,
 Jusques au tombeau doit nous suivre :
 Quand on a commencé d'aimer,
 Ne plus aimer, c'est ne plus vivre.

Sur le front de la déesse on lisait cette inscription : *L'été et l'hiver*, pour désigner sans doute que l'Amitié n'appartient pas à la jeunesse, mais qu'elle est un fruit de la raison, qui mûrit durant notre été et dont nous jouissons dans notre hiver. Heureux, mon amie, ceux chez qui ce fruit se trouve prématuré!

La statue de l'Amitié avait le côté gauche ouvert, et de l'index de la main droite elle découvrait son cœur, au milieu duquel étaient écrits ces mots: *De près et de loin.*

De loin comme de près on s'ouvre à son amie;
 Qui mieux que moi doit le savoir?
 En lui parlant on croit la voir;
On la mène, en rêvant, le long de la prairie;
 Près d'un saule on la fait asseoir.
 On l'entretient longuement, jusqu'au soir,
  De ses désirs, de ses alarmes,
  De ses projets, de son espoir.
 Dans ses yeux se peint-on des larmes?
 Ivre d'amour et de plaisir,
On l'embrasse en idée: et, tandis que Zéphyr
Emporte le baiser, avec de nouveaux charmes,
  Le cœur achève de s'ouvrir:
  Absente, on lui dit comme on l'aime;
  On lui dit comme on est jaloux...
Si la belle était là, le dirait-on de même?
Oui, j'en réponds; tous les aveux sont doux
 Quand ils nous sont dictés par la tendresse.
  J'irais tous les jours à confesse,
  Si je me confessais à vous.

L'AMITIÉ.

La compagne ordinaire de l'Amitié était autrefois la Fidélité, qui, dit-on, accompagnait même l'Amour : *Que les temps sont changés !*

La Fidélité, dont on confond les attributs avec ceux de la Bonne-Foi, avait à Rome, près du Capitole, un temple qui, dit-on, lui fut consacré par Numa Pompilius. La déesse était représentée les mains jointes, et vêtue d'une longue draperie blanche. C'est peut-être pour cette raison que Virgile l'appelle *cana Fides*; d'autres prétendent qu'il à voulu, par cette épithète, désigner la vieillesse de la Fidélité blanchie par son grand âge; mais cette interprétation ne peut plus lui convenir aujourd'hui :

> Elle dure si peu, qu'on n'a pas le temps même
>   De la nommer Fidélité;
>   Si bien que c'est, en vérité,
> Un enfant qui meurt sans baptême.

On place ordinairement aux pieds de cette déesse un chien blanc; ce symbole lui est commun avec l'Amitié. Il doit l'être en effet, puisque le chien réunit l'attachement et la fidélité.

Les prêtres de la Fidélité étaient vêtus, comme elle, d'une longue draperie blanche qui leur couvrait la tête et leur enveloppait les mains. Nos chevaliers d'industrie doivent sentir la justesse et la force de ce dernier emblème. Ces prêtres présentaient des offrandes dans le sanctuaire de la déesse, mais ils ne souillaient point ses autels du sang des victimes.

Sur le frontispice du temple on voyait deux mains droites qui se serraient étroitement. C'est encore ainsi que nos marchands peignent au-dessus de leur porte l'enseigne de la *Bonne-Foi*, comme pour offrir au public le portrait au défaut de l'original.

Les Romains nous ont laissé un autre emblème de la Fidélité ; ce sont deux vierges qui, en se tenant par la main, se jurent une amitié fidèle.

> De ce fragile engagement,
> Pour consolider la tendresse,
> J'aurais subordonné la foi de leur serment
> A la condition expresse
> Qu'elles auraient à part chacune leur amant.

Ces monumens érigés en l'honneur de la Fidélité ont été détruits par le Temps, et oubliés par l'Indifférence. Son nom même a été rayé du style moderne par l'Inconstance, divinité fugitive à laquelle nos contemporains rendent, par orgueil, un froid et stérile hommage. Ainsi c'est moins la légèreté que la vanité française qui a ridiculisé le bonheur en reléguant la Fidélité dans les siècles.

> Les dieux nous réservaient, ô ma fidèle amie !
> L'honneur de rétablir son culte et ses autels.

A notre exemple enfin, puissent tous les mortels,
Parcourant deux à deux le chemin de la vie,
D'une sainte union savourer la douceur!
Puisse chaque Français, au terme du bonheur,
Arriver côte à côte avec son Émilie!

A ÉMILIE.

Tout passe, mon aimable amie,
Tout s'évanouit sous les cieux;
Chaque instant varie à nos yeux
Le tableau mouvant de la vie.

Les Êtres sur qui notre cœur
Avait concentré sa tendresse,
Et fondé pour jamais l'espoir de son bonheur,
Nous sont ravis dès leur jeunesse;
Et le Temps jaloux ne nous laisse
Que les regrets et la douleur.

Mais quel homme sensible peut se persuader qu'il ne survit rien de l'être qui lui fut cher? Notre cœur se refuse à l'idée désespérante de ne retrouver jamais nos amis. Nous nous persuadons avec complaisance qu'ils ne sont qu'en voyage. Notre imagination sème de fleurs le chemin qu'elle leur fait parcourir; puis elle les fait reposer dans un séjour riant et champêtre, où, sous des ombrages paisibles, ils boivent à longs traits l'oubli de leurs peines passées, et nous attendent pour jouir avec eux d'un bonheur aussi pur que le jour céleste qui les éclaire. Ainsi c'est à l'Amitié peut-être que nous devons le premier sentiment de notre immortalité.

Heureux les vrais amis que l'éternité rassemble ! Plus heureux encore ceux qui, par une vie innocente et une tendre intimité, anticipent sur le bonheur de l'Élysée ! Ils jouissent, dans cette vie, des délices que l'on nous promet dans l'autre, et n'ont pas besoin de mourir pour arriver à la félicité.

> Je sens que ce tableau charmant
> Me ramène insensiblement
> A mon illusion chérie.

> Un jour, du fruit de mes travaux,
> J'achèterai cette prairie ;
> J'y planterai de jeunes arbrisseaux ;
> J'enlacerai leurs têtes en berceaux,
> Pour ombrager le front de mon amie.

> J'élèverai, vers le midi,
> A peu de frais, ma simple maisonnette.
> Pour Émilie et son ami.
> De notre paisible retraite,
> Nous verrons nos jeunes agneaux,
> Avec les fleurs, épars sur la verdure,
> Se poursuivre, bondir et franchir les ruisseaux
> Dont nous entendrons le murmure.
> Riches de vertus et d'amour,
> Nos enfans viendront tour à tour

A ÉMILIE.

    Accroître encor notre opulence.
    Les doux loisirs de leur enfance
De notre âge viril embelliront le cours;
   Les jours brillans de leur adolescence
Répandront leur éclat sur le soir de nos jours.
    Contens de leur sort et du nôtre,
Sous notre toit paisible, en rendant grâce aux dieux,
Nous nous endormirons dans les bras l'un de l'autre,
Et d'innocentes mains nous fermeront les yeux.
    Ainsi, par une route aisée,
    Au vrai bonheur nous parviendrons;
  Et chez les morts quand nous arriverons,
  Nous n'aurons fait que changer d'Élysée.

LETTRE LIX.

LES ENFERS.

Je vous préviens, Émilie, que nous allons faire ensemble le tour des Enfers.

Tout autre que vous, en partant pour ce voyage, aurait besoin de se munir d'un rameau d'or [1] pour fléchir la reine des morts, ou d'un gâteau pour endormir Cerbère; mais ces précautions vous sont inutiles : montrez-vous, voilà votre passeport.

Cependant, avant de partir, couvrez-vous d'un voile léger; la prudence l'exige plus encore que la modestie. En effet,

> Si Pluton, dans son palais noir,
> Voyait à découvert votre beauté divine,
> En arrivant là-bas, nous pourrions bien avoir
> Quelque affaire avec Proserpine.

Or c'est ce qu'il faut éviter. Voilà donc vos attraits voilés; et nous partons.

[1] Énéide, liv. VI.

Ces champs et ces bois qui se découvrent à votre vue, sont les terres de la Campanie. Au-delà, près de cette montagne, voyez-vous, du milieu de ce lac bordé de cyprès, sortir par intervalles une fumée noire mêlée d'étincelles? Ce lac, dont les eaux sont mortelles, est voisin de l'Averne, antre sulfureux et sombre qui vomit ces noirs torrens de vapeur infernale, et par lequel on descend au séjour des morts.

Remarquez ces arbres dépouillés de verdure, et ces oiseaux morts ou mourans, épars sur ces rives brûlantes. Tel est l'effet des exhalaisons du noir Tartare. L'être qui les respire, respire la mort; et les arbres qui en sont atteints couvrent la terre de leurs feuilles desséchées;

Mais de cette sombre vapeur
Les atteintes pour vous ne seront point mortelles :
Ne craignez rien, la vertu, la pudeur
Épurent l'air qui circule autour d'elles.

Déjà vous l'éprouvez, Émilie : à votre approche la vapeur infernale se dissipe; le gouffre cesse de vomir des flammes, et vous présente un chemin facile, quoiqu'un peu sombre.

Dans ce chemin l'on ne voit goutte,
Et nous allons voyager sans témoins.
Soyez tranquille néanmoins :
Nous ne trouverons pas de voleurs sur la route.

Ne remarquez-vous pas en descendant que le chemin tourne sur lui-même, et qu'il devient insensiblement plus incliné? Entrelacez votre bras avec le mien, et approchez-vous si près de moi que nous ne fassions qu'un, pour mieux résister à la rapidité de la pente. Je sens votre haleine qui se précipite, votre sein qui se soulève, et votre cœur qui bat contre ma poitrine... Arrêtons un moment : chaque pas dans ces lieux rappelle un touchant souvenir.

Hercule, d'un pas triomphant, traversa rapidement ces ténèbres, chargé du précieux fardeau d'Alceste, qui s'était vouée au trépas pour son cher Admète, et remit la plus généreuse des épouses dans les bras du plus chéri des époux.

Ici le pieux Énée descendit calme et intrépide vers l'heureux séjour qu'habitent ses ancêtres, pour jouir de leur présence adorée, de leurs vertueux entretiens, et consulter leur sagesse sur les hautes destinées de son naissant empire.

Là Orphée, profitant des ténèbres qui lui dérobaient la vue fatale de sa chère Eurydice, la pressait en silence contre son cœur palpitant. Mais, en arrivant aux portes du jour, un seul regard fit évanouir son bonheur, et l'ombre d'Eurydice redescendit, veuve et plaintive, vers l'avare Achéron, qui ne rendit plus sa proie.

Peut-être vous attendrirai-je quelque jour sur le

sort de ces illustres infortunés! Mais le temps fuit; avançons.

J'entrevois là-bas un jour faible et lugubre, et déjà je crois distinguer les rivages de l'Achéron bordé de peupliers. Hercule, avant de descendre aux Enfers, se ceignit le front d'une branche de peuplier blanc : mais la fumée du Tartare noircit l'extérieur des feuilles; et le héros, après avoir repassé le Styx, ayant planté cette branche sur les bords de l'Achéron, elle produisit ces peupliers, dont les feuilles, blanches d'un côté, offrent de l'autre un vert sombre et noirâtre.

L'Achéron n'a pas toujours coulé dans le séjour des morts. Fils du Soleil et de la Terre, il promenait le cristal de ses ondes au milieu des bois et des prairies. Éclairé des regards paternels, il parcourait les plus rians domaines de sa mère; mais il abusa de ces avantages et désaltéra les Titans lorsqu'ils escaladèrent le ciel. Pour le punir de cette perfidie, les dieux le précipitèrent aux enfers, où il ne roule plus que des eaux fangeuses qui vont se perdre dans le Styx.

Ce fleuve environne neuf fois les enfers. Ses eaux sont si âcres et si mordantes, qu'elles rongent les plus durs métaux, et qu'aucun vase ne peut les contenir. Styx fut, dit-on, fille de l'Océan et de Téthys. Elle eut de l'Achéron une fille célèbre que l'on nomme la Victoire, et qui, depuis la naissance du monde, a fait la conquête de tous les pays et de tous les héros. Ses amans lui élevèrent plusieurs temples dans la Grèce et dans l'Italie. Voici les traits et les attributs qu'ils lui donnèrent, et avec lesquels on la représente encore aujourd'hui.

Le front brillant d'une noble gaîté,
Le bout du pied posé sur un globe mobile,
La déesse, d'une aile agile,
Vole vers l'immortalité.
D'une main elle inscrit au temple de Mémoire
Le nom de ses amans; l'autre offre le laurier
Et la palme enlacée au pénible olivier,
Pour nous prouver que la solide gloire
Est le fruit de la Paix comme de la Victoire.

La foudre ayant brisé les ailes de la statue qu'on lui avait élevée à Rome, Pompée, afin de rassurer le peuple sur cet évènement, s'écria : « Romains, » les dieux ont coupé les ailes à la Victoire; elle ne » peut plus nous échapper. » Mais revenons à sa mère.

Styx découvrit à Jupiter la conjuration des Titans réunis pour le détrôner. Le roi du ciel prévint leur complot, et la victoire le seconda si bien, que les Titans furent terrassés. Jupiter, pour récompenser le service de Styx et celui de sa fille, décréta éternellement que les dieux jureraient par son nom; que ceux qui violeraient ce serment seraient exilés dix ans de la cour céleste, et privés du nectar et de l'ambrosie. Il paraît qu'il existe une exception pour les sermens amoureux, à cause du grand usage qu'en font les dieux, et même les mortels.

>En tête à tête, les sermens
>Donnent un maintien aux amans
>Qui ne sauraient parler et n'oseraient se taire.
>Rien n'est plus commun à la cour
>Que d'entendre jurer l'Amour,
>Surtout quand il n'a rien à faire.
>Près de Junon Jupiter s'endormant,
>Jure en bâillant d'être fidèle.
>Le vieux Saturne galamment
>Fait chaque soir à sa vieille Cybèle,
>Par manière d'acquit, le même compliment.
>Mars à la reine d'Idalie,
>Pour nourrir l'entretien, jure de l'adorer.
>Pour moi, près de vous, mon amie,
>Je n'ai pas le temps de jurer.

LETTRE LX.

CARON.

Ce vieux nocher qui, dans une frêle barque, sillonne les eaux du Styx, et va sans cesse d'un rivage à l'autre, est l'avare Caron, fils de l'Érèbe et de la Nuit. Son front chauve et ridé, sa barbe blanche et hérissée, ses yeux creusés par le temps, ses regards étincelans d'un feu sombre, ses membres décharnés, mais nerveux, les noirs lambeaux épars sur les muscles de son corps desséché, inspirent en même temps le dégoût et l'effroi. Le sinistre vieillard, avant de transporter les morts sur le rivage des enfers, exige de chacun d'eux une obole au moins pour son passage. Chaque passager tire cette obole de sa bouche, où ses parens l'ont déposée avant de l'ensevelir, et la présente à l'avare nocher, qui examine si elle est de poids. Quelques arrivans lui présentent aussi un passeport conçu en ces termes : « Moi soussigné... pontife, atteste que le » porteur a été de bonnes vie et mœurs : que ses » mânes reposent en paix ! » Caron accueille volon-

CARON ET LES OMBRES.

tiers ceux qui lui présentent l'obole sans passeport; mais il répond à ceux qui lui présentent le passeport sans obole :

« Vous êtes vertueux, moi, je suis obligeant.
» Payez-moi, sinon je vous raye.
» Je vois là vos vertus; mais voyons votre argent;
» L'honnête homme est celui qui paye. »

La barque du nocher des enfers n'est composée que d'écorces d'arbres. Cette contexture fragile suffit pour les passagers auxquels elle est destinée, car on sait que rien n'est plus léger que les esprits. Cependant il y a tel esprit de philosophe, de héros, de nouveau favori de Plutus, et même d'adorateur des Muses, qui seul pèse autant que deux corps. Ainsi nous pouvons tous deux passer le Styx sans danger.

Approchons... Mais quelle ombre en long manteau d'hermine
S'avance d'un air grave et doux?
Le doyen de la médecine!...
Laissons-le passer; j'imagine
Qu'il doit avoir le pas sur nous.
Parmi les arrivans le nocher le remarque;
Il le salue et l'appelle à grands cris.
« Venez, docteur, venez, vous passerez gratis,
» Dit-il en présentant sa barque :
» Ah! combien vous avez fourni
» De voyageurs à ma messagerie!

» Je vous rends grâce, et veux de ce voyage-ci
» Vous faire la galanterie. »

Le docteur s'embarque, et va joindre ses malades. Cependant j'aperçois une ombre plaintive qui, dépouillée de son linceul, se traîne vers nous en gémissant. C'est un vieillard pauvre qui erre sur ce rivage, sans doute parce qu'il n'a pu payer à l'avare Caron l'obole qu'il exige de chaque passager. Payons, avec notre passage, celui de ce malheureux, et invitons-le à nous raconter ses infortunes durant la traversée. Hâtons-nous, car je vois déjà dans la barque un Égyptien, un Grec et un Romain. Emparons-nous des places qui restent et faisons asseoir entre nous deux notre pauvre vieillard. La reconnaissance brille dans ses yeux; un long soupir annonce qu'il va parler; écoutons :

LE VIEILLARD.

J'ai vu le jour près de la superbe Memphis; mes parens étaient pauvres et vertueux. Jeune encore, j'héritai de leurs vertus et de leur bonheur; mais dans la suite j'eus le malheur d'amasser des trésors. Les amis de mon opulence abusèrent de ma faiblesse, et, par des emprunts qui flattaient ma vanité, me réduisirent bientôt à la misère. J'étais né heureux et pauvre, je mourus pauvre et malheureux.

Mes enfans m'embaumèrent avec quelques parfums que des voisins charitables leur donnèrent par pitié, et mirent dans ma bouche la dernière obole qui leur restait; puis ils me portèrent sur les bords du lac *Achérusie*, où trois juges intègres firent un examen sévère de toute ma vie; ils n'y trouvèrent que de la faiblesse et de la probité, et me déclarèrent digne des honneurs de la sépulture. Ainsi, tandis que l'on jetait dans la fosse profonde du *Tartare*[1] le corps d'un de mes faux amis, condamné par les trois juges, le mien fut présenté au batelier *Querrou*, qui, en traversant le lac, transportait les morts vertueux dans la plaine d'*Élisou*. Là, je devais être déposé dans un cercueil de pierre; et mes enfans, après avoir jeté trois fois du sable sur moi, devaient fermer ma tombe en me disant trois fois adieu. Mais au moment où le nocher me recevait dans sa barque, un créancier se présente et demande mon corps à mes juges, qui, suivant la loi, le lui abandonnent pour gage de sa créance. Aussitôt cet homme impitoyable m'emporte, me dépouille des bandelettes parfumées qui m'environnaient, et m'arrache de la bouche l'obole destinée à payer mon passage. Depuis ce temps, mon ombre, errante sur les

[1] Il est aisé de reconnaître dans ce récit le canevas historique de la fable des Enfers. On y retrouve le *Tartare*, *Achérusie* ou l'Achéron, *Querrou* ou Caron, *Élisou* ou l'Élysée, etc.

bords du Styx, a subi le sort des criminels ou des infortunés que la loi ou la misère a privés des honneurs de la sépulture.

L'ÉGYPTIEN.

J'habitais comme vous le riant climat de l'Égypte. Jeune encore, je me voyais caressé par l'Amour et favorisé par la Fortune. C'était trop de bonheur pour un mortel : la Parque trancha le fil brillant qui m'attachait à la vie. Aussitôt ma jeune épouse, mes parens et mes amis se couvrirent d'habits d'un jaune livide pareil à celui de la feuille desséchée, emblème de notre courte existence. Durant quarante jours, ils se privèrent du bain, ils s'abstinrent des plaisirs de la table et des faveurs de l'hyménée. Quelques uns de mes parens arrivèrent d'Éthiopie, vêtus de longs manteaux couleur de cendre. D'autres, qui habitaient les environs du mont Caucase, accompagnèrent ma pompe funèbre, couronnés de guirlandes, revêtus d'habits de fête, et précédés d'instrumens de musique, au son desquels ils dansaient et répétaient des chants d'allégresse. A ma naissance, ils avaient pris le deuil ; ils se réjouissaient à ma mort de me voir affranchi de la vie.

Après l'arrêt des trois juges, qui me furent favorables, on acheva de m'embaumer ; on me revêtit d'habits d'or et de soie, et je fus reporté en triomphe dans la maison paternelle. Là, mon corps placé debout dans un cercueil découvert est exposé sans cesse aux yeux de ma famille. Heureux si cette vue ne lui rappelle que des sentimens de tendresse et des exemples de vertus!

LE GREC.

Pour moi, ma dépouille mortelle n'est point exposée aux regards de mes parens; mais elle repose honorablement dans la tombe des héros; et mon nom, gravé sur le bronze, est maintenant immortel.

Je suis mort sur mon bouclier en combattant pour mon pays. Lorsque mon corps entra dans les murs d'Athènes, ma patrie, mes concitoyens le couvrirent de parfums. Mes parens se coupèrent les cheveux, et les jetèrent sur mon lit funèbre. Quelques uns de mes amis, venus de Sparte, coupèrent aussi les crins de leurs chevaux, et les dispersèrent sur mon passage. Ils ne me pleuraient pas; ils répétaient mes louanges. Les femmes suivaient, la tête couverte d'un voile blanc qui tombait jusqu'à terre. Je fus ainsi porté sur un char de triomphe jusqu'au bout du faubourg Céramique, et déposé dans le glorieux monument qui renferme ce que les demi-dieux eurent de mortel.

LE ROMAIN.

Que votre sort est digne d'envie! Athènes révère votre tombeau ; Rome peut-être eût violé le mien, si, pour prévenir ce sacrilége [1], je n'eusse ordonné, par mon testament, que mon corps serait brûlé sur un bûcher.

Hélas ! si le sort favorable m'eût fait naître dans l'obscurité, un sommeil tranquille eût terminé ma carrière, et ma mort eût été l'image de ma vie. Mes parens et mes voisins, après m'avoir fermé les yeux, m'auraient exposé sur le seuil de ma porte, vêtu d'une simple robe blanche, et ombragé d'une seule branche de pin. Le troisième jour [2], ils m'auraient conduit, sans pompe, sur une bière découverte, jusqu'au lieu de ma sépulture. Là, recueillant dans de petites fioles [3] les larmes sincères qu'on ne verse que sur les égaux, ils les auraient enfermées avec moi dans une tombe de pierre ou d'argile, et auraient placé à mes pieds une lampe allumée, emblème touchant de leur amitié, qui ne se fût pas éteinte à ma mort. C'est ainsi que je repose-

[1] Chez les premiers Romains on inhumait les corps, et l'on prétend que l'on ne commença à les brûler qu'après que quelques tombeaux eurent été violés. Les citoyens obscurs, moins exposés à ces outrages, étaient presque toujours inhumés.

[2] Les principaux citoyens étaient exposés sept jours, les autres beaucoup moins ; j'ai supposé ici trois jours ; on peut supposer moins encore.

[3] Ces fioles s'appellent *lacrymatoires*, du mot *lacryma*, larme.

rais dans une paisible obscurité ; et lorsqu'un jour, ouvrant ma tombe modeste, nos neveux y verraient ces pieux monumens de l'amitié, ils s'écrieraient en versant des larmes : « Voici les cendres » d'un heureux ! »

Mais j'étais né pour les grandeurs ; et la Fortune, en me plaçant tour à tour à la tête des armées et du sénat, me fit mille envieux et pas un ami. Quand je fus près d'expirer, un de mes parens me donna, suivant l'usage, le dernier baiser. Au moins s'il eût été sincère, mon dernier soupir en eût été plus doux. Dès que j'eus cessé de respirer, mes enfans me fermèrent la bouche et les yeux pour donner à ma mort l'apparence du sommeil. Bientôt une foule nombreuse environna mon lit; et tandis que des musiciens sonnaient de la trompette, on m'appela trois fois à grands cris comme pour me réveiller ; mais mon sommeil était éternel, et le réveil n'était sincèrement désiré de personne.

Dès qu'on se fut assuré de ma mort, les libitinaires[1] remirent mon corps entre les mains des pollincteurs, qui le lavèrent, l'embaumèrent et le revêtirent, pour la dernière fois, des vains ornemens de mes dignités passées. En cet état, je fus exposé durant sept jours sous le vestibule de mon

---

[1] Officiers publics chargés de la direction et de l'entreprise des funérailles.

palais. On m'avait environné de cyprès, et deux jeunes prêtres, placés près de mon corps, en chassaient avec un voile les insectes attirés par les parfums ou par la corruption.

Le septième jour, dès le matin, un héraut proclama mon convoi dans les places publiques. Le peuple s'y rendit en foule. Les officiers et les sénateurs portèrent lentement mon lit funèbre, sur lequel je paraissais couronné de narcisses. Les soldats et les licteurs me précédaient, portant leurs armes et leurs faisceaux renversés.

A ma gauche marchaient deux mimes[1], l'un en habit de consul, l'autre en habit de général. Ils représentaient mon air, ma démarche, mes gestes, et jusqu'à mes ridicules. Leur jeu, destiné à exciter la sensibilité de mes amis, faisait sourire la malignité de mes envieux. A droite, une célèbre pleureuse, jouant au naturel tout ce que la douleur a de plus touchant, feignait de s'arracher les cheveux, déchirait ses vêtemens funèbres, poussait des cris lamentables, et versait des larmes vénales, les seules, hélas! qui coulent aux funérailles d'un consul. Mes fils, en longs habits noirs, ma femme et mes filles, en longs voiles blancs, suivaient, environnés de mes affranchis, portant le bonnet de la liberté,

---

[1] Le nombre des mimes n'était pas fixé. J'en ai supposé deux ici, à cause de la double dignité du personnage.

et de quelques cliens que j'avais défendus dans ma jeunesse. Une musique lugubre, accompagnée de chants funèbres, précédait et suivait la marche.

Environné de ce nombreux cortége, je fus déposé dans la place Romaine. Là un orateur prononça mon éloge, mêlé de quelques louanges ironiques auxquelles le peuple applaudit avec transport. Enfin mon convoi prit le chemin du Champ-de-Mars.

Là s'élevait un bûcher carré, composé d'ifs, de pins et de mélèzes, sur lequel je fus couché le visage tourné vers le ciel. Mon corps était enveloppé d'une toile d'amiante destinée à contenir mes cendres séparées de celles de mon bûcher. Avant qu'on y mît le feu, le parent qui, à l'instant de ma mort, m'avait fermé les yeux, me les rouvrit, afin que je regardasse le ciel pour la dernière fois, et me plaça sous la langue une obole destinée au nocher des enfers. Alors mes parens, mes amis et mes affranchis s'étant détournés, les vespillons allumèrent le bûcher.

A peine vit-on la flamme s'élever, que les sanglots, les cris et la musique formèrent un concert discordant et lugubre. Les prêtres immolèrent un taureau et des agneaux noirs, qu'ils jetèrent sur mon bûcher pour apaiser mes mânes. On n'immola point d'esclaves comme au temps de nos pères; mais des gladiateurs combattirent, et firent couler en mon honneur quelques gouttes de sang qu'ils avaient vendues à mes héritiers.

Quand le feu du bûcher fut presque éteint, les prêtres y jetèrent de l'encens et d'autres parfums. Ensuite ils recueillirent mes cendres et les débris de mes ossemens que l'amiante avait conservés ; ils les lavèrent avec du lait et du vin, et les renfermèrent dans une urne d'or couronnée de cyprès.

Aussitôt le grand-prêtre prenant un tison sur l'autel des sacrifices, l'éteignit dans un vase rempli d'eau[1]. Puis il plongea une branche d'olivier dans cette eau, dont il aspergea l'assemblée pour purifier tous ceux que mon attouchement, mon odeur ou mon aspect avaient souillés. Enfin la première pleureuse ayant prononcé tristement ces mots : *Vous pouvez vous retirer*, mes parens s'écrièrent trois fois : *Adieu ! quand le sort l'ordonnera, nous irons te rejoindre.*

Le jour suivant, on éleva sur les cendres de mon bûcher un petit autel de gazon, au-dessus duquel mon urne fut exposée. Là ma famille, conduite par l'usage, vint jeter des fleurs et brûler de l'encens. Quelques athlètes combattirent, et mes parens formèrent des courses de chars, dont le but était mon autel funèbre. Le peuple, attiré durant quel-

---

[1] C'est ainsi que se faisait l'eau lustrale, dans laquelle on jetait quelquefois un peu de sel.

ques jours par ces fêtes, s'assembla autour de mon urne, et s'entretint encore de moi. Mais depuis que les fêtes ont cessé, le peuple s'est éloigné, et mon nom dort, avec ma cendre, dans le tombeau de mes pères...

Mais déjà nous touchons au rivage. J'entends le triple aboiement de Cerbère, et vois sortir de son antre ses trois têtes hérissées de serpens. Ce monstre, fruit des amours du géant Typhon et d'Échidna[1], menace de ses trois gueules béantes les voyageurs qui abordent au palais de Pluton; mais ses menaces n'ont rien d'alarmant pour vous.

Le gardien du royaume sombre
Ne saurait échapper aux traits de la Beauté.
Approchons : vous verrez qu'il aboie après l'Ombre,
Et s'apprivoise aux pieds de la Réalité.

[1] Ce nom signifie *hydre* ou *reptile*. Échidna était, dit-on, moitié femme, moitié vipère. On lui donne pour enfans les monstres les plus célèbres de l'antiquité, tels que la Chimère, l'Hydre de Lerne, etc.

LETTRE LXI.

PYRAME ET THISBÉ.

Nous voici donc aux portes du palais de Pluton; et le terrible Cerbère, loin de vous menacer, baisse respectueusement devant vous ses trois têtes, et voudrait lécher vos jolis pieds.

Comme nous n'aimons pas la foule, laissons passer ces ombres nobles et financières qui volent rapidement au palais infernal, et contemplons sur le chemin ces âmes innocentes qui, trop jeunes encore, voltigent sans pouvoir avancer.

> Chez les morts, il en est sans doute
> Comme chez les vivans : les vices tour à tour
> Font avec appareil leur entrée à la cour;
> Et l'innocence reste en route.

Plus loin, remarquez ces ombres pâles et frémissantes qui semblent fuir les Remords attachés sur leurs pas :

> Vous voyez ces mortels faibles et malheureux
> Qui, s'affranchissant de la vie,

PYRAME ET THISBÉ.

Ont oublié que la patrie
Et la Nature avaient des droits sur eux.
En pleurant ils lèvent les yeux
Vers le séjour de la lumière
Dont eux-mêmes se sont bannis.
On les consolait sur la terre;
Ici, seuls avec leur misère,
Ils regrettent les lieux où l'on a des amis.

Mais quels gémissemens plus doux se prolongent sous l'ombre mélancolique de ces myrtes amoureux? Quelle pâleur intéressante sur ces figures penchées comme des fleurs sur leur tige! quelle molle langueur dans leurs regards! comme leur poitrine se gonfle de soupirs, qui dessèchent leurs lèvres décolorées! Tous ces hommes morts d'amour... — D'amour? dites-vous; je savais bien que l'on en vivait jadis, mais j'ignorais qu'on en mourût aujourd'hui. — Vous l'ignoriez? Incrédule! il faut des exemples pour vous convertir. Commençons par celui de Pyrame et de Thisbé, que vous voyez assis sous ce vieux myrte.

Nés dans le même temps et voisins dès l'enfance,
C'étaient de vieux amis à leur adolescence.
Or nous savons, vous et moi, qu'à quinze ans
Les vieux amis sont de jeunes amans!

Pyrame et Thisbé l'apprirent avant nous. La haine qui, depuis long-temps, divisait leurs familles, loin d'altérer leur union, l'avait rendue plus intime en la rendant plus secrète :

> Tandis que leurs parens des yeux se menaçaient,
> S'injuriaient et s'accablaient d'outrages,
> Du couple heureux, à travers ces orages,
> Tendres regards furtivement passaient,
> Comme un rayon du jour glisse entre deux nuages.

Au moment où la nuit couvre d'un même voile la Haine et l'Amitié, Pyrame et Thisbé se rendaient furtivement au pied d'un vieux mur qui séparait les jardins de leurs pères.

> Là, sous la mousse et la verdure,
> L'Amour, avec la faux du Temps,
> Pratiqua lentement une étroite ouverture
> Qui servait de parloir à nos jeunes amans.
> C'est là que les soupirs, la tendre confiance,
> Les consolations, la flatteuse espérance,
> Passaient et repassaient; mais, hélas! le baiser
> S'arrêtait à la brèche et n'y pouvait passer.
> Cet obstacle irritait leur jeune impatience :
> « Quoi! toujours de la crainte et jamais de plaisir!
> » Quoi! nous aimer et voir nos parens se haïr!
> » Non; l'Amour ne peut vivre où respire la Haine.
> » Fuyons. Sous le mûrier qui borde la fontaine,
> » Trouvons-nous dès le point du jour. »

L'Aurore n'était pas encore de retour;
Thisbé sous le mûrier attendait. Dans la plaine

Un lion écumant et de rage et de sang,
Pour se désaltérer accourt en rugissant.
Thisbé s'enfuit; son voile échappe; le zéphire
Le fait voler aux pieds du monstre furieux
    Qui l'ensanglante, le déchire
Et disparaît. Pyrame arrive, et de ces lieux
Parcourant vainement la sombre solitude,
Palpitant de désir, tremblant d'incertitude,
    Il soupire, baisse les yeux...
Le voile ensanglanté soudain frappe sa vue;
    Il reconnaît ce tissu des Amours,
Envié tant de fois et respecté toujours.
Sur ces tristes lambeaux l'écume répandue,
Les vestiges du monstre et ceux de sa fureur,
Et la nuit et le sang le glacent de terreur.
Ses cheveux sur son front se hérissent d'horreur.
Thisbé n'est plus! « Thisbé, c'est moi qui t'ai perdue,
» Devais-je au rendez-vous arriver le dernier?
» Hélas! tu m'attendais sous ce fatal mûrier;
» Et tu m'attends encor sur les rivages sombres.
» Ah! j'y descends. Nos cœurs à jamais confondus,
» De l'Élysée ensemble habiteront les ombres,
    » Et Thisbé ne m'attendra plus. »
Il dit, se frappe, tombe; et l'Aurore naissante
Éclaire de son sang la pourpre jaillissante.

    Au crépuscule du matin,
    Thisbé palpitante, inquiète,
    Sort de son humide retraite,
Regarde, hésite, avance; et son œil incertain,

A travers la vapeur de la blanche rosée,
Croyant sous le mûrier voir un objet lointain,
   Elle y vole avec sa pensée :
« C'est Pyrame! c'est lui! dormirait-il?... grands dieux!
» Pyrame!... » A cette voix Pyrame ouvre les yeux :
« — Je croyais qu'aux enfers tu venais de descendre,
» Et que tu m'attendais...—C'est moi qui vais t'attendre.»

Il dit; son œil, couvert du voile de la mort,
Cherche Thisbé dans l'ombre, et, la trouvant encor,
Avec un doux effort long-temps fixé sur elle
Se referme et s'éteint dans la nuit éternelle.

Thisbé l'y précédait. Déjà le fer sanglant
L'a frappée ; elle expire et tombe en l'embrassant.
Les derniers battemens de leurs cœurs se répondent,
Dans leur dernier baiser leurs âmes se confondent,
Et viennent habiter ce bienheureux séjour,
Seul asile où la Paix accompagne l'Amour.
Sous l'ombre du mûrier ils reposent encore.
Son fruit, en mûrissant, de leur sang se colore;
C'est le fruit des amans fidèles. Chaque fois
Que la mûre sanglante aura rougi nos doigts,
De ce couple charmant rappelons-nous la flamme,
  Et nous lançant un regard dérobé,
    Donnons, vous des pleurs à Pyrame,
    Et moi des soupirs à Thisbé.

Je pourrais ajouter à l'exemple de ce trépas amoureux celui de Céphale et Procris, de Léandre et Héro, de...; mais j'aurais peur de vous brouiller avec l'Amour, par la crainte de la contagion. Cependant n'en concevez nul effroi; cette épidémie n'attaque plus que les hommes.

> Votre sexe est exempt de cette maladie;
> Mais que de maux il éprouve en retour!
> Il dépérit de jalousie,
> Il sèche de coquetterie;
> L'orgueil dans tous vos sens circule avec l'amour;
> Le poison de la haine et le fiel de l'envie
> Aigrissent de vos cœurs les innocens désirs,
> Et font dans votre sein avorter les Plaisirs.
> Ainsi de vos beaux jours la saison se consume.
> Le miroir, confident de vos premiers attraits,
> De Vénus, de l'Amour, vous offre encor les traits;
> Mais Vénus dépérit et l'Amour se déplume.
> Avec votre beauté vous tombez en langueur;
> Dans l'abîme des temps vous voudriez la suivre,
> Et mourez trente ans de douleur,
> Et de dépit de lui survivre.

Bien entendu que cette consomption n'atteint que les coquettes, et qu'elle épargne, avec vous, au moins un centième de votre sexe. Le caractère de ces femmes fortes a je ne sais quel attrait irrésistible dont le sage ne peut se défendre. Aussi, à l'instant même où je vous parle, vous vois-je entourée de la foule des héros qui gardent le palais de Pluton. Ces guerriers, dont vous fixez innocemment l'attention, sont tous morts en combattant pour la patrie, et Pluton en a composé sa garde d'honneur.

A travers leurs rangs, vous apercevez, à gauche, les noires vapeurs du Tartare, à droite, l'azur des Champs-Élysées. Mais, avant de les parcourir, visitons le palais du monarque des Enfers.

Quel silence morne! quel pâle crépuscule éclaire ces ténèbres éternelles!

La fille du Chaos plane dans cette enceinte,
La Nuit, qui suit partout le Mystère ou la Crainte;
Qui des sombres complots dérobe les détours;
 Qui sans témoins laisse le Vice
 Et l'Innocence sans secours.
Cent fois le Ciel voulut la punir pour toujours
 Des crimes dont elle est complice;
Mais il a jusqu'ici suspendu sa justice,
 A la requête des Amours.

Tantôt la Nuit voyage sur un char d'ébène traîné par deux chevaux noirs; tantôt elle parcourt son empire d'un vol rapide et silencieux. Ses bras, étendus sous ses vastes ailes, présentent, l'un une poignée de pavots, l'autre un flambeau renversé dont la flamme s'éteint. Le Sommeil et la Mort planent à ses côtés. Sous les plis flottans de son crêpe parsemé d'étoiles, les légers Fantômes et les Songes fugitifs voltigent en se jouant dans le sein de leur mère. Cependant vous ne voyez ici qu'une partie de sa nombreuse famille, trop souvent occupée sur la terre.

Le plus redoutable de ses enfans, la Discorde, le teint livide, la bouche écumante, la tête hérissée de serpens, le front ceint de bandelettes ensanglantées, vêtue de lambeaux couleur de feu, et portant dans ses mains décharnées des vipères et des torches ardentes, chasse devant elle la Peur, par laquelle les sept chefs [1] jurèrent devant Thèbes la ruine de cette malheureuse cité; la Peur, à qui les Romains, mis en fuite, élevèrent des autels, et durent ensuite la victoire [2]. Sa tête de lion se hérisse au moindre bruit; sa robe, changeante comme son cœur, flotte sur sa poitrine agitée; et les ailes attachées à ses pieds rendent leur fuite plus rapide. Sur ses pas, l'œil hagard, les cheveux rabattus et les traits altérés, se traîne la Pâleur, qui partage son culte et ses autels.

A la suite, le Mensonge, à l'œil louche au sourire perfide, conduit obliquement la Fraude, dont la tête de femme s'élève sur un corps de serpent armé d'une queue de scorpion [3].

Ces deux monstres ont beaucoup de ressemblance avec cette belle femme, qui, d'un air imposant et d'un pas assuré, s'avance derrière eux, en traînant par les cheveux une jeune fille éplorée.

[1] Eschyle. — [2] Tite-Live, livre II. — [3] Hésiode.

LETTRE LXI.

>Son art ressemble à la Nature,
>Son fard imite la Beauté;
>Sa bouche embellit l'Imposture
>Des charmes de la Vérité.
>A sa voix le Soupçon s'éveille,
>L'Ignorance dresse l'oreille,
>L'Envie attentive sourit,
>La Raison se tait et soupire,
>L'Innocence flétrie expire :
>On la plaint, mais on applaudit.
>A ces traits vous reconnaissez
>Du Mérite éclatant l'implacable ennemie;
>Car, quand on a connu deux humains, c'est assez
>Pour connaître la Calomnie.

Le repentir en deuil la suit de loin, tenant par la main la Douleur ou la Tristesse, sa compagne ordinaire. Cette sombre déité, couverte d'un long voile, tient quelquefois une urne funèbre. Les regards tantôt élevés vers le ciel, tantôt fixés sur la terre, elle semble redemander à l'un le bien qu'il lui a ravi, à l'autre le trésor dont elle est dépositaire.

A quelques pas derrière elle arrive lentement sa jeune sœur, couverte d'un voile plus léger. Ses regards distraits et rêveurs ne s'adressent ni au ciel ni à la terre : c'est dans son propre cœur qu'elle puise ses consolations, et qu'elle s'enivre avec délices d'une lente et douce amertume. Tel est le caractère de cette aimable divinité, que vous m'avez fait connaître et que vous me faites adorer.

<blockquote>
Quand vous riez, j'adore la Folie;
Mais, en automne, au déclin d'un beau jour,
Quand vous baissez vos yeux baignés d'amour,
   J'adore la Mélancolie.

Le malheureux évite la Folie,
Fuit la Gaîté, repousse le Plaisir.
Que veut-il donc? Ah! laissez-le choisir :
   Il suivra la Mélancolie.

De temps en temps j'aime un jour de folie.
Mais près de vous tendrement agité,
Je donnerais un siècle de gaîté
   Pour un jour de mélancolie.
</blockquote>

LETTRE LXII.

PLUTON.

Levez les yeux vers ce trône d'airain, dont les degrés sont couverts de tous les fléaux qui affligent l'humanité. Entrevoyez-vous un visage livide, de noirs sourcils, des yeux rouges et menaçans? A ces traits reconnaissez Pluton, frère de Jupiter et de Neptune, et monarque des enfers [1]. Sa main droite est armée d'une longue fourche [2], l'autre tient la clef qui ferme les portes de l'éternité. Ce tyran est couronné d'ébène, de narcisses ou de cyprès. Quelquefois il se couvre d'un casque qui le rend invisible, lorsque, traîné par ses deux chevaux noirs sur son char d'ébène, il s'élance du gouffre de

---

[1] Les poètes, en plaçant ainsi tous les fléaux qui affligent l'humanité sur les marches du trône de Pluton, ont voulu faire allusion aux chagrins, aux maladies, aux évènemens tragiques qui, par divers degrés, conduisent à la mort.
(*Note de l'Editeur.*)

[2] Celle de Pluton a deux dents, celle de Neptune en a trois ; de là vient le nom de *trident*.

l'Averne, et parcourt en vainqueur le séjour des mortels.

Près de lui Proserpine, fille de Cérès, siège tristement, la couronne de l'ennui sur le front. Vous vous rappelez que Pluton l'enleva jadis en Sicile[1], au moment où elle cueillait des fleurs dans le vallon d'Enna. Ce mariage, comme presque tous ceux de la cour, ne produisit jamais d'héritiers; car vous observerez que Proserpine fut toujours fidèle. Aussi l'infortunée, fatiguée de sa triste et solitaire immortalité, se dit-elle souvent avec un long soupir :

> Près d'un époux glacé, que sert l'éclat stérile
>   Des vains titres, des vains honneurs?
>   Loin du prestige des grandeurs,
>   La bergère obscure et tranquille
>   De l'hymen goûte les faveurs,
> De la maternité savoure les douceurs,
> Et remplit tous les jours que la Parque lui file!...
> Qu'est devenu le temps où je cueillais des fleurs
>   Dans les campagnes de Sicile?

La cour dont vous la voyez entourée est peu propre à la distraire de sa mélancolie. La Fureur, la Haine, l'Hypocrisie, la Vengeance et la Trahison, conspirent à ses côtés. Je sais bien que ces personnages habitent toutes les cours, mais au moins en

[1] *Voyez* la lettre VIII, tom. I*er*.

prennent-ils les mœurs et la politesse. Là, la Fureur se concentre avec art, s'emporte avec méthode, et menace avec dignité; la Haine se mord les lèvres avec un sourire perfide, mais gracieux; l'Hypocrisie adapte avec une justesse précieuse le masque de la Bienveillance et de l'Aménité; la Trahison se présente, l'olivier à la main, l'ingénuité sur les lèvres; et la Vengeance ensevelit sous les roses ses flambeaux assoupis et ses serpens apprivoisés.

Mais ici la Fureur sanglante déchire tout ce qui l'environne; la Haine vomit, à travers un torrent de fiel, des milliers de traits empoisonnés; l'Hypocrisie soulève son masque, et découvre son visage hideux; la Trahison s'arme de feux, de poignards et de poisons, et la Vengeance fait siffler ses serpens à la lueur de ses noirs flambeaux.

Au milieu de ce groupe infernal s'élève la Mort, favorite et ministre de Pluton. Une faux sanglante arme sa main décharnée. Une robe noire, parsemée d'étoiles, couvre les os luisans de son squelette livide [1]. Cette divinité implacable est, suivant Orphée, la seule à qui la Frayeur même n'ait jamais élevé de temples ni d'autels.

---

[1] La robe noire, parsemée d'étoiles, symbole de l'immortalité, prouve ici que les plus anciens poètes avaient adopté le dogme consolant de l'immortalité de l'âme.

(*Note de l'Éditeur.*)

Eh! pourquoi nous humilier
Au point d'encenser cette esclave?
Qui la craint, vainement la prie; et qui la brave,
N'a pas besoin de la prier [1].

Mais revenons à son maître. Pluton a, comme ses frères, une multitude de surnoms qui dérivent de son caractère ou de ses attributs. En voici les principaux.

Les Grecs l'ont appelé *Agesilaos* [2], parce qu'il n'a jamais ri.

Les Latins le surnommèrent *Februas*, du mot *februare*, faire des libations sur les tombeaux. Ces cérémonies se célébraient pendant le second mois de l'année, qui en a conservé le nom de *Février*.

Ils le nommaient aussi *Summanus*, Souverain des Mânes [3].

On distingue des Mânes de trois espèces différentes: les Ames des morts vertueux, les Larves ou les génies malfaisans des scélérats qui, condamnés à errer sur la terre, apparaissent la nuit sous des formes effrayantes, à l'exemple de nos revenans; enfin les Dieux-Mânes, commis à la garde des tombeaux. Aussi trouvons-nous souvent sur les tombes des

---

[1] Elle eut dans la suite des statues à Sparte et des autels à Rome.

[2] De γηλαω *rire*, joint à l'*a* privatif ou négatif.

[3] Le mot *mânes* semble dériver du verbe latin *manare*, et dans ce cas il signifie *émanation*.

anciens ces deux lettres initiales DM, qui indiquent ces deux mots : *Diis Manibus, aux Dieux-Mânes,* comme pour recommander à leurs soins la sépulture du mort.

On immolait des brebis noires aux Dieux-Mânes et aux Larves; et l'on offrait aux Mânes de ses amis du lait, du miel, du vin et des parfums. Cependant, mon amie, quand le sort aura terminé ma frêle existence,

A mes mânes n'offrez jamais
Ni parfums, ni vin, ni laitage;
Mais auprès de ma tombe élevez un cyprès,
Et venez quelquefois habiter son ombrage.

LES PARQUES.

LETTRE LXIII.

LES PARQUES.

Avançons vers cet antre sombre, creusé sous cette roche calcinée. Ne vous effrayez point à l'aspect de ces trois sœurs pâles et maigres qui filent en silence au crépuscule d'une lampe bleuâtre : ce sont les trois Parques[1], ainsi nommées par antiphrase, parce qu'elles ne font grâce à personne. Elles sont, selon quelques auteurs, filles de Jupiter et de Thémis ; d'autres leur donnent pour mère la Nécessité, qui soumet à leur despotisme les habitans de l'univers. Rien ne peut adoucir ni retarder l'exécution de leurs décrets rigoureux, ni la beauté, ni la jeunesse, ni l'amitié, pas même l'amour ; les malheureuses ne l'ont jamais connu. Aussi les voyez-vous revêtues d'une tunique blanche, pour attester la pureté de leur éternel célibat. Cependant leur virginité, quoiqu'elle soit assurément la doyenne de toutes les virginités connues, me paraît fort peu méritoire, si le mérite réel de la

---

[1] Du mot *parcere*, *pardonner* ou *épargner*.

pudeur résulte des périls auxquels elle a su se soustraire. En effet,

> Malgré l'antiquité de ce trésor unique,
> Quel serait le triste amateur
> Qui se fût avisé de ternir la blancheur
> De leur vénérable tunique?

Une singularité qui, selon moi, les rend bien plus recommandables, c'est que, filles, sœurs et méchantes, elles sont d'accord depuis le commencement des siècles. Mais à cela quelques détracteurs répondent que, comme elles sont sans cesse occupées à faire le mal, leur accord parfait tient au genre de leur occupation.

A mesure que nous approchons, remarquez-vous Clotho, l'aînée des trois sœurs, qui seule, debout, le bras tendu, le front élevé, tient une quenouille de laine blanche et noire, mêlée d'un peu d'or et de soie [1]? Lachésis, assise à ses côtés, tourne attentivement le fuseau de la main gauche,

---

[1] La quenouille de Clotho, couverte de laine noire et blanche, mêlée d'un peu d'or et de soie : quelle heureuse allégorie de nos destinées, tantôt prospères, tantôt malheureuses, avec quelques parcelles de grandeur, de fortune, de plaisir! Aujourd'hui les jours *tissus d'or et de soie* sont une figure presque ridicule, parce que l'abus des mots, comme celui des choses, les rend insipides; mais, à l'origine de la poésie, que cela parlait haut à l'imagination!

(*Note de l'Editeur.*)

et de la droite conduit le fil léger qui fuit sous ses doigts. Soudain l'impatiente Atropos s'incline, et le tranche avec ses larges ciseaux. Tels sont, Émilie, la naissance, la durée et le terme de cette vie, que l'on consacre sans cesse à l'espérance, et jamais à la réalité du bonheur.

Ah! ne nous quittons plus, ma chère et tendre amie.
Sans porter notre espoir au-delà du tombeau,
Occupons chaque jour par un plaisir nouveau.
Que de paix et d'amour chaque heure soit remplie.
Mettons bien à profit chaque tour de fuseau;
 Et puisse une si belle vie
Finir au même instant sous le même ciseau!

Au reste, vous concevez aisément que ce fil ne peut suffire pour tous les mortels; car, si nous tenions tous au même fil, un seul coup de ciseau trancherait l'existence du genre humain. Aussi nos trois sœurs ont-elles un atelier immense dont elles dirigent les travaux, et dans lequel vous allez voir la filature universelle de nos destinées.

Suivez des yeux, sous la profondeur de ces voûtes éternelles, ces triples rangs de femmes, de quenouilles et de fuseaux. Chacune de ces fileuses innombrables est chargée d'un fil particulier. Ainsi chaque mortel a sa Parque, à laquelle le Destin remet une quenouille, qu'elle file jusqu'au moment où Atropos, en se promenant parmi les rangs de ces fileuses, coupe au hasard les fils de toute couleur. Quelquefois le fil trop délié casse entre les doigts de la Parque; quelquefois aussi elle cesse de filer, soit parce qu'elle file depuis trop long-temps, soit parce qu'elle a filé trop vite; car les glaces de l'âge et le feu des passions épuisent également sa quenouille.

A l'aspect de tous ces fils noirs et grossiers, vous vous croyez sans doute environnée des fuseaux destinés au peuple; détrompez-vous, vous êtes au milieu des grands et des riches de la terre.

> Clotho, par un destin bizarre,
> Mêle de soie et d'or les jours qu'elle prépare
> A l'humble Médiocrité;
> Et, pour confondre la Fortune,
> File d'une laine commune
> Les jours de l'Opulence et de la Pauvreté.

C'est avec ces fuseaux innombrables que le Destin ourdit la trame de la vie humaine, dans laquelle chaque homme suit son fil au hasard:

> Souvent le fil du fou croise celui du sage;
> L'ignorant croise le docteur,
> Et le plaideur, l'Aréopage,
> Et le satirique, l'auteur.
> Le fier habitant de la ville
> Se mêle aux habitans des bois;
> Le berger s'entrelace aux rois;

LES PARQUES.

Chez ses derniers sujets le prince se faufile.
 De ce tissu mystérieux
Tous les fils féminins forment la broderie
 Dont les dessins capricieux,
Inventés par l'Amour, tracés par la Folie,
Sous mille traits divers, présentent à nos yeux
Les magiques détours de ces Enchanteresses,
Qui, s'armant contre nous de nos propres faiblesses,
Par grâce ou par pitié nous accordent des fers;
Nous offrent le bonheur au milieu des supplices,
 Et font à la fois les délices
 Et le tourment de l'univers.

Mais, parmi ces Parques blêmes et sévères, quelle est celle dont la bouche sourit, et dont le teint s'anime quand elle regarde son ouvrage? Le fil qui sort de ses doigts est en effet plus riche qu'il ne le paraît au premier coup d'œil, l'or s'y cache sous la soie. Mon amie, cette Parque m'intéresse; abordons-la; je veux l'interroger :

« O divinité redoutable!
» Dites-moi, pour qui filez-vous ?
» — Je tiens le fil d'une mortelle aimable,
» Au cœur sensible, au regard vif et doux.
» — Son âge?—Dix-huit ans.—Et son nom?—Émilie.
» — Ah! connaissez-vous, je vous prie,
 » La Parque qui file les jours
 » De son ami? — C'est mon amie
» Et ma voisine. Elle voudrait toujours

» Filer à la même quenouille.
» Elle mêle nos fils, et si bien les embrouille,
» Que j'ai peine à les débrouiller...
» — Ah! gardez-vous-en bien! je tremble
» Que vous n'en cassiez un; filez plutôt ensemble;
» Les vrais amans entre eux n'ont rien à démêler. »

LETTRE LXIV.

PLUTUS.

Sous ces lambris éclatans d'or et de pierreries, quelle est cette divinité aveugle et boiteuse qui repose pesamment sur un trône d'or massif? A son embonpoint monacal, à sa stupidité financière[1], je reconnais Plutus, dieu des richesses. Les uns le font descendre de Rhée et du Temps, sans doute parce que le Temps mûrit lentement les trésors dans le sein de la terre. D'autres prétendent qu'il est fils de Cérès et de Jasion, célèbre agriculteur. Je préfère cette origine à la première, car l'agriculture me paraît être la source des richesses véritables.

Cependant, lorsque les hommes furent réunis en société, la plupart d'entre eux, livrés aux arts et aux sciences, n'eurent plus le loisir de cultiver les trésors de Cérès. Alors il fallut créer des richesses fictives que les habitans des villes pussent échanger contre les richesses réelles des habitans de la campagne. Pour opérer cet échange, on choisit,

[1] Cette épithète mérite, de nos jours, quelques exceptions.

parmi les métaux, l'or, l'argent et l'airain. Cérès continua de procurer aux humains les trésors de la nature, et l'aveugle Plutus fut chargé de leur distribuer avec équité les métaux précieux qui les représentent. Jamais mission ne fut plus délicate, ni plus mal remplie.

>Pour guider sa marche pesante,
>Comme il n'a ni chien ni bâton,
>Le stupide aveugle, dit-on,
>Suit le premier qui se présente :
>Presque toujours c'est un fripon.
>Le guide, remarquant que son aveugle boite
>Du côté gauche, range avec dextérité
>Tous les fripons de ce côté,
>Tous les honnêtes gens à droite.
>D'après quoi, vous présumez bien
>Qu'ainsi postés sur son passage,
>Les coquins ont du voisinage
>Tout le profit, les autres rien.

Nos aïeux lui pardonnèrent d'abord cette injustice en faveur de l'utilité de ses fonctions. Mais bientôt ce dieu entreprenant se servit si adroitement de nos passions pour étendre son commerce, qu'il disposa du sort des mortels, et balança le pouvoir du Destin :

>Bientôt la vertu fut vénale ;
>Le juge vendit ses arrêts,

PLUTUS.

Le libelliste ses pamphlets,
Le casuiste sa morale.
Les sots et les ambitieux
Dans la fange se soulevèrent,
Et pour en sortir achetèrent
Des écussons et des aïeux.
Chacun entretint ses finances;
Le ministre avec des brevets,
La Sorbonne avec des bonnets,
Le pontife avec des dispenses.
L'orateur de la vérité,
L'avocat, de la confiance,
Le médecin, de la santé,
Le professeur, de la science,
L'homme public, de son crédit,
Le charlatan, de la sottise,
Le poète, de son esprit,
Firent métier et marchandise.
Enfin le prince de Paphos,
Avec la reine d'Idalie,
Prit un comptoir et des bureaux,
Pour enseigne portant ces mots:
Amour, Vénus et Compagnie.
Il trafiqua de la pudeur;
Vendit en détail la jeunesse,
Et les soupirs et la tendresse...
Ah! leur fixer une valeur,
C'est leur ôter leur prix. Personne
N'a jamais pu payer un cœur :
Voilà pourquoi le cœur se donne.

LETTRE LXV.

LA FORTUNE. LE DESTIN. NÉMÉSIS.

Suivant un ancien proverbe, qui dit qu'un aveugle conduit l'autre, la conductrice la plus ordinaire de l'aveugle Plutus est l'aveugle Fortune, conduite elle-même par l'aveugle Destin.

Cette déesse inconstante, le pied légèrement posé sur une roue rapide, ou placée debout sur un char traîné par quatre chevaux aveugles comme elle, écrase ses adorateurs, et change, cent fois par jour, de ministres et de favoris. Le ciel pose sur sa tête; ses mains portent en même temps le feu et l'eau, emblème du bien et du mal qu'elle répand sur la terre. Quelquefois elle tient, de la main droite, la corne d'abondance; et, de la main gauche, elle conduit l'Occasion, dont la tête chauve ne présente sur le front qu'un léger toupet de cheveux, par lequel il faut la saisir.

> Aussi, sous l'ombrage discret
> Ou d'une grotte ou d'un bosquet,
> Dès que le tête-à-tête enhardit ma tendresse,

LA FORTUNE. LE DESTIN. NÉMÉSIS.

Et que l'Occasion paraît,
Vous la tournez si bien, que toujours la déesse
Me présente la nuque et jamais le toupet.

Les surnoms de la Fortune varient autant que ses caprices. On l'appelle partout *bonne* et *mauvaise*, suivant les circonstances. Les Romains la surnommaient *Aurea*. Sa statue d'or était en effet placée dans l'appartement et près du lit de l'empereur, et transférée, à l'instant de sa mort, dans l'appartement de son successeur. Ils l'adoraient encore sous les titres de Conservatrice [1], de Nourrice, d'Aveugle, Favorable, Passagère, Familière, Privée, etc.

Les Aventuriers adoraient la Fortune Aventurière [2]. Servius Tullius avait élevé dans son palais un autel à la Fortune Barbue [3]. J'ignore le sens de cet emblème [4].

[1] *Conservatrix, mammosa, cœca, obsequens, brevis, privata.*
[2] *Fors fortuna.*
[3] Plutarque.
[4] Servius Tullius, sixième roi des Romains, était fils d'un esclave; il s'éleva à l'empire par sa tenacité et sa persévérance. Empereur, il vainquit les Véiens, les Toscans, fit faire le premier dénombrement à Rome, agrandit la ville et bâtit des temples. Sa fortune triompha donc de tous les obstacles qui lui furent opposés. Or la barbe étant le signe de la force, de la virilité, ce prince put la donner pour attribut à la Fortune, en songeant à ce qu'il lui avait fallu de puissance pour accomplir ses projets. (*Note de l'Editeur.*)

La Fortune ¹ Virile avait un temple placé près du temple de Vénus.

Rome, soustraite à la vengeance de Coriolan par les larmes de son épouse et de sa mère, éleva un temple à la Fortune Féminine ², parce que deux femmes avaient sauvé la patrie.

Domitien, après quelques revers de fortune suivis d'évènemens heureux, dédia un autel à la *Fortune de retour* ³.

Enfin on lui frappa des médailles sous le titre de Fortune *Stable* ou *Constante* ⁴. Mais ces médailles, peu communes dans tous les temps, sont devenues, de nos jours, aussi rares que la pierre philosophale.

Il est singulier que la plus changeante des divinités soit guidée par le moins changeant de tous les dieux; car vous savez que le Destin est d'un caractère immuable. Assis sur le trône de fer, il pose un pied sur un globe, et ce globe est le Monde, dont il tient les destinées, d'un côté, renfermées dans une urne, de l'autre, gravées sur un livre d'airain. Toutes les puissances célestes s'évanouissent devant la sienne. Il parle; l'Olympe se tait; les déesses pâlissent en silence; et ses décrets,

---

¹ Plutarque; Ovide, liv. IV des *Fastes*.
² Diodore, liv. VIII.
³ *Fortuna redux.*
⁴ *Fortuna stata.*

LA FORTUNE. LE DESTIN. NÉMÉSIS. 133

plus prompts que la foudre, frappent également les hommes et les dieux.

Devant lui marche la Nécessité. Cette déesse inflexible partage sa tyrannie. Ses mains de bronze tiennent de longues chevilles et du plomb fondu, qui unissent et lient tous les objets d'une manière indissoluble. Elle porte aussi de longs coins de fer, qui divisent les liaisons les plus fortes et les plus intimes.

La Nécessité a subi elle-même ses lois, en cédant à la voix irrésistible de l'Amour. Mais la souveraine des mortels ne soumit son cœur qu'au souverain des dieux, qui la rendit mère de l'inflexible Némésis, déesse de la justice et de la vengeance céleste. C'est elle que vous apercevez près de sa mère, le front calme, le regard sévère et la démarche assurée. Remarquez cette couronne de narcisses, surmontée d'une couronne de cerf, qui couvre sa noire chevelure, ce voile léger qui gaze ses modestes attraits, cette draperie blanche qui flotte sur ses épaules, et descend à longs plis jusqu'à terre. Vous voyez dans ses mains un frein et un compas; l'un pour maîtriser la fougue de nos passions, l'autre pour mesurer, parmi les hommes, les peines, les récompenses et l'égalité;

Non cette égalité barbare et ridicule,
Qui fait d'un Pygmée un Hercule;
Mais cette sainte égalité

LETTRE LXV.

Qui du faible opprimé protège l'innocence,
Et fait fléchir l'orgueil de l'injuste Opulence
Devant l'honnête Pauvreté.

Quelquefois Némésis tient une lance pour frapper le vice [1], et une coupe remplie d'une liqueur divine, pour fortifier la vertu contre le malheur.

Les Grecs l'adorèrent sous le nom de *Némésis*, vengeresse; *Adrastée*, inévitable; et *Ancharie*, formidable. Son temple le plus célèbre était situé sur une éminence près de Rhamnus, ville de l'Attique; ce qui lui a fait donner le surnom de *Rhamnusie*.

Les Athéniens instituèrent en son honneur les fêtes *némésées* [2], et les Romains lui élevèrent dans le Capitole un autel sur lequel ils déposaient un glaive avant de partir pour la guerre, en conjurant l'équitable déité de protéger la justice de leurs armes.

C'est sur l'autel de Némésis que la jeune amante délaissée vient, les yeux gonflés de larmes, et le

---

[1] Nous avons vu, de nos jours, *Némésis* frapper d'une lance étincelante le vice politique; l'univers applaudissait... Mais le vice s'est couvert d'une cuirasse d'or; Némésis s'est, dit-on, laissé éblouir, et sa lance a volé en éclats.
(*Note de l'Editeur.*)

[2] Ces fêtes étaient funèbres, parce qu'on croyait que Némésis prenait aussi les morts sous sa protection, et qu'elle vengeait les injures faites à leurs tombeaux.

cœur gros de soupirs, déposer en tremblant son offrande, et former contre un ingrat des vœux dont elle n'est pas bien assurée.

>Que si la déesse équitable,
>Sensible aux pleurs de la Beauté,
>Promet que son bras redoutable
>Punira l'infidélité;
>Le jour, le soir, la nuit suivante,
>Tout l'alarme, tout l'épouvante.
>Le jour, un noir pressentiment
>La fait trembler d'être exaucée :
>Du monstre le portrait charmant,
>Le soir, obsède sa pensée.
>La nuit, les songes affligeans
>Offrent à son âme craintive
>Les traits aimables, mais changeans,
>De son image fugitive :
>Ici le perfide la fuit,
>Et lui lance un regard farouche;
>Là le Repentir le conduit;
>Et le sourire est sur sa bouche,
>Tantôt sur l'abîme des mers,
>Tantôt dans le fond des déserts,
>Abandonné de la Nature;
>Tantôt sur un lit de verdure,
>Se consolant de ses revers,
>De Vénus levant la ceinture,
>Charmant, parjure et presque heureux...
>« Le perfide! Tonnez, grands dieux! ».

Dit-elle en frémissant. La foudre
Obéit : le ciel s'obscurcit ;
Un trait va le réduire en poudre...
Elle frissonne ; elle transit
D'amour, de frayeur transportée,
S'éveille de pleurs inondée ;
Court au temple, vole à l'autel,
Nomme cent fois le criminel,
Tombe à genoux, pleure, demande
Son châtiment sans le vouloir,
Et revient sans s'apercevoir
Qu'elle a retiré son offrande.

LETTRE LXVI.

LE TARTARE.

Après avoir visité le palais de Pluton et ses dépendances, traversons, sur ce pont tremblant, les ondes enflammées du Phlégéthon[1], et marchons vers le Tartare, en côtoyant les rivages du Cocyte, dont les ondes se grossissent des pleurs des coupables, et dont le murmure imite leurs gémissemens.

Nous voici sous les voûtes brûlantes du noir Tartare : c'est ici que sont précipitées à jamais les âmes criminelles; cet abîme, où tous les élémens et tous les maux se confondent, est sorti du sein du *Chaos*[2]. Autant la terre est placée au-dessous du ciel, autant le Tartare est creusé au-dessous de la terre[3].

Les bords sulfureux de ce gouffre immense sont

---

[1] Du mot grec φλέγω, *brûler*.
[2] Hésiode, en sa *Théogonie*.
[3] Hésiode, *ibid.* — Homère, *Iliade*, liv. VIII.

peuplés des scélérats les plus célèbres, soit par l'atrocité de leurs crimes, soit par la sévérité de leurs châtimens; châtimens toujours justes, quand Minos les prononce; et rarement mérités, quand les dieux se mettent à la place des juges.

Phlégyas, roi des Lapithes et père de Coronis, nous en offre un exemple. Coronis, amante d'Ischys, fut aimée d'Apollon : le dieu, irrité de ses refus, lui ravit l'honneur, et la rendit malheureuse sans être heureux.

> C'est vainement qu'un traître, usant de violence,
> Croit arracher le bien qu'il ne peut obtenir :
> Un crime ne saurait jamais être un plaisir;
> C'est le don libre et pur qui fait la jouissance.

La nymphe désespérée pleurait son déshonneur dans les bras de son amant, qui, par tendresse ou par générosité, l'excusait et séchait ses pleurs. Apollon, jaloux des consolations de ce couple infortuné, le perce de ses traits, tire du sein de Coronis Esculape, qu'il confie au centaure Chiron, et la change en corneille.

A cette nouvelle, Phlégyas, guidé par la vengeance paternelle, s'arme d'un flambeau, vole au temple de Delphes, et le réduit en cendres. Soudain un trait d'Apollon le précipite dans le Tartare, où cette roche énorme, suspendue sur sa tête, lui fait éprouver le supplice éternel de l'attente et de la terreur. Eschyle[1] prétend que cet infortuné répète sans cesse cette maxime : *Apprenez, par mon exemple, à respecter les dieux et la justice.* Pour moi, voici ce que je lui ferais prononcer :

« Dérobez votre fille aux regards de nos dieux,
» Sinon vous devez vous attendre
» Au déshonneur le plus honteux,
» Aux trahisons de votre gendre,
» Qui, las de sa moitié, vous réduira tous deux;
» Elle, à s'enfuir; vous, à vous pendre. »

Le supplice d'Ixion vous paraîtra plus juste. Ce prince, pour obtenir Dia, fille de Déionée, promit à celui-ci des présens considérables. Le père lui accorda sa fille, en le sommant de sa promesse. Ixion, sous prétexte de l'accomplir, attire chez lui Déionée, et le fait tomber, par une trappe, dans une fournaise ardente. Aussitôt les Remords et les Furies vengeresses s'emparent du coupable, et le livrent à toutes les horreurs du plus affreux délire. Jupiter fut touché de son repentir : il apprit d'ailleurs qu'il était homme de société et convive agréable; ce qui, aux yeux des princes désœuvrés, efface les plus grands crimes, et surpasse les plus hautes vertus. Le roi du ciel accueille le coupable, le console, le fait asseoir à sa table, et l'enivre de

---

[1] Tragédie de Prométhée.

nectar. Ixion, qui avait le nectar un peu tendre, caresse de l'œil les appas de la chaste Junon, boit' furtivement dans sa coupe, en presse les bords de ses lèvres amoureuses, et, suivant la déesse dans un lieu écarté, tombe à ses pieds, en attendant la main qui doit le relever. Il attendait encore, et déjà Junon furieuse avait porté ses plaintes à son époux.

Jupiter gravement lui répondit : « Madame,
» Cela ne se peut pas. — Pourquoi non? à sa femme
  » Vous en avez conté jadis.
» Son fils Pirithoüs n'est-il pas votre fils?
  » — Un peu, mais c'est sans conséquence :
» Des mortelles toujours nous revenons à vous
» Plus épris que jamais. — Soit; mais à la vengeance
  » Vous autorisez leurs époux.
» Auprès de leurs moitiés quand vous faites les hommes,
 » Ils font si bien les dieux auprès de nous,
» Que nous ne savons plus souvent où nous en sommes :
» Témoin cet Ixion. — Eh bien! pour le punir,
» Et connaître à quel point sa tendresse m'outrage,
  » A ses regards, ce soir, je veux offrir
» Une Vapeur, ayant votre air, votre visage,
  » Et parlant votre doux langage.
 » Entre ses bras il croira vous saisir,
  » Et n'embrassera qu'un nuage.
»—Vous m'allez compromettre.—Eh! non.—Moi dans ses bras!
»—Ce ne sera pas vous.—Il ne le saura pas.

 ' Lucien, *Dialogue des Dieux*.

» S'il allait s'en vanter! si sa langue indiscrète!...
» J'aimerais autant que... la chose fût... secrète. »

« Comptez, reine des cieux, sur le plus profond
» mystère. » Il dit, fait venir Ixion, lui présente l'image de Junon afin de se convaincre; et soudain le voilà convaincu. Mais, comme la conviction portait à faux, le bon Jupin n'en fit que rire.

Cependant Ixion, à l'exemple de tous les courtisans heureux, disait à ses amis, avec une vanité mystérieuse :

« En honneur, depuis quelque temps,
» Je suis content de ma personne.
» — Quelque nymphe de quatorze ans?
» — Un peu plus, mais belle, mais bonne!
» Des grâces, de la dignité,
» De la raison, de la tendresse,
» Et surtout de la majesté.
» — De la majesté! laquelle est-ce?
» Celle des attraits ou du rang?
» — Mais... l'une et l'autre. — Apparemment
» Minerve reçoit ton hommage?
» — Fi donc! une prude, à mon âge!
» — La déesse de la beauté?...
» — N'a que les grâces en partage,
» Et j'ai cité la majesté.
» — Junon?... Mais Junon est trop sage....
» — Aussi gardez-vous d'en parler!
» Plus une conquête est brillante,

» Plus il faut la dissimuler.
» D'ailleurs, jamais je ne me vante. »

Enfin les confidences d'Ixion furent si discrètes et si modestes, que Jupiter en apprit par la Renommée beaucoup plus qu'il n'en avait vu. Alors, pour détromper sa cour, le roi du ciel lui présenta la conquête aérienne d'Ixion[1], et le précipita dans le Tartare. Là les Furies l'attachèrent avec leurs serpens sur cette roue dont le mouvement éternel ne lui laisse pas un instant de repos. Tant qu'il ne fut que fourbe et parricide, Jupiter l'admit à sa cour; dès qu'il fut indiscret, Jupiter inventa pour lui un nouveau supplice. Hélas! tous les Jupiters se ressemblent :

> Auprès d'eux vous pouvez, avec impunité,
> Fouler aux pieds les lois, l'amitié, la nature :
> Leur orgueil ne voit rien pourvu qu'il soit flatté.
> Mais il n'est point de gêne, il n'est point de torture,
>   Qui puisse expier la piqûre
>   Qu'un mot fait à leur vanité.

Celle de Salmonée, roi d'Élide, fut poussée jusqu'au délire. Non content de se faire adorer le jour, il se faisait traîner la nuit, sur un pont d'airain, dans un char dont la rotation rapide imitait le

---

[1] On prétend que cette nuée féconde enfanta les Centaures, qui, comme l'on sait, étaient moitié hommes et moitié chevaux.

roulement du tonnerre. Là, nouveau Jupiter tonnant, il lançait des torches enflammées sur quelques malheureux que ses satellites assommaient subitement pour imiter la foudre au naturel. Mais, tandis qu'il s'amusait à foudroyer ses sujets, Jupiter le foudroya lui-même, et relégua sa divinité dans cette triste demeure, où le feu céleste le brûle sans le consumer.

Près de lui considérez Sisyphe, fameux brigand mis à mort par Thésée. Voyez-vous ce scélérat, le front couvert de sueur et les muscles tendus, rouler péniblement une pierre énorme vers la cime de cette montagne escarpée ? Épuisé de fatigue, il approche du but ; l'espoir du repos le ranime, et, par un dernier effort, il pousse son fardeau jusqu'au sommet. La pierre immobile va prendre son aplomb !... Il palpite de joie, immobile comme elle... Soudain elle chancelle, roule, retombe avec fracas ; et le supplice du coupable recommence avec son travail.

Au pied de cette montagne, des rameaux chargés de fruits ombragent le cristal d'une source pure. C'est là que Tantale, fils de Jupiter et roi de Phrygie, éprouve un supplice affreux, mais trop doux encore pour son crime. Ce père dénaturé, ayant invité les dieux à sa table, et voulant éprouver leur divinité, leur servit les membres de son fils Pélops. Les convives s'abstinrent tous de ce mets exécrable, excepté Minerve, qui, par mégarde, mangea, dit-on, une épaule. Les dieux, saisis d'horreur et de pitié, ressuscitèrent Pélops, lui rendirent une épaule d'ivoire, et ordonnèrent à Mercure d'enchaîner Tantale sous ces arbres fertiles, et de le plonger jusqu'au menton dans cette fontaine. Là ses lèvres et ses mains avides poursuivent vainement cette onde et ses branches fugitives. La soif le dévore au sein des eaux, et la famine au sein de l'abondance.

Mais, tandis que je vous parle, vos regards se détournent et s'arrêtent sur une multitude de femmes qui s'empressent de tirer de l'eau d'un puits, et la versent tour à tour dans un tonneau sans fond[1]. Vous voyez les cinquante filles de Danaüs[2], roi d'Argos. Comme Égyptus, son frère, avait également cinquante fils, les cinquante mariages furent proposés et célébrés en même temps. Mais le soir même de la célébration, Danaüs, auquel un oracle avait prédit qu'il serait détrôné par un de ses gendres, assemble ses filles, et, les armant chacune d'un poignard, leur ordonne d'assassiner leurs époux aussitôt que le sommeil et la volupté auront fermé leur paupière.

---

[1] D'autres prétendent que leur supplice consistait à tirer sans cesse de l'eau dans un crible.

[2] On les appelle *Danaïdes*, du nom de *Danaüs*, leur père; ou *Bélides*, du nom *Belus*, leur aïeul.

LE TARTARE.

  Cependant les jeunes désirs
De l'Hymen aiguisaient la tendre impatience.
Enfin la nuit tardive amène les plaisirs ;
Partout la même ivresse et les mêmes soupirs ;
  Et cette aimable défaillance,
  Dont le calme, dont la langueur
Ne sont plus le plaisir, mais sont mieux le bonheur.
Morphée arrive alors : mais la Mort en silence
  Suit ses pas, flétrit ses pavots ;
Et, dans un seul instant, le tranchant de sa faux,
A d'un siècle d'amour moissonné l'espérance.

  A la lueur du jour naissant,
  De remords, de crainte agitée,
  La jeune épouse, en frémissant,
  Fuit de sa couche ensanglantée ;
  Et de plus près considérant ces yeux
Qui lui disaient hier ce que la bouche n'ose,
  Et cette bouche demi-close,
Dont, cette nuit, la sienne a respiré les feux,
  Et cette couche tiède encore,
Et ces voiles épars, et ce désordre heureux,
Qui devait augmenter peut-être avec l'aurore,
Tout retrace à ses yeux l'horreur de son forfait.
La Pitié dans son sein rallume un feu secret :
Elle plaint, elle embrasse, elle aime sa victime.
Son cœur transi se glace et brûle tour à tour ;
  Les Remords, pour punir le crime,
Ont emprunté les traits et les feux de l'Amour.

Cependant Hypermnestre suivait à pas précipités le chemin de Larisse, tandis que Lyncée arrivait à Lyrce, ville voisine d'Argos. La seule Hypermnestre avait sauvé la vie à son époux. La nuit suivante, ils montèrent l'un et l'autre sur une tour ; et, pour s'instruire mutuellement de leur arrivée, ils allumèrent chacun un flambeau.

> A sa faible lueur leurs deux cœurs tressaillirent,
>   Se parlèrent et s'entendirent.
> Le flambeau, dans leur main tour à tour agité,
> Leur traçait la frayeur qu'ils avaient éprouvée,
> Le moment de leur fuite et de leur arrivée,
> Le bonheur de se voir tous deux en sûreté,
> Et de se réunir la prochaine espérance :
>   Il exprimait avec vivacité,
> D'un côté la tendresse et la fidélité,
> De l'autre la tendresse et la reconnaissance.

Peu de temps après, l'oracle fut vérifié : Lyncée, vainqueur de Danaüs, monta sur le trône d'Argos. Les Danaïdes furent condamnées par les dieux au supplice dont vous êtes témoin ; et les Argiens instituèrent la fête *des flambeaux*, pour célébrer la tendresse conjugale d'Hypermnestre et de son époux.

Les Danaïdes, dans leur triste demeure, ont pour voisin Tityus, fils de Jupiter et de la nymphe Élare. Sa mère étant morte, la Terre, dit-on, le nourrit. Sa taille gigantesque et sa force prodigieuse lui donnèrent tant d'orgueil et d'audace,

LES DANAÏDES.

LE TARTARE.

qu'il voulut attenter à l'honneur de Latone. Apollon et Diane le percèrent de leurs traits, et le précipitèrent dans le Tartare, où son corps étendu couvre neuf arpens de terre. Là, ce misérable sent nuit et jour dans son sein le bec tranchant d'un vautour, qui dévore ses entrailles sans cesse renaissantes.

Avant lui, Prométhée, fils de Japet et père de Deucalion, éprouva le même supplice sur le mont Caucase. Voici à quelle occasion :

Ayant détrempé un peu de terre et d'eau, il en forma l'homme à l'image des dieux. Minerve, charmée de la perfection de son ouvrage, lui offrit en récompense l'objet qui lui plairait le plus dans le ciel. Mais Prométhée, modeste habitant de la terre, lui ayant répondu :

« On ne peut désirer ce qu'on ne connaît pas [1], »

Minerve, pour le mettre en état de choisir, le transporte au séjour des dieux. Prométhée, parmi les trésors de l'Olympe, choisit le feu céleste, et vient le déposer au sein de l'homme formé par ses mains.

Soudain son cœur palpite et son œil étincelle :
Il se lève et déploie un corps souple et nerveux ;
Il fixe du soleil la lumière immortelle,

[1] Zaïre, scène Ire.

Et sourit à l'aspect de la terre et des cieux.
Il sent; sa voix l'exprime, et son front se colore
Du feu des passions qui couve dans son sein.
Ah! puisse-t-il long-temps y sommeiller encore
    Pour le repos du genre humain.

Cependant Jupiter, irrité du larcin de Prométhée, résolut, à la manière des rois, d'en punir toute la terre. Il ordonne à Vulcain de modeler une femme d'une beauté parfaite. Il l'anime et la présente aux dieux assemblés, qui lui donnent chacun une grâce ou une vertu, et la nomment *Pandore*[1], c'est-à-dire possédant tous les dons.

Le roi du ciel envoie à Prométhée cette femme accomplie, chargée d'une boîte mystérieuse qu'elle lui présente. Mais Prométhée, se défiant des présens cachés de la beauté, refusa celui-ci. Pandore le porta à son frère Épiméthée, qui, sans examen, ouvrit la boîte fatale.

    C'était alors l'enfance de la terre :
    La Bonne Foi, la Paix et la Santé
    A chaque pas rencontraient la Gaîté.
    Tout s'entr'aimait, tout était sœur et frère.
    On ignorait le nom de la Vertu;
    Avant le mal le bien fut inconnu.
        Soudain de la boîte fatale
        S'échappent le Tien et le Mien,

---

[1] Πᾶν tout; δῶρον don.

LE TARTARE.   149

Les Lois, la Chicane infernale,
Qui dispute à chacun le sien :
La Guerre, de qui l'art funeste
Fait de nous autant d'assassins;
La Douleur, la Fièvre, la Peste,
Et, qui pis est, les Médecins.

Effrayé de ce déluge de maux, Épiméthée referma promptement la boîte fatale, et y retint l'Espérance prête à s'envoler. On assure que, depuis ce temps, elle est demeurée au fond de la boîte : cependant,

De sa prison, soit dit en confidence,
Je la crois échappée; et dès l'instant flatteur,
Qui vit entre nous deux naître la confiance,
Je sentis qu'en secret elle entrait dans mon cœur.

Jupiter, humilié de voir Prométhée échapper à ses embûches grossières, l'accabla noblement du poids de sa toute-puissance. Pour le punir, selon l'usage, d'avoir eu plus d'esprit que son maître, il chargea Mercure et Vulcain de l'attacher sur le mont Caucase, où un vautour lui rongeait le foie [1].

---

[1] On a souvent reproché aux chrétiens d'avoir été les copistes de la mythologie des anciens. S'il en était ainsi, la fable de Prométhée rendrait ce reproche extrêmement grave. D'abord le fils de Japet forme les premiers hommes *de terre et d'eau à l'image des dieux*; pour les animer, il dérobe le feu du ciel, qui devait être né *d'un souffle divin*. Vient en-

Cet acte de despotisme et d'iniquité fit murmurer les hommes, et révolta toutes les femmes. « Quel est son crime? s'écriaient-elles en s'apitoyant sur son sort.

« Sa main a formé l'homme à l'image des dieux?...
» Former l'homme, est-ce un mal? Son bras audacieux
 » Du feu céleste a dérobé la flamme,
» Et dans le corps humain l'a transmise?... Ah! tant mieux!
 » Qu'eussions-nous fait d'un corps sans âme?
» C'est par ce feu divin que l'homme, chaque jour,
» Sent éclore la force et les fleurs du bel âge;
» Il lui doit sa raison, sa vertu, son courage.
» Et si c'était à lui qu'il dût aussi l'amour!...
» Du moins on le soupçonne... Ah! si la chose est sûre,
 » Jupiter a l'âme bien dure. »

A ces plaintes assez fondées, Jupiter restait muet; mais Mercure, chargé d'avoir de l'esprit pour lui, répondait: « Apprenez, mesdames, que

suite Pandore, avec sa boîte, *enfermant tous les dons*, comme l'arbre de l'Eden recélait sous ses rameaux *la science du bien et du mal*. Epiméthée, frère de Prométhée, ouvre la boîte mystérieuse de Pandore : tous les maux s'en élancent avec impétuosité ; Ève cueille le fruit fatal, et les afflictions, les douleurs physiques deviennent le partage de l'humanité..... Dans le polythéisme, vient bientôt le déluge de Deucalion; dans le dogme chrétien, le déluge de Noé suit de près. Or, la fable de Prométhée est d'Hésiode, qui vivait il y a trois mille ans.... Ce n'est pas lui assurément qui fut le plagiaire.
     (*Note de l'Editeur.*)

» Prométhée est moins puni[1] d'avoir animé l'homme
» que d'avoir inventé la femme, source de tous les
» maux qui attirent sur la terre la vengeance cé-
» leste. — Mais, lui répliquaient-elles,

» Si les femmes des dieux attirent le courroux,
» Pourquoi soir et matin sont-ils à nos genoux ?
» Pourquoi les voyons-nous briguer notre conquête ?
   » Pourquoi le monarque du ciel
» Vient-il prendre à nos yeux la forme d'un mortel,
   » Et souvent celle d'une bête ?
» Eh quoi ! nous mépriser et ramper sous nos lois !...
» Dites à Jupiter qu'il est de tous les rois
» Le plus inconséquent et le plus malhonnête. »

Mercure se dispensa de cette commission ; mais Hercule, protecteur-né du beau sexe, délivra Prométhée, et le rendit à son ouvrage.

O ma tranquille amie ! ô vous que le destin
Du souffle de l'amour n'a jamais agitée !
   Si Cupidon dans votre sein,
   Par l'entremise d'un humain,
   Transmet un jour le feu divin,
   Choisissez-moi pour votre Prométhée.

[1] Lucien.

LETTRE LXVII.

LES FURIES.

N'avez-vous pas vu quelquefois
De ces vieilles acariâtres,
Au maintien raide, à l'œil sournois,
Aux traits livides et jaunâtres,
Qui, nuit et jour, de leurs époux
Ont éternisé le martyre,
Et font, depuis trente ans, leur plaisir le plus doux
De déchirer et de médire?

Voilà précisément le portrait des trois Furies, Alecto, Tisiphone et Mégère, filles de l'Achéron et de la Nuit. Les Furies que vous avez vues sur la terre ont un air de famille que vous retrouvez ici; et la seule différence qui distingue les Furies terrestres d'avec les Furies infernales, c'est que celles-ci ont la tête hérissée de serpens, et que celles-là sont presque toujours affublées d'une petite coiffe de dévote.

On assure que ces trois sœurs sont vierges, et les amateurs présument qu'elles le seront encore quelque temps. Leur robe, souillée de sang, est tantôt noire, tantôt blanche : noire quand elles sont irritées, et alors on les appelle *Némèses*[1] ou *Érynnides*; blanche quand elles s'apaisent, et alors on les nomme *Euménides*[2].

Leur ministère ne se borne pas à châtier de leur fouet vengeur des ombres criminelles ; souvent elles volent au séjour des vivans, planent sur la tête de l'homme coupable, et, portant dans son sein leurs flambeaux dévorans, elles commencent pour lui, sur la terre, les supplices éternels du Tartare[3].

De sinistres tableaux, de songes effroyables
    Elles tourmentent son sommeil ;
De souvenirs affreux, de spectres lamentables
    Elles entourent son réveil.
    Aux chants joyeux de l'Allégresse,
Aux ris de la Gaîté, aux accens du Plaisir,
    Son cœur, prêt à s'épanouir,
Se resserre accablé du fardeau qui l'oppresse :
Il voit, sans les goûter, les biens qu'il a perdus,
Et le remords lui dit : « Tu ne dormiras plus. »

Le parricide Oreste offrit à la Grèce un exem-

---

[1] Furieuses.

[2] Bienfaisantes.

[3] Les Furies tourmentant les vivans, s'attachant au chevet du parricide Oreste, sont évidemment les remords.
                              (*Note de l'Éditeur.*)

ple effrayant de la sévérité des Furies. Pour les apaiser, il bâtit, au fond de l'Arcadie, un temple dédié aux Furies noires. Il couronna leurs statues de safran et de narcisses; il couvrit leurs autels de fruits et de miel, leur immola une brebis noire, et consuma le corps de la victime sur un bûcher de cyprès, d'aubépine, d'aune et de genièvre. Les déesses implacables, touchées enfin de son repentir, lui apparurent vêtues de blanc; et soudain Oreste éleva un second temple en l'honneur des *Furies blanches* ou *Euménides*. Là il les couronna d'olivier, leur sacrifia deux tourterelles, et fit, en leur honneur, une libation d'eau de fontaine, contenue dans des vases dont les anses étaient couvertes de laine d'agneau. Il évita scrupuleusement de leur offrir du vin et d'autres liqueurs inflammables : d'après la connaissance qu'il avait acquise de leur caractère, l'infortuné crut devoir ne leur présenter que des calmans.

Il y a peu de divinités dont le culte ait été aussi étendu que celui des Furies : la crainte élève plus de temples que l'Amour. Les ministres du temple qu'elles avaient à Athènes, près de l'Aréopage, composaient un tribunal devant lequel on ne pouvait comparaître qu'après avoir juré sur l'autel des Euménides de dire la vérité.

Leur sanctuaire servait d'asile aux criminels; mais ils y éprouvaient un supplice plus horrible que celui qu'ils voulaient éviter. Près de la ville de Céryne, en Achaïe, à peine le coupable avait-il posé le pied sur le seuil du temple des Furies, qu'un délire affreux s'emparait de ses sens, et le faisait passer, en un instant, de la fureur au désespoir, et du désespoir à la mort. Aussi n'osait-on qu'en tremblant regarder le temple, ou prononcer le nom de ces divinités redoutables.

Pour moi, si j'avais un asile à proposer à quelque coupable, au lieu de le conduire au sanctuaire des Furies, je lui dirais, en le guidant vers votre demeure :

« Si tu veux à ta conscience
» Rendre la paix et la sérénité,
» Viens respirer, auprès de la Beauté,
» L'air épuré par l'Innocence,
» La Candeur et la Vérité.
» Là chaque jour tu verras naître
» Autant de vertus que d'attraits.
» Un seul instant contemple-les,
» Et tu deviendras, pour jamais,
» Honnête homme, si tu peux l'être. »

LETTRE LXVIII.

HÉCATE.

La plus formidable des puissances infernales est la terrible Hécate, dont le corps gigantesque, s'élevant à l'entrée du Tartare, vous présente trois têtes menaçantes[1]. Une couronne de chêne s'entrelace aux vipères dont elle est hérissée; à ses pieds, des chiens furieux, l'œil étincelant, la gueule béante, poussent des hurlemens lamentables. Sa main droite est armée d'un flambeau, d'un fouet et d'un poignard; de l'autre, elle tient une clef et une coupe funèbre, pour les libations auxquelles elle préside.

Cette triple divinité se divise pour exercer, sous trois noms, trois pouvoirs différens, dans le Tartare, au ciel et sur la terre.

Hécate, au séjour des enfers,
Elle tient les clefs de l'abîme;
D'un fouet sanglant frappe le crime,
Et de fiel, à longs traits, abreuve les pervers.

[1] On lui donnait tantôt une tête d'homme, de cheval et de chien; tantôt une tête de chien, de lion et de taureau.

HÉCATE.

Phébé, pendant la nuit, elle règle le cours
De cet astre inconstant, dont les métamorphoses
Des Grâces, nous dit-on, séparent les Amours
    Par une barrière de roses [1].
    Diane, à l'ombre des forêts,
    Elle poursuit d'un pas rapide
    Le daim léger, le faon timide,
    L'atteint, le perce de ses traits.
Et si quelque mortel, errant à l'aventure,
Rencontre ses regards, plus perçans mille fois
    Que les flèches de son carquois,
Il s'en va languissant et meurt de la piqûre;
A moins qu'une Émilie, agréant en pitié
    Les tourmens secrets qu'il endure,
    Avec le baume d'amitié
    Ne cicatrise sa blessure.

On prétend que cette déesse prodigue les richesses à ses adorateurs, qu'elle les accompagne dans leurs voyages, et qu'elle dispose en leur faveur des suffrages du peuple, et des lauriers de la victoire [2]. Quelquefois elle assiste aux conseils des rois; plus souvent, errante sur les coteaux ou dans les vallées, elle multiplie les troupeaux ou les frappe de stérilité. C'est pour cette raison que les Athéniens lui

---

[1] Il est difficile, je crois, de tirer un meilleur parti de la possibilité de tout dire; et si le bel esprit était toujours aussi ingénieux, il faudrait le considérer comme un progrès.
                        (*Note de l'Éditeur.*)

[2] Hésiode.

présentaient des gâteaux sur lesquels était empreinte la figure d'un bœuf ou d'un bélier. Au milieu des carrefours, où sa statue était placée, ils lui servaient tous les mois un souper que les pauvres mangeaient en son honneur.

Quelquefois on lui offrait une *hécatombe*, ou le sacrifice de *cent* taureaux. De là, selon quelques uns, lui vient le nom d'*Hécate*[1]. D'autres veulent qu'il lui soit donné parce qu'elle retenait cent ans sur les rives du Styx les ombres des morts privés de sépulture.

A Rome on lui sacrifiait, pendant la nuit, des chiens dont les hurlemens plaintifs écartaient, disait-on, les esprits malfaisans. Aussi les Romains l'appelaient-ils *Canicide*.

Les habitans de l'Achaïe ensanglantèrent longtemps ses autels, pour expier le prétendu crime du jeune Mélanippe et de Cométho[2].

> Ce couple qui s'adorait,
> Au temple se rencontrait
> Pour se conter son martyre :
> Mais on crut qu'il avait fait
> Un peu plus que se le dire.

Et là-dessus voilà toutes les consciences alarmées. Par quel sacrifice expiatoire apaisera-t-on la déesse

---

[1] Du mot grec ἑκατὸν cent.
[2] Pausanias, liv. VII.

HÉCATE.

outragée? Le plus atroce est celui que le fanatisme doit choisir. En effet les prêtres vont chaque année arracher des bras paternels un jeune adolescent et une vierge innocente pour les traîner aux autels de la terrible Hécate ; et, les égorgeant avec le fer sacré, ils punissent ces infortunés d'un crime dont ils ignorent même encore qu'on puisse se rendre coupable.

Hécate préside aux mystères de la magie. Les sorciers, ou ceux qui croient l'être, vont furtivement, au milieu de la nuit, se baigner dans un fleuve sur le rivage duquel ils creusent une fosse profonde. Là, revêtus d'un long manteau couleur d'azur, ils immolent une brebis noire, brûlent la victime, et présentent du miel pour apaiser la déesse redoutable, qu'ils appellent sept fois à grands cris. Alors, si le silence religieux du sacrifice n'a été troublé par aucun bruit profane, du fond de la fosse s'élèvent des *Hécatées*, espèce de fantômes qui prédisent à volonté, selon les circonstances et les personnes : par exemple,

>Aux veuves de jeunes époux,
>Des Pénélopes aux jaloux,
>A la nymphe des équipages,
>A la grisette des atours,
>A la princesse des hommages,
>A la bergère des amours,
>Au sage une verte prairie,

LETTRE LXVIII.

Des saules au bord d'un ruisseau,
Un toit de chaume ou de roseau,
Habité par une Émilie;
Des baisers donnés et rendus
Avec une égale tendresse;
Des enfans pour toute richesse,
Pour toute grandeur, des vertus :
Chaque année, amitié nouvelle;
Chaque mois, amour plus fidèle;
Chaque nuit, plaisir plus parfait;
Chaque jour au moins un bienfait;
Chaque soir, une rêverie;
Chaque matin, une folie;
Et chaque instant, le vrai bonheur
Dans la simplicité du cœur
Et l'innocence de la vie.

MINOS, EACUS ET RHADAMANTE.

LETTRE LXIX.

MINOS, ÉACUS ET RHADAMANTE. EUROPE.

Voici le tribunal incorruptible qui ne juge jamais les actions par les hommes, mais toujours les hommes par leurs actions [1].

> Ici la loi n'a point de commentaire :
>   Les grands et les petits voleurs,
>   Sans huissiers et sans procureurs,
> Ne peuvent compliquer ni traîner leur affaire.
> Point de solliciteur, point d'argent, point d'ami ;
>   Point d'orateur à brillante faconde ;
>   Point d'épices de juge... Aussi
> Que de gens ont gagné leur cause en l'autre monde,
>   Qui la perdent en celui-ci !

Les trois juges qui composent ce tribunal sont,

---

[1] C'est probablement à cause de cet usage, diamétralement opposé à celui de bon nombre des tribunaux de la terre, que la fiction place le redoutable triumvirat aux enfers. L'allégorie est juste ; dans la tombe seulement les hommes obtiennent ou subissent la justice.... Quand on la leur rend, on la leur fait.   (*Note de l'Editeur.*)

Minos, Éacus et Rhadamante. Éacus juge les peuples d'Europe, Rhadamante ceux de l'Asie ', et Minos, président du tribunal, discute et concilie leurs opinions. Pour vous les peindre tous trois tels qu'ils sont, je vais vous dire ce qu'ils ont fait, et vous le dire en leur présence. Que de magistrats redouteraient un pareil hommage !

Sur les rives de la Phénicie régnait jadis le bon Agénor, fils de Neptune et de Libye. Il n'avait que deux enfans, Europe et Cadmus. Angélo, fille de Junon, avait dérobé un petit pot du fard de sa mère pour le donner à la jeune Europe. Celle-ci, par l'usage de ce fard divin, avait nuancé son teint d'une blancheur d'autant plus précieuse qu'elle est plus rare dans ces brûlantes contrées. Comme sa fraîcheur était à l'épreuve du soleil, elle se promenait sans voile sur le bord de la mer, et cueillait des fleurs avec ses compagnes. Jupiter, qui se trouve partout, ne manqua pas de se trouver là : il vit Europe, l'admira, l'aima ;

   Et voulant faire sa conquête,
   Ne croyez pas qu'il l'entreprit
   Sous les traits d'un homme d'esprit.
Beauté vaut mieux qu'esprit près d'une jeune tête.
Jupin, expert dans l'art de séduire les cœurs,

' Il est vraisemblable que, depuis long-temps, leur juridiction s'est étendue en Afrique et en Amérique.

Prit, comme les trois quarts de nos adorateurs,
La forme d'une belle bête.

Europe aperçoit sur le rivage un taureau d'une blancheur éblouissante; elle accourt avec ses compagnes. L'animal caressant plie les genoux, se couche, mange dans sa main, et se laisse couronner de fleurs.

>   Ainsi l'amant qui médite
>   De tyranniser un cœur,
>   Prend la main avec douceur,
>   Puis la baise avec ardeur;
>   Puis, la reposant bien vite,
>   Feint de trouver son bonheur
>   Au-dessus de son mérite,
>   Et rougit... Ah! l'hypocrite!

Les compagnes d'Europe essaient tour à tour de monter sur la croupe du taureau. Il se prête à leurs jeux, et semble s'enorgueillir de ce doux fardeau. Enfin la timide Europe, enhardie par leur exemple, s'assied sur l'animal docile. Tout-à-coup il se dresse, bondissant d'orgueil et de joie, et s'élance avec ardeur au milieu des vagues frémissantes. Europe, d'une main, tient une de ses cornes; de l'autre elle implore vainement le secours de ses compagnes éperdues. Ses yeux obscurcis par les larmes n'aperçoivent déjà plus le rivage lointain; sa voix, entrecoupée de sanglots, se perd dans le vague des airs; son voile et ses cheveux en désordre flottent au gré des vents.

> Les Tritons et les Néréides,
> Sillonnant les plaines liquides,
> Nageaient en foule au pied de cet objet charmant.
> Les jeunes frères de Zéphire
> Autour d'elle à l'envi murmuraient doucement,
> Comme s'ils avaient eu quelque chose à lui dire.
> Amphitrite la vit, et craignit un moment
> De voir usurper son empire.

Environnée de ce nombreux cortége, Europe aborde à l'île de Crète. Là, son ravisseur disparaît, et la belle affligée se trouve dans les bras d'un consolateur qui lui dit :

> «Vous voyez le coupable. Ah! faites-en justice ;
> » A subir son arrêt d'avance il est soumis.
> » J'ai fait couler vos pleurs : quel que soit mon supplice,
> » Je l'aurai mérité. Prononcez, j'obéis. »

Europe, indécise sur le choix de la punition, consulta l'Amour, qui, suivant l'usage, ayant commué la peine en plaisir, la rendit mère de Minos et de Rhadamante.

Minos trouva les mœurs des Crétois aussi sauvages que les déserts qu'ils habitaient. Il leur enseigna l'art de l'agriculture, et joignit à ce bienfait le plus beau présent qu'un homme puisse faire à ses semblables.

Trop heureux le mortel qui trace de ses mains
Les lois dont la Sagesse enchaîne les humains!
Tout s'anime à sa voix. Le monde, en sa présence,
Semble se réveiller du sommeil de l'enfance.
Il a parlé, déjà le désordre n'est plus.
Le Génie à ses pieds étouffe l'ignorance;
L'âge présent lui doit la paix et l'innocence,
Et la postérité lui devra ses vertus.

Minos eut ce bonheur et cette gloire en partage. Cependant les Crétois lui refusèrent long-temps la royauté. Enfin, pour confondre ses envieux, il déclara qu'il était fils de Jupiter; et, pour le prouver, il prédit qu'il allait paraître sur le rivage une victime, qu'il fit serment d'immoler à Neptune. Il parlait encore, lorsqu'on vit approcher un taureau d'une blancheur éclatante, et ce prodige lui fit décerner la couronne. Mais le nouveau roi, prenant avec le sceptre l'esprit de son état, garda le taureau qu'il avait promis à Neptune, et lui en sacrifia un de moindre valeur. Hélas!

Tous les sages, si grands aux yeux de l'avenir,
 Vus de près, sont ce que nous sommes.
Si leurs vertus nous font oublier qu'ils sont hommes,
Leurs faiblesses bientôt nous en font souvenir.
Mais, au lieu de scruter avec un œil sévère
Ceux de qui l'existence est pour nous un bienfait,
En taisant leurs défauts, songeons que sur la terre
Le meilleur des humains est le moins imparfait.

Minos fut cruellement puni de ce moment d'oubli. Neptune irrité remplit sa maison de troubles et d'incestes. Pasiphaé, son épouse, devint mère du *Minotaure*, qui fut, dit-on, moitié homme, moitié taureau. Ce monstre, fruit d'un infâme adultère, fut enfermé dans le labyrinthe construit par l'ingénieux Dédale. C'est là qu'il dévorait les malheureux égarés dans les détours de sa sombre demeure.

Androgée, fils de Minos, périt victime de la jalousie des Athéniens ; et ce père infortuné ne vengea sa mort qu'après une guerre longue et sanglante.

Phèdre et Ariane, ses filles, devinrent l'une et l'autre victimes des fureurs de l'Amour [1]. Ariane fut abandonnée par Thésée sur les rochers déserts de l'île de Naxos ; et Phèdre, brûlant d'une flamme criminelle pour le vertueux Hippolyte, s'empoisonna pour abréger des jours que la honte et les remords lui rendaient insupportables.

Rhadamante, frère de Minos, porta en Lycie les lois que ce prince avait établies dans la Crète. Il se rendit célèbre par son équité et sa frugalité. Ces deux vertus, qui paraissent d'abord assez étrangères l'une à l'autre, sont cependant inséparables.

    La Justice a toujours été
    D'accord avec la Tempérance.

[1] *Voyez* la lettre XL, tome II.

Pourquoi Bacchus, qui dit si bien la vérité,
Ne peut-il de Thémis gagner la confiance?
C'est que sa main n'a pas assez de fermeté
Pour tenir juste la balance.

Éacus, collègue de Minos et de Rhadamante, dut le jour aux amours de Jupiter et d'Égine, fille d'Asope. Comme Junon, de concert avec le père, éloignait, par une vigilance continuelle, le dénouement de cette aventure, Jupiter, pour ménager ses momens, changea Asope en fleuve, et transporta sa fille dans l'île de Délos. Là, seule avec l'objet de sa tendresse, Égine voulait s'en tenir aux épanchemens moraux et aux extases sentimentales, dont elle avait acquis la théorie dans les romans de ce temps-là. Tout-à-coup, au moment le plus tendre de cette ivresse platonique, son amant disparaît; une flamme petillante tourbillonne à ses pieds, s'élance sur son sein, l'environne et la pénètre d'une ardeur inconnue. Ses soupirs brûlans, ses caresses expirantes rappellent son amant; mais il était caché sous cette flamme mystérieuse; et lorsque la nymphe éperdue revit la lumière, elle était mère d'Éacus.

Ce prince donna le nom de sa mère à l'île qui l'avait vu naître, et gouverna ses habitans comme un bon père gouverne sa famille.

Cependant la vengeance couvait dans le cœur de Junon.

> Car chez le sexe masculin,
> De la vengeance impatiente
> L'ardeur s'évapore et s'éteint;
> Mais au fond d'un cœur féminin
> La rancune est un vieux levain :
> Plus il s'aigrit, plus il fermente.

Junon, après un demi-siècle, plus irritée que le premier jour, empoisonna toutes les fontaines de l'île d'Égine, et vengea son affront sur les sujets innocens du fils de la femme que Jupiter avait séduite.

> Il est donc vrai que, « de tous temps,
> » Les petits ont pâti des sottises des grands¹! »

Éacus, environné de ses sujets expirans, supplia son père de lui ôter la vie et de la rendre à son peuple. En lui adressant cette prière, il se tenait appuyé sur le tronc caverneux d'un chêne antique, habité par une nombreuse fourmilière. Soudain chaque fourmi prend la forme et la figure humaine, et le bon Éacus se retrouve au milieu de ses enfans, auxquels, depuis ce prodige, on donna le nom de *Myrmidons*¹. La sagesse et l'équité avec lesquels il les gouverna jusqu'à sa mort lui méritèrent l'honneur de tenir ici la balance, qui pèse éternellement le vice et la vertu.

---

¹ La Fontaine.
² Du mot grec μύρμηξ fourmi.

Tels sont, Émilie, les trois juges qui décideront un jour de votre sort et du mien. Quand nous nous présenterons ensemble devant leur tribunal, je leur dirai d'un ton et d'un air contrit :

> « Des coupables mortels pour tourmenter les âmes,
> » Vous les mettez, dit-on, pendant l'éternité,
> » En tête à tête avec leurs femmes :
> » Ah ! redoublez pour moi cette sévérité ;
> » Rendez-moi, je vous en supplie,
> » Inséparable d'Émilie :
> » Hélas ! je l'ai bien mérité ! »

LETTRE LXX.

MERCURE, SALMACIS ET HERMAPHRODITE.

En sortant du tribunal des Enfers, quel objet fixe votre attention? Ce sont sans doute ces ombres qui vont y comparaître. Vous souriez? Ne serait-ce pas de la figure de celui qui les guide?... Eh! précisément!... c'est lui-même : c'est Mercure que nous n'avons encore pu trouver ni dans le ciel, ni sur la terre, tant il a d'occupations! Profitons de la rencontre; nous y sommes tous deux intéressés :

> Si nous nous quittions pour long-temps,
> Ce messager nous servirait peut-être.
> Or, avant d'employer les gens,
> On est charmé de les connaître.

Mercure dut le jour aux amours de Jupiter et de *Maïa*, en l'honneur de laquelle le mois de mai lui fut consacré. Il naquit en Arcadie sur le mont Cyllène.

Le jeune fils de Maïa, doué d'une discrétion im-

SALMACIS ET HERMAPHRODITE.

pénétrable, devint le négociateur et le messager du ciel, de la terre, de la mer et des enfers. Jupiter, pour accélérer ses courses mystérieuses, lui attacha des ailes à la tête et aux talons. Il eût dû, ce me semble, en ajouter aux mains, puisque Mercure est aussi le patron des voleurs. Cette dernière dignité ne fut point le fruit de l'intrigue; il ne la dut qu'à ses talens naturels. Le jour même de sa naissance, il lutta avec Cupidon, le renversa d'un croc-en-jambe, et lui vola son carquois. Au moment où les dieux le complimentaient sur sa victoire, il escamota le trident de Neptune, l'épée de Mars, les tenailles de Vulcain, la ceinture de Vénus; et, tandis que Jupiter riait de ses larcins, il lui déroba son sceptre : il eût même enlevé sa foudre; mais en la touchant le fripon se brûla les doigts. Cette maladresse le trahit, et le fit exiler sur la terre.

> En arrivant dans ce séjour,
> Il endoctrina tour à tour
> Nos bons aïeux et leurs compagnes.
> L'exil d'un homme de la cour
> Est un fléau pour les campagnes.

Apollon, exilé dans le même temps, gardait les bœufs du bon roi Admète. Mercure, devenu pasteur comme lui, crut devoir s'approprier un troupeau à peu de frais. Dans ce dessein, il profita du moment où, dans un tendre délire, Apollon célébrait sur la flûte ses amours pastorales. Le temps d'une cadence et d'une ténue lui suffit pour détourner et cacher les bœufs au fond d'un bois. Apollon, s'apercevant de ce vol subtil, se lève avec agilité, s'élance vers son arc et ses traits, étend le bras pour les saisir... soudain ils lui échappent, et s'évanouissent, ainsi que le troupeau.

Ces larcins n'avaient eu pour témoin que le vieux berger Battus. Mercure, pour payer sa discrétion, lui donna la plus belle vache du troupeau volé; car dès ce temps-là les grands voleurs soudoyaient les petits. Un moment après, le dieu, reparaissant sous la figure d'Admète, demande à Battus des nouvelles de son troupeau, et lui offre deux vaches pour récompense. Battus, calculant comme les négociateurs, vend son secret le double de son silence. Soudain Mercure irrité reprend sa première forme, et change l'indiscret en pierre de touche.

>   Par elle, de l'or vrai l'on distingue le faux.
>   Si, pour les cœurs, comme pour les métaux,
>   Elle avait ce rare avantage,
>   Dans tous les procédés d'usage,
>   Dans la solide intimité
>   De deux Vestales de même âge,
>   Dans le désir pressant qu'on a de rendre hommage
>   A la supériorité

Des talens d'un rival dont on est enchanté,
  Dans l'éblouissant étalage
Des propos fugitifs dont la rapidité
Forme, en courant, l'esprit de la société,
  Ainsi que les vapeurs composent un nuage;
  Dans l'oubli de l'argent que l'on nous a prêté,
  Dans l'offre qu'on nous fait d'en prêter davantage,
  Et dans la part qu'on prétend à notre adversité,
  Qu'elle découvrirait d'or faux et d'alliage!

Cependant Apollon ayant découvert l'auteur du vol, ce brigandage fit d'abord beaucoup d'éclat; puis se termina, comme entre les puissances, par des complimens et des présens de part et d'autre. Apollon reçut de Mercure une écaille de tortue, dans l'intérieur de laquelle il avait tendu quatre cordes, auxquelles le dieu des arts en ajouta trois. C'est ainsi que la lyre fut inventée par le fils de Maïa, et perfectionnée par le fils de Latone. Mercure reçut d'Apollon une baguette de coudrier, qui avait la vertu de concilier tous les êtres divisés par la haine. Mercure, pour éprouver le pouvoir de ce talisman, le jeta entre deux serpens qui se battaient: soudain ils se réunirent autour de la baguette, y demeurèrent entrelacés, et formèrent ainsi le caducée, principal attribut de Mercure.

On prétend que le caducée avait la propriété d'assoupir, et même de pétrifier ceux à qui Mercure le présentait.

Ah! de nos jours, combien d'auteurs
Au style aride, à la plume glacée,
En présentant leurs œuvres aux lecteurs,
Leur présentent le caducée!

La vie pastorale de Mercure le fit adorer comme dieu des bergers. Ils le représentaient portant un jeune bélier, et le plaçaient devant leur porte, ayant à ses pieds un coq, symbole de la vigilance. Ils se persuadaient que les voleurs, par crainte ou par égard pour leur patron, respecteraient l'asile confié à sa garde.

Peu satisfait de ces honneurs champêtres, Mercure entreprit une plus brillante carrière. Il parcourut les grandes villes; et s'établissant au milieu des places publiques, il y exerça l'art de l'éloquence. Les rhéteurs et les charlatans se mirent sous sa protection. Ils le représentaient avec des chaînes d'or qui sortaient de ses lèvres, et captivaient les assistans par les oreilles[1].

Le fils de Latone rivalisait à la tribune avec le fils de Maïa. Le genre du premier était plus noble;

---

[1] Ce qui se passe aujourd'hui est à peu près le contraire : nos rhéteurs et nos charlatans politiques, loin d'offrir des chaînes d'or sortant de leur bouche, se la font tenir ouverte par les chaînes d'or qu'on leur donne. Dans cet état, si ces beaux parleurs captivent encore certaines personnes par les oreilles, c'est qu'elles en ont de fort longues.

(*Note de l'Editeur.*)

celui du second plus séduisant. On applaudissait aux préceptes de l'un; on suivait les maximes de l'autre.

> Et voilà pour quelles raisons
> Le dieu des arts et le dieu des larrons
> De l'éloquence ont partagé l'empire.
> Mais, en parlant plus bas d'un ton,
> Mercure, dans l'art de bien dire,
> En sait, je crois, plus qu'Apollon.
> Celui-ci, tourmenté du démon qui l'inspire,
> Trouble, entraîne, ravit ses nombreux auditeurs;
> L'autre, avec un mot, un sourire,
> Persuade, amollit les cœurs,
> Et, comme un aimant, les attire.
> L'Innocence attentive à son début flatteur,
> Ivre de ce qu'il dit, dans ses yeux cherche à lire
> Ce qu'il ne dira pas, pour tenter la pudeur;
> Et se trouve, en sortant de ce tendre délire,
> Entre les bras de l'orateur.

Mercure jouit quelque temps de ses triomphes; mais il était dans son caractère de vouloir joindre l'utile à l'agréable. Pour y parvenir, il se mit dans le commerce, et composa, entre la Fraude et la Bonne Foi, un traité mixte, que tous les spéculateurs apprirent par cœur, comme ouvrage élémentaire[1].

---

[1] Plus tard, Mercure se rappela sans doute les principes de ce code, mélange de fraude et de bonne foi, lorsque, sous le nom d'*Hermès*, il présida aux ambassades et négociations

En quatre mots voici comment
De la fortune il indique la route :
Il commence à l'attermoîment,
Et finit à la banqueroute.

Bientôt tous les marchands, édifiés de sa morale, le représentèrent et l'adorèrent tenant d'une main le caducée, de l'autre une bourse pleine. Pour prix de la protection qu'il leur accorda, ils lui promirent d'abord tout l'encens de l'univers, dont ils lui offrirent ensuite un centième par arrangement, pour lui prouver qu'ils avaient profité de ses principes en bonne foi.

Cependant l'absence de Mercure faisait un vide considérable à la cour céleste.

Depuis son exil, les Amours
Dans le ciel semblaient se morfondre.
Mars et Vénus restaient huit jours
Sans s'écrire et sans se répondre.
Les femmes, les maris n'osaient
Entamer la moindre aventure,
Et l'un à l'autre se disaient :
« Mais quand reviendra donc Mercure ? »

Enfin Jupin le rappela-
Pour un message : « Eh ! le voilà !
» Est-ce bien lui ? qu'il est aimable ! »

diplomatiques.... Seulement, pour appliquer son ouvrage à ces dernières attributions, il réduisit à presque rien la dose de bonne foi. (*Note de l'Éditeur.*)

Soudain on l'embrasse, on l'accable
De baisers et de billets doux :
« Mon frère, c'est un rendez-vous.
» Mon cher ami, c'est une lettre.
» Mon cousin, ce sont des bijoux;
» C'est un portrait qu'il faut remettre.
» Ceci, c'est un petit roman
» Dont j'ai promis un exemplaire.
» Ceci, c'est un préliminaire
» Pour amener un dénoûment.
» Mon cher ami, chez un beau-père
» Tu devrais bien me présenter.
» Tu devrais me faire inviter
» A dîner chez une grand'mère.
» Tu devrais endormir Junon.
» Tu devrais, lorsqu'à la sourdine
» Je souperai chez Proserpine,
» Lire la gazette à Pluton.
» Tu devrais, auprès d'Amphitrite,
» Quand son mari sera... — Suffit.
» — Tu devrais, chez Minerve... — Eh vite!
» Donnez-moi vos paquets. » Il dit,
Et vole aux enfers, sur la terre,
Au fond des bois, au sein des eaux,
A Gnide, à Paphos, à Cythère,
Dans les palais, dans les hameaux,
Aux bains, aux tables, aux toilettes;
Il fait tant enfin, que l'Amour
Partout, avant la fin du jour,
Avait trois fois payé ses dettes.

LETTRE LXX.

L'aisance avec laquelle Mercure s'acquittait de ses missions les plus épineuses lui donnait une certaine grâce dont Vénus eut peine à se défendre. On prétend même que, dans une affaire importante, cette déesse, l'ayant choisi pour négociateur, mit tant d'intimité dans la négociation, qu'au bout de neuf mois le résultat de leurs conférences fut un petit frère de l'Amour, auquel on donna le nom d'Hermaphrodite [1]. Cet enfant réunissait les talens de son père et les grâces de sa mère. Dès sa jeunesse il cultiva les sciences, et voyagea pour s'instruire. Fatigué de ces courses lointaines, il se baignait un jour dans une fontaine située au fond d'un riant bocage de l'Asie. La jeune Salmacis le vit et l'aima; car le voir, c'était l'aimer.

> Soudain à ses regards prodiguant ses trésors,
>   Elle veut lui prouver sa flamme;
>   Mais Hermaphrodite est un corps
>   Où l'Amour n'a pas mis une âme.

Il conjure les dieux de le délivrer des embrassement de son amante; elle les supplie de la rendre inséparable de ce qu'elle adore. Sa prière, plus juste, est exaucée : bientôt leurs deux corps n'en forment plus qu'un d'une beauté parfaite, mais d'un sexe un peu équivoque.

---

[1] Mercure est surnommé Hermès, et Vénus, Aphrodite. Hermaphrodite signifie donc fils d'Hermès et d'Aphrodite.

Leurs charmes douteux réunis
D'Amour excitent la surprise.
Le berger enflammé croit brûler pour Cypris,
La bergère pour Adonis,
Et rougissent de leur méprise.

Cette beauté ambiguë prit le nom d'*Androgyne*[1], et fit mille conquêtes de part et d'autre. Mercure, chargé sans cesse pour elle ou pour lui de messages contradictoires, y renonça pour vaquer à ses nombreuses occupations.

Elles variaient à chaque instant, et son nom variait avec elles: *Mercure*, il présidait au commerce; *Hermès*, aux ambassades et aux négociations; *Nomius*, aux lois du commerce, de la musique et de l'éloquence; *Agoræus*, aux places des marchés publics; *Vialis*, aux grands chemins, sur lesquels il était souvent représenté sous la forme d'une pierre carrée; c'est de là que lui vient l'épithète de *Quadratus*. Le surnom de *Triceps* lui fut donné parce qu'il exerce en même temps ses talens au ciel, sur la terre et dans les enfers.

Au ciel, il convoque le conseil des dieux, dont il est huissier et secrétaire. Il préside à leurs banquets, et en balaie la salle, ainsi que les principaux appartemens de Jupiter. Sur la terre, il dirige le génie des marchands, des voleurs, des orateurs,

---

[1] Ἀνήρ, gén. ἀνδρὸς, et γυνὴ, homme et femme.

des plaideurs, des vendeurs d'orviétan; il protège et conseille les pasteurs, les amans, les maîtresses, femmes, filles et veuves de tout âge et de tout état. Aux enfers, il est l'introducteur des âmes. Il arrive précisément au dernier instant de l'agonie, pour recevoir l'esprit du moribond, et le conduire, la baguette à la main, jusqu'à la barque de Caron, qui s'en charge pour une obole. Après un certain nombre de siècles, il ramène tour à tour les âmes sur la terre, et les loge dans le corps des enfans que l'Hymen va mettre au jour. Les moralistes demandent depuis long-temps comment il les introduit dans leur nouvelle demeure. Dès qu'ils auront reçu réponse, je vous en ferai part.

C'est sur cette transmigration des âmes qu'est fondé le système de la métempsycose, dont je vais vous entretenir, après vous avoir parlé du culte et des attributs de Mercure.

On le représente jeune, leste et riant, presque toujours nu, quelquefois à moitié couvert d'un petit manteau. Sa tête et ses talons portent toujours des ailes; il tient, suivant la circonstance, un caducée, une bourse, des chaînes d'or, une lyre ou une baguette; et l'on met à ses pieds un coq, une tortue ou un bélier.

Les Grecs et les Romains célébraient ses fêtes principalement au mois de mai. Ils adossaient souvent sa statue à celle de Minerve, et lui présentaient, comme dieu de l'éloquence, les langues des victimes qu'ils immolaient à la déesse.

Comme il paraît presque impossible que ce dieu infatigable ait toujours pu vaquer seul à tant d'occupations différentes, on a prétendu qu'il y avait eu plusieurs Mercures. Cicéron lui-même en compte jusqu'à cinq. Mais pourquoi refuser de croire chez les dieux ce que je vois sans cesse sur la terre?

Je sais quelqu'un qui, chaque jour,
Au ciel adresse sa prière,
Cultive ensuite tour à tour
L'Amitié, les Arts et l'Amour;
De l'indigent visite la chaumière,
Du riche embellit le séjour;
Et quittant ses lambris pour un dais de verdure,
Seule, va contempler et sentir la nature;
Qui prête à la société
Son esprit, ses grâces brillantes,
Et court verser des larmes consolantes
Dans le sein de l'adversité;
Qui donne un prix aux moindres bagatelles;
Qui, sans mentir, embellit les nouvelles;
Qui flatte la laideur, sourit à la beauté,
Plaide pour les absens et pour la vérité;
Qui lit, qui peint, qui chante, file,
Médite, brode, et passe avec légèreté
De la philosophie à la frivolité,
Et de l'agréable à l'utile.

LETTRE LXX.

Comment, me direz-vous, cultiver en un jour
L'Amitié, la Nature, et les Arts, et l'Amour,
L'Esprit, la Charité, la Vertu, la Folie?
 C'est un prodige! — Il est vrai; cependant,
  Pour y suffire, il est constant
Qu'il est et qu'il ne fut jamais qu'une Émilie.

LETTRE LXXI.

LA MÉTEMPSYCOSE.

    Voulez-vous savoir, Émilie,
Pourquoi vous avez de beaux yeux,
Des traits nobles et gracieux,
Colorés par la modestie ?
C'est que vous fûtes autrefois
Bon citoyen, bon fils, bon père, bonne femme,
    Soumis aux dieux, soumis aux lois.
    Pour en récompenser votre âme,
Le Destin l'a logée en ce charmant séjour,
Éclairé par l'Esprit, embelli par l'Amour.
Mais si vous abusez de ce rare avantage,
Si vous n'adoucissez l'excès de vos rigueurs,
Craignez qu'un jour le Sort ne venge l'esclavage
    Auquel vous soumettez nos cœurs.
En quittant ces attraits, vous deviendrez peut-être,
    Durant vingt siècles, tour à tour,
Singe ou prédicateur, pantin ou petit-maître,
Sangsue ou financier, procureur ou vautour.

    Ce n'est pas tout, vous tourbillonnerez ensuite de planète en planète; vous irez vous épurer au centre brûlant du soleil; puis, après cet immense circuit, vous reviendrez au point où vous êtes, pour recommencer un autre voyage. D'après ce système, on a bien raison de dire que nous sommes des voyageurs dans cette vie; on pourrait même ajouter, et dans l'autre.

Au reste, le principe le plus universel de la métempsycose, c'est que nos âmes, après nous avoir quittés, passent dans le corps des êtres qui, par leurs inclinations, ont le plus de rapport avec notre caractère.

[1] Ainsi, pour embellir sa cour,
Si Pluton quelque temps chez lui vous fait descendre,
Quand vous remonterez au terrestre séjour,
On verra le phénix renaître de sa cendre.

Les Indiens, les Perses et tous les Orientaux se sont soumis à la métempsycose, sans aucune restriction; ils ont consenti à ce que leur âme passât du corps d'un homme dans celui d'un animal, et de celui-ci dans un arbre ou une plante, parce que tout ce qui végète vit, et que tout ce qui vit doit avoir

---

[1] Dans la première édition, au lieu de ces quatre vers, on lisait les suivans :

Aussi lorsque autrefois je voyais mettre à mort
Le compagnon de saint Antoine,
Je m'écriais en déplorant son sort :
« Barbares, arrêtez! vous égorgez un moine. »

LA MÉTEMPSYCOSE. 185

une âme. Ce système peut offrir quelquefois de tendres souvenirs et d'agréables images : assis près de vous à l'ombre d'un orme vénérable, je puis dire en style de métempsycose :

» Dans le corps caverneux de cet antique ormeau
» Est renfermé l'esprit d'un nestor du hameau.

» Ces oiseaux qui, battant des ailes,
» Se caressent sur ce rameau,
» Ont été deux époux fidèles,
» Ils furent moissonnés au printemps de leurs jours ;
» Ils sont devenus tourterelles,
» Et recommencent leurs amours.

» Cette timide violette
» Fut une bergère discrète,
» Qui, des amans craignant la trahison,
» Se cachait dans la solitude ;
» Et, par crainte ou par habitude,
» Se cache encor sous le gazon.

» Cette rose fraîche et vermeille
» Fut une belle du grand ton ;
» Son amant était cette abeille,
» Et son abbé ce papillon.
» Cet aigle fut le chantre d'Ilion ;
» Ce cygne, celui d'Italie ;
» Cette fauvette était Délie ;
» Ce rossignol, Anacréon. »

Telle était, dans le principe, la marche de la

métempsycose. Mais, quelques siècles après, la diète générale des métempsycosistes décréta qu'à l'avenir la transmigration des âmes ne se ferait plus que dans des corps *homogènes*, c'est-à-dire, de même nature. Cette opinion néanmoins fut toujours combattue par les zélés partisans de Pythagore.

Ce philosophe fut le premier propagateur du système de la métempsycose, et il se souvenait si bien de tous les corps que son âme avait habités, qu'un jour, ayant aperçu un antique bouclier suspendu à la voûte d'un temple, il s'écria : « Voici le » bouclier que je portais au siége de Troie, lorsque » j'y combattis sous le nom d'Euphorbe. »

Le système de la métempsycose a été conservé jusqu'à nos jours, dans toute son étendue, par une partie des peuples de l'Inde, et surtout par les Bramines, qui, dit-on, entretiennent des hôpitaux pour tous les animaux malades; persuadés qu'en les secourant, ils soulagent peut-être leurs parens ou leurs amis. Cette folie, je l'avoue, me paraît si intéressante, que, si je perdais ce que j'ai de plus cher au monde, je me trouverais trop heureux peut-être de pouvoir l'adopter.

Si j'avais le malheur de vous survivre un jour,
La consolation du reste de ma vie
  Serait d'aller recueillir tour à tour,
  Dans chaque objet, les traits de mon amie.

LA MÉTEMPSYCOSE.

Je trouverais dans le cristal des eaux
La pureté de votre âme paisible,
Et dans la douceur des agneaux,
Celle de votre cœur sensible.
Le chien me tracerait votre fidélité.
Je reconnaîtrais chez l'abeille
Votre aimable industrie et votre activité.
Je reverrais votre beauté
Dans les trésors naissans de la rose vermeille;
Dans les baisers de l'oiseau de Vénus,
Votre flamme innocente et pure :
Ainsi vos charmes, vos vertus
Me sembleraient épars dans toute la nature.

LETTRE LXXII.

LES CHAMPS ÉLYSÉES.

Qu'on s'égare à plaisir dans ce riant bocage!
Quel calme on y respire en respirant le frais!
Sans doute le Bonheur, l'Innocence et la Paix,
En renonçant au monde, ont ici pour jamais
    Fixé leur tranquille ermitage.
Nul souci, nul chagrin n'oserait de ces bois
    Troubler l'heureuse solitude;
Et, près de vous, mon cœur, pour la première fois,
    Soupire sans inquiétude.

Cependant une réflexion involontaire attiédit peu à peu le charme qu'inspire l'aspect de ces beaux lieux : cette verdure naît toujours et ne meurt jamais ; ce jour sans cesse à son aurore ne décline jamais vers son couchant; toujours le même zéphyr donne le même mouvement à ce même feuillage; dans mille siècles, ces ondes, éternellement paisibles, réfléchiront les mêmes objets, et baigneront ce même rivage où les mêmes ombres viendront goûter le même repos.

LES CHAMPS ÉLYSEES.

A l'aspect fatigant de cette monotone félicité, ne sentez-vous pas votre imagination s'engourdir, et votre cœur tomber en léthargie?

    Quoi! si nous habitions ces lieux,
Nous nous verrions toujours, toujours des mêmes yeux!
Nous n'éprouverions plus de craintes ni d'alarmes!
Tranquilles le matin, et tranquilles le soir,
    Nous ne verserions plus de larmes,
Et nous serions réduits à n'avoir plus d'espoir!
Quoi! je ne serais plus grondé! quoi! mon amie,
Il faudrait renoncer aux raccommodemens!
Ah! gardons-nous-en bien! le bonheur des amans
    N'existe qu'autant qu'il varie.
    L'hiver fait valoir le printemps;
L'azur du ciel plaît mieux parsemé de nuages;
    Et qui n'a jamais vu d'orages
    N'a jamais joui du beau temps.

Voyez ces ombres silencieuses errer paisiblement autour de nous. Elles goûtent sans émotion le plaisir d'être ensemble, et se réunissent ou se séparent avec la même sérénité. Ce bonheur me paraît plus digne d'admiration que d'envie. Si pourtant vous en voulez connaître la source, approchons de ce rivage parsemé de pavots, et suivez des yeux le cours insensible du Léthé. Ce fleuve promène lentement avec ses ondes l'insouciance des choses de la vie. C'est là que les morts vertueux, en entrant dans l'*Élysée* par cette porte d'ivoire, boivent à

LETTRE LXXII.

longs traits l'oubli des peines et des plaisirs qui ont rempli leur courte existence. Les malheureux! puisqu'ils recourent à ce fatal remède, ils n'ont donc jamais aimé!

> Quand on a connu la douceur
> Et le charme de la tendresse,
> Comment peut-on renoncer au bonheur
> De s'en entretenir et d'y rêver sans cesse!
> Ah! mieux que les eaux du Léthé,
> De nos jeunes amours la tendre rêverie
> Éteint le souvenir des peines de la vie,
> En ranimant celui de la félicité.

Croyez-moi, mon amie, évitons cette onde fatale; sauvons-nous par la porte d'ivoire, et retournons bien vite sur la terre avant l'heure où la nuit pourrait nous y surprendre. Ici elle ne déploie jamais ses voiles, et c'est encore un de mes griefs contre ce séjour bienheureux.

> Élysée, asile où le sage,
> Vainqueur du Temps et de la Mort,
> Goûte éternellement les délices du port,
> Après avoir long-temps lutté contre l'orage,
> Chez vous jamais la nuit ne remplace le jour!
> Quel moment vos héros donnent-ils à l'amour?
> Sous ces ombrages frais ils discutent sans cesse
> Sur la raison, sur la sagesse;
> Sur les vrais plaisirs, les vrais biens;
> Et dans ces éternels et graves entretiens,

Pas un seul mot de tendresse !
A quoi donc songent-ils?... O Champs Élysiens !
Notre félicité n'est qu'une ombre légère ;
 Votre bonheur est un bonheur sans fin,
 Et la raison veut que je le préfère ;
Mais, pour en bien jouir, j'ai l'esprit trop mondain ;
Et je vais m'arranger avec mon médecin
Pour qu'il me laisse encor cinquante ans sur la terre.

ÉPILOGUE.

Lorsque, assis sur les bords de la Seine sanglante,
    J'ébauchais ces légers tableaux,
     Souvent j'ai senti les pinceaux
      S'échapper de ma main tremblante.

Avec tous mes amis je me sentais mourir;
Le ciel avait au meurtre abandonné la terre.
A l'aspect des bourreaux le jour semblait pâlir,
Et la vapeur du sang rougissait l'atmosphère.

Courbé sous la douleur, marchant à pas pesans,
Quelquefois j'élevais mes regards languissans
Vers ces sombres cachots où l'Amour, le Génie,
    Et les Vertus et les Talens
Épuisaient lentement la coupe de la vie.
Je ressentais les maux de tant de malheureux;
Et, me félicitant d'expirer avec eux,
Au pied de leurs cyprès je déposais ma lyre.

    Mais, quand j'appris que la Beauté,
Que l'Innocence, au sein de la captivité,
Pour charmer leurs ennuis, avaient daigné me lire,
    Je m'écriai, plein d'un nouveau délire:

« Êtres intéressans, si j'ai tari vos pleurs,
» Si mes accens ont pu suspendre vos douleurs,
» Si même un seul instant ils vous ont fait sourire,
» Jusqu'au dernier soupir pour vous je veux écrire.
» Ranimez mes esprits, grands dieux !
» Et que votre bonté m'inspire
» Le langage qui parle au cœur des malheureux. »
C'est ainsi, mon aimable amie,
Que ces faibles essais verront encor le jour :
J'écris pour les Vertus, les Grâces et l'Amour,
En écrivant pour Émilie.

A ÉMILIE.

Villers-Coterets, le 20 brumaire an VII.

Je vous écris sous les yeux de ma mère,
Sous un ciel pur, sous l'ombrage enchanteur
De la forêt profonde et solitaire :
Vous seule ici manquez à mon bonheur.

Je plains ces dieux dont je trace l'image :
Quoique immortels, point ne voudrais contre eux
Changer mon sort : la vie est un passage ;
Mais, en passant, ici je suis heureux.

Plaisirs brillans ne me font nulle envie.
Peu de richesse, et de luxe encor moins,
Paix et travail, voilà toute ma vie,
Qui coule et fuit sans trouble et sans témoins.

Quoique l'Automne ait vidé sa corbeille,
Quoiqu'à Paris tout semble m'inviter,
Depuis qu'aux champs la Nature sommeille,
Ma mère est là ; je ne puis la quitter.

Eh ! qu'opposer à ce nœud plein de charmes,
Quand, m'embrassant avec un doux transport,

A ÉMILIE.

Elle me dit, les yeux remplis de larmes :
« Tu pars, mon fils ! te reverrai-je encor ?

» Si ton amour sur mon hiver moins sombre
» Fait luire encore un rayon du printemps,
» De mes beaux jours pourquoi borner le nombre ?
» Reste !... Demain sera-t-il encor temps ?

» — Moi, te quitter ?... Non, ma mère; j'oublie
» Muses, beaux-arts, plaisirs et tout Paris,
» Tout... Mais, hélas ! mais ma chère Émilie
» Qui m'attendait !... Écrivons. » Et j'écris.

Ainsi le fils qui vous devra la vie,
Vous consacrant ses soins et ses beaux jours,
Oubliera tout, excepté son amie,
Qui grondera, mais l'aimera toujours.

LETTRE LXXIII.

L'OCÉAN. LES NÉRÉIDES.

L'Océan, fils du Ciel et de Vesta, épousa Téthys, sa sœur, dont il eut trois mille enfans [1]. Vous voyez, Émilie, qu'à cette époque le liquide empire ne manquait pas d'héritiers. Cependant, soit que le souverain des ondes trouvât le partage difficile à faire entre tant de prétendans, soit qu'en bon père il voulût épargner à ses enfans les chagrins inséparables de la royauté, il résolut de céder ses vastes états à Neptune, fils de Saturne, son frère.

A cette nouvelle, ses nombreux enfans s'alarmèrent plus ou moins, suivant leur degré de sagesse ou d'ambition. Mais l'Océan, les ayant convoqués dans son palais de cristal, orné de corail et de

---

[1] Hésiode *.

* Les fleuves, les rivières, les lacs, les ruisseaux, etc. Il semble qu'Hésiode, auteur de cette allégorie, a fait le nombre bien rond ; il est vrai que, de son temps, le monde connu était moins vaste que celui de notre époque.   (*Note de l'Éditeur.*)

perles, prit en main son trident, s'assit sur sa conque royale, et leur dit d'un ton affectueux et paternel :

« Mes chers enfans, ce n'est rien que la vie,
» Et la grandeur, et l'immortalité.
» Il n'est de biens vraiment dignes d'envie
» Que l'innocence et la tranquillité.
» Or, l'innocence avec l'autorité,
» La paix du cœur avec la royauté,
» N'ont pu jamais aller de compagnie.

» Vous êtes tous unis; vous vous chérissez tous :
 » Ce bien vaut mieux qu'un diadème.
» Demain, mes fils, s'il fallait entre vous
 » Partager l'empire suprême,
 » Adieu l'amitié, le repos,
» Et cette confiance, et ces aveux sincères,
» Et ces rapports de goûts, de plaisirs, de travaux,
» Qui rendent tous les jours nos plaisirs si nouveaux,
 » Et nos heures si passagères !
 » Dès que vous aurez des rivaux,
 » Vous cesserez d'avoir des frères.

» Ne quittez point ce bien pour l'éclat mensonger
» D'un bonheur apparent qui n'est rien en lui-même;
 » Quand on est aimé, quand on aime,
 » On ne peut que perdre à changer.
» Retournez, croyez-moi, dans vos grottes profondes.
» Là, sous l'ombre des bois, ou le long des coteaux,
 » Des fleuves dirigez les ondes,

» Ou faites sous les fleurs serpenter les ruisseaux.
» Le dieu d'un lac paisible ou d'une source pure
» Est cent fois plus heureux au fond de ces roseaux,
» Étendu sur un lit de mousse et de verdure,
» Que le dieu souverain de l'empire des flots.
» Vous vous rencontrerez dans vos courses tranquilles;
  » Ensemble vous féconderez
» La culture des champs, le commerce des villes.
» Utiles sans orgueil, en tous lieux désirés,
» En faisant circuler le bonheur sur la terre,
» Heureux de vos bienfaits, mes fils, vous reviendrez
  » Vous réunir chez votre père.

» Et vous qui prétendez à votre aimable loi
  » Soumettre tout ce qui respire,
» Pour régner sur les cœurs, mes filles, croyez-moi,
  » Renoncez à tout autre empire;
  » Il y va de votre bonheur,
  » Et même un peu de votre honneur;
» Car comment pourrez-vous vous flatter qu'on vous aime,
 Si sur vous la couronne attire tous les vœux ?
  » Et comment peut-on vivre heureux,
» Quand on n'est jamais sûr d'être aimé pour soi-même?
» Voilà pourtant le sort des princes et des dieux.
» Je prétends vous soustraire à ce malheur extrême.
» Le véritable amour n'est point ambitieux;
  » Un bon époux sans diadème
» Vous respectera moins, mais vous aimera mieux. »

Il dit. Soudain sur les rives de l'onde,
A l'ombre des forêts, dans les antres déserts ;

LETTRE LXXIII.

Les fortunés enfans du souverain des mers,
Savourant leur bonheur dans une paix profonde
D'amour et d'amitié remplirent l'univers.
Heureux siècle, qui vit trois mille heureux au mo

De ces temps de félicité
Nous avons tout perdu, jusques à la mémoire ;
Nos aïeux ont transmis à la postérité
Les monumens pompeux de leur chétive gloire,
Et les récits ensanglantés
De ces illustres cruautés
Que l'orgueil décora du nom de la victoire,
Et dans tout ce chaos de crime, de grandeur,
Et de faiblesse et de puissance,
Pas un vestige d'innocence,
Pas un souvenir de bonheur !

L'Océan, après son abdication, conserva, que Saturne, son frère, le titre de père des c et des hommes, parce que l'eau est un des p cipes de l'existence animale, et que, sans ell vie cesse de circuler dans nos veines. A ce t tout ce qui végète est soumis à son empire Flore, au printemps, lui doit l'hommage d couronne.

Au reste, il existe entre le dieu des mers déesse des fleurs une vieille amitié, et même ciens intérêts de famille : Nérée, fils de l'Oc ayant épousé sa sœur Doris, en eut cinqu filles, que Flore admit à sa cour. Les Néré sous le nom de Naïades, de Dryades et de Napées, furent chargées par la déesse d'entretenir et de soigner les trésors de son empire. Les Naïades arrosèrent les fleurs naissantes avec leurs urnes argentées ; les Dryades, aidées des Zéphyrs, conservèrent la fraîcheur et l'ombre des bocages ; et les Napées, assises à l'ombre des saules, protégèrent contre les aquilons la verdure et l'émail des prairies.

O mon amie! quand pourrai-je, sous les auspices de ces nymphes, me fixer avec vous dans leur asile champêtre? Comme l'abeille thésaurise pour l'hiver le miel qu'elle recueille au printemps, j'épargne peu à peu les fruits légers du travail de ma muse, dans l'espoir de vous procurer un Élyséé, et d'ajouter à notre automne quelques journées de l'âge d'or.

> Je veux un jour avoir une chaumière
> Dont un verger ombrage le contour,
> Pour y passer la saison printanière
> Avec ma mie, et ma muse, et l'Amour.
>
> Le caveau frais, la cuisine petite,
> Salle à manger de dix pieds de longueur,
> Où les amis qui me rendront visite
> Seront toujours mal traités de bon cœur.
>
> Chambre à coucher pour moi, pour mon amie,
> Toilette auprès, cabinet à côté

Pour le berceau d'une jeune Émilie;
Plus loin, un lit pour l'hospitalité.

Point de remise; et pour touté écurie,
L'humble réduit d'un âne et d'un ânon,
Qui serviront de coursier à ma mie,
Et de Pégase au fils de la maison.

Poulets, dindons et coqs, grattant la terre,
De mon fumier disputeront le bien;
Et le chapon, heureux célibataire,
S'engraissera sans se mêler de rien.

Là, la couveuse, élevant sa famille
Avec tendresse, avec sévérité,
A quatorze ans, fera rêver ma fille
Sur les devoirs de la maternité.

J'espère aussi loger en même gîte
Dame Génisse auprès de dom Pourceau.
Puisqu'il se plut avec un vieil ermite [1],
Il doit se plaire avec la jeune Io [2].

Dans le jardin, auprès du chèvrefeuille,
Vigne, jasmin, pois, choux, rose, navet,
Laitue, œillet : je veux que l'on y cueille
Une salade en cueillant un bouquet.

---

[1] Saint Antoine.

[2] Io fut changée en vache par Junon. (*Voyez* le premier volume.)

Je voudrais bien encor qu'une onde pure
Dans mon verger suivît de longs détours.
L'eau sur ses bords invite la verdure,
Et la verdure invite les Amours.

Point de fossés, point de murs; pour clôture,
L'humble sureau, l'aune ou le coudrier.
Que la bergère y détache la mûre,
Ou de noisette emplisse son panier.

Avec du temps et de l'économie,
Je paîrai tout, quoique poète; mais,
La paix du cœur et l'emploi de la vie,
Plutus ni moi ne les paîrons jamais.

LETTRE LXXIV.

NEPTUNE. LAOMÉDON.

Neptune, en prenant les rênes de l'empire des mers, fit hommage de sa couronne au dieu de l'Océan, qui, pour perpétuer sa suzeraineté, donna son nom à la plus vaste partie de ses anciens domaines.

Le nouveau roi était fils de Saturne. Celui-ci, comme je vous l'ai dit, avait contracté l'habitude de manger ses enfans au berceau [1]. Heureusement Cybèle, son épouse, qui avait adroitement substitué une pierre à Jupiter, son fils aîné, mit un cheval à la place de Neptune. Si la première méprise du bon Saturne est peu vraisemblable, la seconde est au moins contradictoire. En effet, le

---

[1] Il faut dire ici, pour les très jeunes gens, que Saturne ou *le Temps*, dévore en effet ses enfans au berceau!... C'est la destinée de chacune des années qui naissent de ce même Temps, et qu'il engloutit aussitôt.

(*Note de l'Editeur.*)

HERCULE ET HÉSIONE.

cheval n'existait pas encore à la naissance de Neptune, si, comme on l'assure, il naquit dans la suite d'un coup de son trident. Or, à quoi bon rendre ce dieu plus jeune qu'un être auquel il a donné le jour? passe encore si c'était une déesse. Ce qui serait flatteur pour l'une devient presque offensant pour l'autre. Il faut rajeunir l'amour et vieillir la gloire.

> C'est ainsi, pour flatter les belles et les dieux,
> Qu'on étend ou restreint l'ordre des destinées:
> Tous les jours sont des ans pour eux,
> Et pour elles les ans à peine des journées.

Neptune, comme la plupart des princes, partagea sa vie oisive entre l'amour et l'ambition; comme eux, il trompa impunément toutes les femmes, et ne put impunément tromper un roi. Jupiter, ayant découvert qu'il conspirait contre lui, l'exila du ciel avec Apollon et les autres conjurés.

Laomédon relevait alors les murs de Troie. Comme les dieux savent toujours le mieux ce qu'ils ont le moins appris, il se trouva que Neptune était un excellent architecte. Laomédon le pria de rebâtir ses murailles. Durant ce travail, Apollon jouait de la lyre pour animer les ouvriers et récréer les princesses troyennes, qui, le fuseau à la main, venaient sur le rivage filer les vêtemens de leurs époux. Cependant les pierres taillées par Neptune

LETTRE LXXIV.

s'élevaient et se plaçaient d'elles-mêmes, tandis qu'Apollon chantait en s'accompagnant de sa lyre.

> Embellissez ce bord tranquille,
> Croissez, remparts majestueux.
> Murs naissans, protégez l'asile
> D'un peuple aimable et vertueux.
> Loin d'ici le trouble et la crainte;
> Que le paisible voyageur
> Ne quitte jamais cette enceinte
> Sans avoir trouvé le bonheur.

> Que dans ces ports l'heureux navire
> Vienne chercher la sûreté.
> Là, règneront le doux Zéphyre,
> Le calme et l'hospitalité.
> Là, les fiers habitans de l'onde
> Viendront, après de longs travaux,
> Échanger les trésors du monde
> Pour l'amitié, pour le repos.

> Sur cette enceinte faible encore,
> Un jour, en portant vos regards,
> Vous direz : tout ce que j'adore
> Est renfermé dans ces remparts.
> Portes, qu'une garde sévère
> Ferme aux cœurs froids, durs et jaloux,
> Ouvrez-vous à la voix d'un père,
> D'un fils, d'un ami, d'un époux.

Ressouviens-toi, dieu de la guerre,
Que Vénus règne en ce séjour [1].
Sur ces bords éteins ton tonnerre
Avant de paraître à sa cour;
Et si le prince de Cythère
Ose le rallumer un jour,
Épargne, en faveur de sa mère,
Ces murs protégés par l'Amour [2].

Laomédon, charmé des talens du chantre et de l'architecte, les combla d'éloges; il les fatigua même d'égards et d'attentions; mais il eut le malheur d'oublier le prix dont il était convenu avec eux; et comme ils prirent la liberté de le lui rappeler, le roi, qui ne permettait pas que, dans son royaume, personne eût plus de mémoire que lui, leur en-

---

[1] Non seulement Vénus avait des autels à Troie, mais elle y avait eu des aventures.; Énée, l'un des princes troyens qui défendirent vaillamment l'État de Priam, était né du commerce de cette déesse avec Anchise. Frère de l'Amour et fils de la Beauté, Énée ne pouvait manquer de plaire aux dames; aussi Didon, reine de Carthage, exerça-t-elle envers lui la plus tendre hospitalité. Le héros, qui brûlait de fonder en Italie une nouvelle Ilion, s'éloigna de cette princesse en homme plus ambitieux que galant.... Didon, inconsolable du départ de son amant, se poignarda sur un bûcher, qui dévora bientôt ses charmes méprisés. Les flammes de ce bûcher furent reflétées au loin par le vaisseau du prince fugitif.
(*Note de l'Editeur.*)

[2] Allusion au siége de Troie, dont je parlerai dans l'histoire des héros de l'antiquité.

joignit d'un ton très persuasif de quitter à l'instant ses États.

Apollon, qui, en sa qualité de courtisan disgracié, avait perdu le pouvoir de faire le bien, mais non pas celui de faire le mal, infecta l'air d'une vapeur pestilentielle, tandis que Neptune inondait les champs troyens et suscitait un monstre marin qui ravageait cette malheureuse contrée. L'oracle, consulté, ordonna, pour apaiser les dieux offensés, d'exposer tous les ans une jeune fille à la fureur du monstre. Bientôt le sort désigna pour ce sacrifice Hésione, fille de Laomédon. Heureusement Hercule, le modèle et la fleur de l'antique chevalerie, arriva précisément pour délivrer la princesse; et Laomédon, qui l'avait promise à son libérateur, trahit encore sa promesse. Ce parjure fut le dernier. Hercule, d'un coup de massue, vengea les dieux, les hommes, et les femmes peut-être, que Laomédon avait trompés.

Je vous parlerai quelque jour de ce héros qui fut si grand par sa vertu; revenons à Neptune, qui ne le fut guère que par sa naissance.

Il essaya de se signaler en disputant à Minerve l'honneur de donner son nom à la ville d'Athènes. A peine de son trident eut-il frappé la terre, que soudain, l'œil ardent, le crin hérissé, la bouche écumante, le cheval s'élança du sein de Cybèle, en bondissant au son de la trompette guerrière.

Plus modeste dans ses bienfaits,
Minerve, préférant le bonheur à la gloire,
Fit naître l'olivier, symbole de la paix,
Et Minerve obtint la victoire.

C'est à cette occasion que Neptune fut surnommé *Hippius*, cavalier. Tous ceux qui, pressant un cheval vigoureux, ou dirigeant un char rapide, disputaient le prix dans la carrière olympique, adressaient des prières et promettaient des offrandes à Neptune avant de tourner la borne fatale sur laquelle s'élevait la figure d'un mauvais génie qui épouvantait les chevaux.

Mais, dès que la force ou l'adresse
Avait fait décerner le prix,
Le vaincu se croyait libre de sa promesse;
Le vainqueur n'avait rien promis.

Les Romains célébraient sa fête le premier jour du mois de juillet, et lui consacraient le mois de février, pendant lequel ils tâchaient de se rendre le dieu favorable pour l'époque prochaine de la nouvelle navigation. Les libations qui, pour les autres dieux, étaient composées de vin, et de lait et de miel, se faisaient, en l'honneur de Neptune, avec l'eau de la mer, des fleuves et des fontaines. On immolait ordinairement un taureau blanc sur son autel; mais, quelle que fût la victime amenée dans son temple, les prêtres lui en présentaient toujours le fiel, par analogie avec l'amertume de la mer. Ces cérémonies attiraient un concours prodigieux à Rome, et surtout aussi à l'isthme de Corinthe, où il avait un temple célèbre, dans lequel on lui avait érigé une statue d'airain haute de sept coudées. Son culte était si universel, qu'en parcourant les rivages de la Grèce, de la Sicile et de l'Italie, on trouvait dans les moindres hameaux un temple ou au moins un autel dédié au dieu de la mer. Au reste, quelle que fût la pompe de ces fêtes, il paraît qu'elles se célébraient à pied : car les chevaux lui étant consacrés, on les couronnait alors de fleurs; et l'on eût cru commettre un sacrilége en les forçant au travail, tandis que l'on fêtait le dieu auquel ils devaient l'existence. Cette faveur s'étendait même alors jusque sur les mulets, comme on accorda depuis aux bâtards des nobles les priviléges de la noblesse.

On représentait Neptune sur un char ayant la forme d'une vaste coquille, et traîné par quatre chevaux marins, quelquefois par quatre dauphins. Les roues effleuraient rapidement la surface de l'onde couverte de tritons et de néréides. Le front ceint du diadème, le souverain des mers, d'une main calmait les flots agités, de l'autre tenait le trident, emblème de sa triple puissance, qui s'étend sur la mer, les fleuves et les fontaines.

Les habitans de Trézène avaient empreint sur

leur monnaie, d'un côté, le trident de Neptune, de l'autre, la tête de Minerve; ce qui semble indiquer le commerce dirigé par la sagesse. Aujourd'hui, si, à l'exemple de Trézène, nous frappions une médaille en l'honneur de notre nouveau commerce,

> Pour transmettre sa gloire à la race future,
> Nous pourrions mettre encor le trident d'un côté;
> De l'autre l'Avarice et la Stupidité,
>   Avec les ailes de Mercure.

Les dieux auxquels Neptune confiait le plus souvent une portion de son autorité, étaient les fleuves, pour lesquels on avait presque autant de vénération que pour Neptune lui-même. On leur immolait des taureaux blancs, quelquefois même des chevaux, comme au dieu de la mer. Ils étaient représentés nus, couronnés de roseaux, le sein couvert d'une barbe vénérable, et appuyés sur une urne qui versait leur onde blanchissante. Ils tenaient une ancre ou un gouvernail, quand les vaisseaux pouvaient voguer entre leurs rivages.

La plupart d'entre eux s'étaient arrogé de très beaux priviléges. Il y avait tel fleuve qu'une vierge ne pouvait traverser sans y plonger ses mains[1], et qui, grâce à cet acte religieux, caressait à tout moment les doigts les plus délicats et les bras les

[1] Hésiode.

plus frais de toute la contrée. Les jeunes Grecs offraient leur chevelure au fleuve Néda [1]; Pélée consacra au fleuve Sperchius [2] la chevelure de son fils Achille; et les Troyennes, la veille de leur hyménée, étaient obligées d'aller offrir leurs prémices au fleuve Scamandre. Les voyageurs qui parcourent aujourd'hui ses rives désertes se rappellent avec admiration les combats et la mort de tous les héros dont ils foulent peut-être la cendre et les trophées; et moi, si jamais je me repose sur ces bords mystérieux,

> J'interrogerai le feuillage
> De ces antiques arbrisseaux
> Dont les vénérables rameaux,
> Depuis mille ans et plus, couronnent ce rivage.
> « Peut-être, leur dirai-je, avez-vous vu jadis
> » Les tributs qu'en ces lieux apportait l'Hyménée?
> » Vos racines peut-être embrassent les débris
> » De l'autel où, le soir, Andromaque amenée
> » Peut-être regretta la perte d'un trésor
> » Que peut-être elle avait conservé pour Hector! »
> Ainsi chaque rocher, chaque arbre ferait naître
> De vertu, d'innocence un tendre souvenir,
> Chaque souvenir un soupir,
> Et chaque soupir un peut-être.

Plusieurs doctes commentateurs ont fait de pro-

---

[1] Pausanias, *Arcadie*. — [2] Homère, *Iliade*.

fondes recherches sur le nom de Neptune, qui, grâce à leur érudition, a maintenant autant de significations diverses qu'il y a de commentaires différens. Le procédé de ces docteurs est infaillible. Vous prenez la moitié d'une racine grecque, vous y joignez deux syllabes latines, entremêlées, selon le besoin, de caractères hébreux, syriaques, ou chaldéens; et dès que votre mot commence à prendre figure, en modifiant une finale, changeant une voyelle et supprimant deux consonnes, vous renfermez, dans le nom le plus bref, les mœurs, la figure, le caractère et les mêmes exploits d'un héros, sauf quelques anachronismes qui, dans ces calculs, ne comptent point. Si, par exemple, ces messieurs s'avisaient un jour de disséquer votre nom,

Ils écriraient : « *Émi*, lisez *Ami* :
» Du verbe *Lier*, prenez *Lie*;
» Et voilà le *Lien* chéri
» De l'heureux *Ami* d'*Émilie*.
» — Vous vous trompez, dirais-je; en voici la raison :
» On la nomma sitôt qu'elle fut née :
» Je n'aimais pas alors! — Il est vrai; mais son nom
» Présageait votre destinée. »

Quant aux surnoms de Neptune, ils variaient suivant les circonstances dans lesquelles on lui adressait des vœux et des remercîmens. C'est ainsi que vous avez vu chez nous Notre-Dame de Liesse, de Bon-Secours, de Bonne-Nouvelle, etc. Les coureurs des jeux olympiques appelaient Neptune *Ippodromos*, intendant des chevaux; les sénateurs romains le nommaient *Consus*, dieu des bons conseils. Les navigateurs invoquaient souvent et remerciaient quelquefois Neptune-Favorable. Mais le nom sous lequel il recevait le plus d'offrandes était celui de *Poseidon*, Brise-Vaisseau; car les dieux, ainsi que les hommes, règnent beaucoup plus par la crainte que par l'amour; aussi s'aperçoit-on de leur empire. Or il n'y a de pouvoir réel et durable que celui dont on ne s'aperçoit pas; et voilà, mon amie, ce qui rend le vôtre éternel.

Vos désirs sont les miens, vos plaisirs sont les nôtres.
 Vous vous trouvez heureuse ici?
Cet asile à mes yeux plaît mieux que tous les autres.
Vous songez à partir? et j'y songeais aussi.
 Mais les embarras du voyage?...
 Je les ai prévus, tout est prêt.
Mais au moins vouliez-vous, en quittant ce bocage,
Emporter quelques fleurs?... Voici votre bouquet.
Quel plaisir c'eût été de faire la lecture
D'un auteur favori!... Sterne [1] est dans la voiture.
Et votre ami qui loge à cent pas du chemin,
Qu'il vous eût été doux de le voir au passage!...

[1] Auteur du *Voyage sentimental*.

NEPTUNE. LAOMÉDON.

Nous sommes à sa porte... Il est sorti, je gage...
Il vous attend, je l'ai prévenu ce matin.

Je ne sais si c'est obéir,
Mais je sais bien que c'est jouir
Qu'étudier ainsi les vœux de ce qu'on aime;
Je n'ai là nul mérite; et j'avoue, entre nous,
Qu'en vous obéissant pour vous
Je vous obéis pour moi-même.

LETTRE LXXV.

AMPHITRITE. ARION.

Neptune, souverain des ondes, possesseur des immenses trésors que renferme son empire, environné des nymphes et des néréides qui se disputaient l'honneur de lui plaire, comblé des faveurs de la Gloire, de l'Amour et de la Fortune, possédait tout, excepté le bonheur.

> N'est-il pas vrai, ma tendre amie,
> Qu'il n'est de trésors précieux,
> De triomphes flatteurs, de vrais plaisirs, que ceux
> Que l'on partage avec son Émilie ?
> L'Amour a deux à deux enchaîné l'univers.
> Son joug est le tourment et le besoin du monde :
> L'infortuné qui fuit dans le fond des déserts,
> Cherche encore un écho dont la voix lui réponde.

Au milieu du tumulte brillant de sa cour, Neptune éprouvait intérieurement le vide affreux de cette solitude. En promenant ses ennuis au pied du mont Atlas, il aperçut Amphitrite, fille de Doris

ARION.

et de l'Océan. A cette vue, les yeux humectés de larmes et le cœur rempli d'une volupté nouvelle, il sentit avec ivresse que, jusqu'à ce moment, il n'avait jamais connu l'Amour, quoiqu'il eût souvent abusé de ce que l'on appelle ses faveurs.

> L'homme prend naturellement
> Le plaisir pour le sentiment,
> Quand son but n'est pas légitime;
> Mais il aime réellement
> Dès qu'il aime ce qu'il estime.

Neptune aima donc Amphitrite et se présenta chez elle. Son teint basané, ses yeux verdâtres, sa chevelure humide, sa barbe limoneuse, et sa couronne de roseaux, et sa fourche à trois dents, frappèrent les regards de la nymphe, mais ne la séduisirent point du tout. Le dieu néanmoins fut congédié avec tant de grâce et de politesse qu'il douta presque que ce fût un congé; mais c'en était un. Il s'en aperçut bientôt dans ses visites infructueuses. Tantôt Amphitrite était chez son père; tantôt sa mère la retenait auprès d'elle; toujours elle était sortie, et jamais elle ne devait revenir. Neptune, privé par sa laideur des faveurs de l'amour, et par son rang des consolations de l'amitié, ne trouvait rien de si misérable au monde que le sort des rois et des amans, lorsque deux de ses sujets, ayant observé ses démarches et deviné la cause de ses chagrins, vinrent secrètement lui offrir leurs services sans intérêt.

> Sans intérêt! on le dit; je le crois,
> Un simple citoyen doit respecter l'histoire;
> Mais, sitôt que j'aurai le malheur d'être roi,
> Je fais serment de n'y plus croire.

Le roi des mers, devenu confiant par faiblesse ou par nécessité, prit les deux dauphins pour confidens, et se reposa sur eux du soin de son bonheur. De ces deux émissaires, l'un se chargea de parler, l'autre d'observer et d'agir.

Ils nagent mystérieusement vers la grotte d'Amphitrite, et choisissent, pour l'aborder, le moment où la nymphe rêvait, seule, assise sur le rivage.

> Elle était dans cet âge où la tendre innocence,
> D'un désir inquiet éprouvant la langueur,
> Commence à soupçonner que son indifférence
> Pourrait bien n'être pas tout-à-fait le bonheur.

A la vue des dauphins qui se jouent sur la plaine azurée, elle devient plus rêveuse encore. Ils sont deux, se dit-elle! Plus ils approchent, plus son œil les caresse. Enfin ils arrivent à ses pieds; et l'un des deux, élevant une voix tendre (que l'amour sans doute lui avait prêtée pour cette occasion), lui dit, tandis que l'autre observe :

« Belle nymphe, ces lieux ne seront pas long-temps
» Témoins de votre rêverie.

» L'Amour a de vos jours marqué tous les instans,
» Et dans une heure il vous marie. »

A ces mots, qu'une vierge n'entendit jamais sans tressaillir, Amphitrite prête la plus vive attention; l'observateur s'approche et l'orateur continue :

« Ce soir vous connaîtrez ces nocturnes délices
» Que Vesta trop long-temps sut vous dissimuler;
    » Lucine veut vous révéler
    » Le secret de ses sacrifices;
» De l'Hymen, à vos yeux, le flambeau va brûler,
» Et pour vous le Plaisir prépare ses prémices. »

Ici la nymphe palpitante se détourna en baissant les yeux; mais, moins elle regarde, plus elle écoute :

« C'est peu que l'Hymen vous apprête
» Les tributs qu'il sera si doux de vous payer!
» De sa main, ce jour même, il prétend essayer
    » La couronne sur votre tête. »

Admirez, Émilie, la force de ses moyens, mariage, plaisir et couronne! Et quelle adresse dans le choix des passions! curiosité, désir et vanité! Quelle vestale eût résisté à de pareils argumens! Amphitrite, n'osant les combattre, les éluda, et prit sagement le parti de ne répondre à rien, de peur d'accorder quelque chose. Mais se taire, c'est tout accorder : l'ami du prince ne l'ignorait pas; aussi ajouta-t-il avec assurance :

« Le roi qui vous adore est le maître de l'onde,
» De son empire immense il embrasse le monde:
   » Vulcain, Éole et ses enfans,
» Reconnaissent partout sa puissance immortelle.
   » Il renouvelle tous les ans
» La couronne de Flore et celle du Printemps,
   » Et la ceinture de Cybèle. »

En ce moment, l'image sombre de Neptune, se présentant au souvenir d'Amphitrite, ternit à ses yeux tout l'éclat de la couronne. L'émissaire s'en aperçut, et reprit d'un ton plus bas :

» Ce prince est né modeste, et de la royauté
   » Il hait le faste et la magnificence.
      » Il aime la simplicité,
   » Et se présente même aux yeux de la beauté
      » Dans un état de négligence,
» Qui cache de beaux traits, un air de dignité,
      » De la finesse et de l'aisance;
» Car il est bien, très bien; et, quand vous connaîtrez
» Son esprit, ses talens, sa jeunesse et le reste,
» Éblouie à l'aspect de ses dons ignorés,
   » Avec raison vous vous étonnerez
» Qu'on puisse être à la fois si grand et si modeste.
» Mais que sont la beauté, les trésors, la grandeur,
» Au prix des qualités de l'esprit et du cœur?
» Il n'est dans tous ses traits pas un seul qui n'annonce
» Son génie, et surtout sa sensibilité :
   » Tout ce qu'il dit, la Raison le prononce;

» Ce qu'il écrit, les Grâces l'ont dicté,
» Et, dès que le malheur réclame sa bonté,
» Le bienfait accompagne ou prévient sa réponse.
» Mais voici l'heureux jour où, pour combler nos vœux
    » Et signaler son auguste alliance,
» Il confie à vos mains le dépôt précieux
        » Des trésors de sa bienfaisance,
» Et vous commet le soin de faire des heureux.

    » Tromperiez-vous notre espérance?
» Seriez-vous insensible? auriez-vous la rigueur
» D'éviter nos regards, quand tout notre bonheur
» Ne dépend seulement que de votre présence?
» Non, vous ramènerez l'âge d'or parmi nous,
» Et vous justifierez le choix de votre époux.
» Que tardez-vous? l'Amour, les Plaisirs vous demandent;
» Votre peuple s'empresse au-devant de vos pas;
» Le trône est préparé, l'Hymen vous tend les bras,
    » Et les malheureux vous attendent. »

Ce jeune roi, cette cour brillante, ce peuple assemblé, ces chants d'amour, ces larmes de reconnaissance, tout émeut, tout séduit Amphitrite. Elle serait déjà près de son époux, si la mobilité du chemin n'effrayait sa timidité. Mais l'adroit négociateur triomphe en peu de mots de ce dernier obstacle :

« Ne craignez point ces flots dont l'impuissant courroux
    » Semble menacer le rivage.
» Paraissez, jeune reine; ils vous rendront hommage

» Et s'abaisseront devant vous.
» Mon frère est à vos pieds. Neptune lui confie
» Un fardeau dont lui-même est en secret jaloux.
» Asseyez-vous sur lui. Déjà l'air est plus doux,
   » Le ciel plus pur et l'onde plus unie.
» Ce souffle est le Zéphyr qui vole sur vos pas.
» La mer baigne vos pieds! Ne vous étonnez pas
» De la voir caresser sa jeune souveraine.
   » Pourquoi vos regards inquiets
» Se tournent-ils encor vers la rive lointaine?
» Quand on a, comme vous, le cœur de ses sujets,
» Quand on vole au-devant d'un roi qui nous désire,
» Quand on fait mille heureux, sans crainte et sans regret,
   » On doit traverser son empire. »

Il parlait encore, et déjà la nymphe était dans les bras de son époux. J'ignore si la réalité répondit à son attente. Les promesses des courtisans sont toujours exagérées; et les rois, qui sont des dieux en perspective, vus de près, quelquefois sont à peine des hommes.

Quoi qu'il en soit, les deux confidens de Neptune le voyant enivré des charmes de sa nouvelle épouse, et sachant que l'enthousiasme de l'amour et de la reconnaissance dure peu, surtout à la cour, se hâtèrent, dès le matin du premier jour, d'aller humblement le féliciter. Le prince, qui déjà les avait oubliés, eut encore la bonté de les reconnaître; il porta même l'excès de sa bienveillance jusqu'à se rappeler qu'ils avaient eu le bonheur de ne pas être inutiles aux préliminaires de son mariage; et, proportionnant le prix au service, il les transporta au ciel, où ils furent changés en une constellation voisine de celle du Capricorne.

D'autres historiens prétendent que le dauphin fut placé parmi les astres, non pour avoir servi les amours de Neptune, mais pour avoir sauvé les jours du célèbre Arion. Cet illustre rival d'Amphion et d'Orphée était né à Méthymne, dans l'île de Lesbos. Il fut accueilli à la cour de Périandre, roi de Corinthe. Après avoir joui long-temps de la faveur stérile de ce prince, il obtint de lui la permission de parcourir la Sicile et l'Italie, pour y exercer ses talens d'une manière plus utile à sa fortune. Il y réussit au-delà de ses espérances. Cet artiste joignait au talent de marier les accens de sa voix aux accords de sa lyre, celui de composer le chant et les paroles; et sa muse, féconde et docile, changeait naturellement de ton suivant le lieu et la circonstance.

> Il débitait dans les hameaux
> La complainte et le vaudeville,
> La romance dans les châteaux,
> A la cour les petits rondeaux,
> L'air italien à la ville.
>
> Pour un vieil époux, il croquait
> Un demi-couplet à sa femme;

Pour la femme, il lui répliquait
Refrains d'ardeur, de cœur et d'âme,
En même temps qu'il ébauchait
Des madrigaux en traits de flamme,
Qu'un jeune Adonis décochait
Trente fois par jour à madame.

Enrichi des contributions de l'Amour et de l'Hyménée, Arion s'embarqua au port de Tarente pour retourner dans sa patrie. En apercevant de loin ce rivage habité par ses amis, il éprouvait qu'on ne commence à jouir de ses richesses qu'au moment où l'on espère les partager. Tout-à-coup le pilote et les matelots le saisissent, s'emparent de ses trésors, et lèvent un poignard sur sa tête. L'infortuné, espérant les attendrir, obtient d'eux, à force de prières, la permission de toucher sa lyre pour la dernière fois. Alors, cherchant au fond de leurs cœurs la source des plus doux sentimens de la nature, il exprime tour à tour ce que l'amour pur a de plus enivrant, l'amour filial de plus tendre, l'amour conjugal de plus touchant.

Ces chants firent quelque impression sur l'âme de ces scélérats; car il y avait parmi eux des fils, des amans et des époux. Les premiers versèrent des larmes, quelques amans s'attendrirent, un époux même soupira. Mais la crainte d'être découverts l'emportant sur tout autre sentiment, ils n'accordèrent au malheureux Arion que le choix de se poignarder lui-même, ou de se précipiter dans la mer. Arion, tournant ses derniers regards vers sa patrie, et lui adressant ses derniers accens, s'élança au milieu des flots, et le navire continua de voguer vers Corinthe.

Cependant, après avoir plongé jusqu'au fond de la mer, Arion surnage, et se trouve entouré d'une multitude de dauphins qu'avait attirés le charme de sa mélodie. Tous, s'empressant autour de lui, présentent à l'envi leur croupe recourbée. Arion, assis sur l'un d'eux, escorté par tous les autres, recommence ses tendres accords; et, le plaisir redoublant la vitesse et l'agilité de ses conducteurs, il arrive en un instant au promontoire de Ténare, d'où il se rend à Corinthe avant même que le vaisseau fût entré dans le port. Périandre, instruit de la perfidie des nautoniers, les fait amener en sa présence, et leur demande des nouvelles d'Arion, caché dans son palais. « Arion, répondent hardi- » ment les traîtres, jouit en Italie des faveurs de » la fortune et des hommages dus au talent. Il est » l'ami des héros, le favori des belles, et le roi [1] » des convives qu'il enchante par ses divins ac- » cords... » A ces mots, Arion, encore humide de

---

[1] On sait que les anciens, avant de commencer leurs festins, nommaient le roi des convives. Souvent le sort le désignait; et cette royauté, ainsi que beaucoup d'autres, était le résultat d'un coup de dé.

sa chute, paraît devant eux. Immobiles de surprise et de confusion, les imposteurs confessent leur crime, et vont l'expier par une mort ignominieuse, à l'endroit même où le dauphin venait de déposer Arion.

On ajoute que ce dauphin s'étant trop avancé sur le sable, ne put se remettre à flot [1], et qu'Arion, ingrat parce qu'il était homme, ayant négligé le salut de l'être auquel il devait le sien, laissa son libérateur expirer sur le rivage. Pour réparer cette ingratitude, Périandre éleva au dauphin un magnifique tombeau, et les dieux le placèrent parmi les astres.

> Hélas! tel est souvent le destin des mortels
> Qui consacrent leurs jours au bonheur de la terre :
> Vivans, on les délaisse au sein de la misère;
> Morts, on leur dresse des autels.

Au reste, on présumait assez généralement que le dauphin était ami de l'homme, et que les poissons n'étaient pas insensibles au charme de l'harmonie. Or, comme ce qui s'est déjà vu peut se voir encore, et qu'en fait de miracles il n'y a de difficile que le premier,

> Grâce au peuple amateur de l'empire des flots,
> Ce prodige qui nous étonne

[1] Hygin, chap. CXCIV.

AMPHITRITE. ARION.

Se renouvellerait sous les murs de Bordeaux [1],
Si Garat, en chantant, tombait dans la Garonne.

Les anciens avaient pour le dauphin tant de vénération, que si, par malheur, il en tombait quelqu'un dans leurs filets, ils s'empressaient de le rejeter à la mer, persuadés qu'en le retenant ils violeraient les droits de l'amitié. Aussi les dauphins, reconnaissans de ces procédés, avaient-ils grand soin de secourir tous les hommes qu'ils rencontraient luttant contre la tempête, et de ramener même les morts au rivage. C'est ainsi qu'ils rapportèrent le corps d'Hésiode massacré dans le temple de Neptune, et jeté dans la mer. Ainsi sauvèrent-ils du naufrage Phalante, général lacédémonien, et Télémaque, qui, jeune encore, tomba dans les flots en jouant sur le rivage. Ulysse, pour en éterniser le souvenir, fit peindre un dauphin sur son bouclier. Cupidon en eût dû graver un sur son carquois, en mémoire des deux amans qui, le soir, célébrant ses mystères sur les rives de Lesbos, tombèrent par distraction dans la mer, en se tenant embrassés, et furent, par un dauphin, reposés sur le sable avec tant d'adresse, que leurs bras demeurèrent enlacés, que leurs cœurs continuèrent de battre l'un contre l'autre,

---

[1] Patrie du célèbre chanteur Garat.

et que leurs lèvres immobiles ne perdirent pas un soupir.

<pre>
  Bonsoir, la nuit approche; et cet heureux naufrage,
  Ce dauphin, ces baisers, vont, pendant mon sommeil,
      Me poursuivre de leur image.
      Heureux si, jusqu'à mon réveil,
      Après un naufrage pareil,
  Je repose avec vous sur le bord du rivage!
</pre>

LETTRE LXXVI.

VOYAGE A CYTHÈRE.

Vous vous rappelez, mon amie, ce jour fortuné où, pour le bonheur et le tourment de l'univers, Vénus naquit du sein de l'onde [1]. La fille aînée de l'Océan ne pouvait être étrangère à Neptune; aussi fut-elle invitée la première à la célébration de son mariage. Elle y assista avec l'Amour, qui, jeune encore, portait le flambeau de l'Hyménée.

Peu de jours après, la reine de Cythère prépara dans sa capitale une fête brillante pour les nouveaux époux. Ils s'y rendirent accompagnés de leur cour, et environnés de toute la pompe de l'empire maritime.

Les tritons précédaient le cortége en sonnant de leurs conques recourbées. Leur chevelure verte tombait sur leurs joues gonflées et vermeilles. Le plaisir animait leurs yeux lascifs, leur teint basané, leurs lèvres épaisses et colorées. Sous leurs bras

---

[1] *Voyez* tome Ier, Lettre XXI.

nerveux, deux nageoires sillonnaient les flots bouillonnant autour de leur large poitrine. Leur corps, vers la ceinture, dégénérait en une queue de poisson, qui tantôt se perdait sous les eaux, tantôt recourbée au-dessus de l'onde, traçait en serpentant un sillon blanchi d'écume. Derrière eux, quatre chevaux marins, aux crins noirs, aux narines fumantes, traînaient sur des roues dorées la conque de Neptune. Le dieu, couvert d'un manteau nuancé de vert et d'azur, le front ceint du diadème, d'une main tenait le redoutable trident, de l'autre imposait silence aux tempêtes. Aux deux côtés du char on voyait Phorcis commandant la troupe des tritons; la tendre Ino, tenant dans ses bras son jeune fils Mélicerte ; Glaucus, portant ses filets, et tournant de loin ses regards vers l'aimable et malheureuse Scylla ; et Nérée, chantant les louanges d'Amphitrite ; et Protée, tour à tour lion, taureau, coursier, poursuivi, saisi, enchaîné par les tritons, et s'envolant en aigle superbe, ou s'échappant en flamme pétillante. Plus loin, les jeunes néréides, couronnées des fleurs du rivage, présentaient aux flots amoureux les contours de leur sein, et cachaient sous l'onde leur queue souple et verdâtre. Leurs bras, plus blancs que l'ivoire, guidaient les rênes des dauphins attelés au char d'Amphitrite. Sur ses roues d'argent s'élevait une vaste coquille, dont la blancheur éclatante dégénérait, vers les extrémités, en un tendre incarnat qui se confondait avec le teint de la déesse. Les perles et le corail couronnaient sa chevelure blonde et flottante. Sa robe et sa ceinture ressemblaient à l'écharpe d'Iris. Son sceptre d'or tombait négligemment à ses pieds.

> Le sceptre, dans la main d'un roi,
> Semble dire : Obéissez-moi,
> Et reconnaissez ma puissance.
> Mais quand, d'un seul regard, on peut dire : Aimez-moi;
> Il est inutile, je crois,
> De commander l'obéissance.

Amphitrite, d'un sourire, attirait sur ses traces la foule empressée de ses sujets. Les nymphes nageaient à ses côtés, en lui présentant leurs urnes et leurs guirlandes ; les Zéphyrs, agitant leurs ailes de papillons, parfumaient l'air autour d'elles ; les Syrènes, quittant leurs roches sauvages, planaient derrière le char, en unissant à leurs voix enchanteresses les sons de la flûte et de la lyre ; et le peuple muet des habitans de l'onde, sortant de ses profonds abîmes, bondissait de joie et d'amour en suivant sa jeune souveraine.

Vénus, voyant, du rivage, approcher les deux époux, prit son équipage maritime pour aller à leur rencontre. Elle s'assit sur sa conque traînée par deux cygnes et escortée par l'essaim des Plaisirs.

Près d'elle, l'Hymen et l'Amour se tenaient embrassés sur un char attelé de moineaux et de tourterelles. Ils étaient entourés de papillons qui assiégeaient l'Hyménée, et que Cupidon chassait avec des roses.

Les deux cours réunies abordèrent aux remparts de la capitale, située alors au midi de l'île de Cythère. La Fidélité gardait les portes de la ville, et la Pudeur commandait la citadelle. Elles furent invitées à la fête. La Décence y conduisit les Plaisirs. Le Mystère s'y rendit à leur suite. Mais à son arrivée il fut introduit dans le sanctuaire de l'Hyménée, et demeura jusqu'au lendemain caché sous les rideaux d'Amphitrite.

Heureux siècle, où l'Hymen, l'Amour et Vénus, réunis dans un même séjour, formaient, en se donnant la main, la chaîne des vrais plaisirs et du bonheur de la terre ! Mais bientôt, après une longue nuit pendant laquelle Cupidon s'était absenté, Vénus, dit-on, bouda l'Hyménée, et se retira vers le nord de Cythère, où son fils lui bâtit secrètement une petite maison. Là, comme il allait souvent la visiter à l'insu de l'Hymen, il fit construire un pied-à-terre pour lui et sa suite. Ces voyages mystérieux devinrent bientôt à la mode, et les voyageurs multiplièrent les petites maisons au point qu'elles formèrent en peu de temps une nouvelle capitale, dans laquelle tous les habitans de l'ancienne séjournèrent d'abord par ton ou par désœuvrement, et se fixèrent ensuite par habitude. L'Hymen, resté seul dans la ville déserte, avec la Constance et la Pudeur, vit, en moins d'un siècle, ses remparts cachés sous l'herbe. Cependant Philémon et Baucis y bâtirent leur cabane. Platon y tint son école, les pasteurs d'Arcadie y élevèrent leurs bergeries, et les preux chevaliers y ouvrirent leurs lices et leurs tournois. Vénus même et son fils assistèrent souvent à ces assemblées. Mais l'Honneur y prenant toujours le pas sur les Plaisirs, ceux-ci retournèrent à la nouvelle Cythère, et ramenèrent avec eux Vénus et sa famille. Depuis ce temps les bergeries sont désertes, les écoles fermées, les tournois abandonnés, et l'ombre antique des myrtes et des lauriers s'étend sur les ruines de cet empire, où l'on ne trouve plus que les souvenirs et les regrets de la félicité.

Cependant on assure que, de nos jours, deux jeunes époux, ayant entrepris un pèlerinage au temple de la fidélité, firent naufrage dès le lendemain, et échouèrent sur les rochers d'une île qui d'abord leur parut inhabitée. Bientôt, en avançant à travers des monceaux de ruines couvertes de mousse et d'arbrisseaux, ils virent s'élever, dans le lointain, des arcades et des colonnes mutilées, des vestiges de temples et de palais, et des barrières dont les débris fermaient encore une vaste enceinte entourée de trophées que couvraient l'épine et le lierre. Sur les degrés d'un mausolée, où on lisait le nom d'Artémise, s'élevait une petite chaumière ornée de guirlandes desséchées et de chiffres presque effacés.

La porte s'ouvrit, et les voyageurs virent descendre vers eux une veuve plus qu'octogénaire, vêtue exactement comme au siècle d'Amadis. D'une main elle tenait sa houlette, ornée d'un ruban rose qui avait un peu jauni; de l'autre elle conduisait avec un ruban bleu pâle son chien fidèle dont le collier était orné d'une devise. Sur le corset de la bergère pendaient une panetière et un chalumeau. Son chapeau de paille était entouré de lacs d'amour, et ses vêtemens brodés de lis, de roses, de colombes et de tourterelles. Ses moindres discours conservaient encore la finesse du madrigal, et sa voix le ton plaintif de l'élégie. Ses regards exprimaient la langueur, ses gestes l'abandon d'une passion éternelle et malheureuse. D'un air auguste et tendre, la pastourelle aborde les jeunes époux, les salue et leur dit :

« Amans infortunés, armez-vous de courage :
» La Constance triomphe et des dieux et du sort.
» Sur ces bords dangereux vous avez fait naufrage :
» J'eus ce malheur jadis; quand vous aurez mon âge,
» Vous jouirez aussi des délices du port.
» La jeunesse est un temps d'épreuve,

» Bien dur, bien cruel a passer!...
» Cependant, se disait la veuve,
» Je voudrais bien recommencer. »

En parlant ainsi elle les invite à partager son asile champêtre. Là elle leur présente un repas de fruits, de lait et de miel ; et, leur montrant de loin tous ces monumens qui fixent leurs regards, elle leur dit avec un profond soupir :

« Voyez sur ces bords enchantés
Les murs de l'antique Cythère.
La nouvelle a quelques beautés,
Mais vous en seriez peu flattés
Si vous eussiez vu la première.
Ces dômes, encor menaçans,
Sont les débris du vieux portique
Où régnait l'Amour platonique.
Cet Amour bannissait les sens
Du commerce de la tendresse.
A vingt ans, près de sa maîtresse
Riche de grâce et de fraîcheur,
On s'en tenait *aux yeux du cœur*[1].
Sans oser jamais se rien dire,
On se lorgnait à qui mieux mieux.
L'amant dans ce muet délire
Passait des jours délicieux.
Que si, le soir, à la fenêtre.

[1] Extrait du style des romans de chevalerie. (Voyez *Cyrus* et compagnie.)

LETTRE LXXVI.

Sa dame venait à paraître,
On risquait quatre mots au plus,
Et l'on se couchait là-dessus
Sans en demander davantage,
L'innocence était de tout âge.
Une adolescente, à trente ans,
Ignorait qu'on fît des romans.
Aujourd'hui, grâces aux lumières
De ce siècle, hélas! trop savant,
Nos jouvencelles, au couvent,
Sont plus habiles que leurs mères.

» Sous ces vénérables donjons,
Bordés de piques, d'écussons,
L'amour de la chevalerie
Dictait aux Renauds, aux Rolands,
Aux Tancrèdes, aux Azolans,
Les lois de la galanterie :
Qu'un chevalier levât les yeux
Sur une gente damoiselle,
Et que le galant reçût d'elle
Un souris tendre et gracieux,
Aussitôt de cette étincelle
Naissait une flamme éternelle
Qui les embrasait tous les deux.
La belle, pour cacher ses feux,
Armait son front d'un air sévère;
Et, quand son amant débonnaire
Lui demandait d'un ton piteux
Comment il pouvait lui déplaire,

La damoiselle se taisait;
Par quoi le jeune téméraire,
Soupçonnant un grave sujet
Pour forcer sa dame à se taire,
S'en allait par les grands chemins,
Piquant des deux sa haquenée,
Jusqu'au fond des pays lointains,
Traîner sa chaîne infortunée.
Là, tous les jours bravant la mort,
Combattant d'estoc et de taille,
Il laissait au champ de bataille
Un membre au midi, l'autre au nord,
Une jambe dans l'Amérique [1],
Une main chez les musulmans,
Un œil dans les déserts d'Afrique;
Ainsi du reste. Au bout d'un temps,
Illustré par mainte victoire,
Ce vaillant redresseur de torts
S'en revenait pauvre de corps,
Mais riche d'amour et de gloire.
Sa dame, pour le dénouement,
Se rendant enfin plus traitable,
Dans un âge bien raisonnable
Épousait solennellement
Ce qui restait de son amant.

---

[1] Je soupçonne ici la vénérable d'un léger anachronisme : il n'est pas constant que les preux chevaliers aient découvert l'Amérique avant Christophe Colomb et *Améric* Vespuce, qui lui donna son nom à la fin du quinzième siècle.

« Ce siècle-là valait vraiment
Bien mieux que le siècle où nous sommes.
Nous n'avions pas, comme à présent,
Ces petits colifichets d'hommes,
A l'air fat, au ton suffisant,
Qui froidement semblent vous dire :
« Je sais ce que je vous inspire :
» Je vois le trouble de vos sens :
» Vous m'aimez; allons, j'y consens,
» Mais terminons, je fais ma ronde;
» D'avance mes momens sont pris :
» Ce matin, la brune a le prix ;
» Ce soir appartient à la blonde.
» Sur ces principes-là je suis
» Très scrupuleux, et, si je puis,
» Je veux contenter tout le monde. »

» Admirez le vaste contour
De cette colonnade immense.
Là se tenait la *cour d'amour* [1];
Là souvent, en pleine audience,
Les jaloux et les inconstans
Perdaient leur cause avec dépens.
Là, pour terminer les querelles,
L'auguste sénat tour à tour
Appointait les amans fidèles,
Et, sur leurs plaintes mutuelles,
Mettait les époux hors de cour.
Sous ces arcades le Mystère,

[1] *Voyez* Amadis et les autres romans de chevalerie.

Des pastoureaux, des chevaliers,
Des troubadours, des romanciers,
Formait le style épistolaire.

» A l'ombre de ce sanctuaire,
Mercure aux confidens discrets
Enseignait, trois fois par semaine,
L'art de remettre les poulets,
Et de tromper les yeux furets
D'un tuteur ou d'une marraine.

» Plus bas, contemplez ce vallon
Où sous les saules se promène
Une source; c'est le *Lignon* [1].
C'est là que la bergère Ismène
Et le beau berger Céladon,
Tour à tour sur le même ton,
Contaient leur amoureuse peine
A tous les échos du canton.

» Clitandre, autour de ce vieux frêne,
Ayant gravé son testament
En faveur de son inhumaine,
Pour elle, au bord d'une fontaine,
Alla mourir tout doucement.

» Sur ce beau tapis de fougère,
Le sage Alcandre, dérobant
Un ruban rose à sa Gycère,

[1] *Voyez* l'Astrée.

Donna vingt baisers au ruban,
Et pas un seul à la bergère.

» Dans cet ermitage isolé,
Le doux Léandre, désolé
Des rigueurs de la jeune Hortense,
Allait chanter une romance,
Et puis revenait consolé.

» Tout là-bas, dans cette prairie,
Voyez-vous ces vieux aliziers?
C'est là que les preux chevaliers
Goûtaient, à l'ombre des lauriers,
Les plaisirs de la bergerie.
C'est sur l'émail de ces gazons,
Qu'oubliant l'épée et la lance,
Ils laissaient là leurs bataillons,
Prenaient la houlette en cadence,
Et venaient garder les moutons.
Conversaient-ils avec leurs belles,
C'étaient des discours innocens :
Ils parlaient des fleurs du printemps,
Des agneaux et des tourterelles.
Ils enrichissaient ces tableaux
De rhétorique, de morale,
Et parsemaient la pastorale
De cantiques, de madrigaux,
De pointes et d'astrologie.
Aujourd'hui l'on a la manie
De clouer sur tous les sujets
Le mot pour rire à chaque phrase.

VOYAGE A CYTHÈRE.

On gaze, dit-on, les objets,
Mais on éclaircit trop la gaze.

» On l'épaississait autrefois,
Quand les plus respectables lois
Étaient les lois de l'Innocence.
Le voile adroit de la Décence,
Des charmes qu'il environnait
Laissait entrevoir la naissance,
Et le reste se devinait.
Aujourd'hui l'on fait étalage
Du superflu de ses appas.
S'appauvrissent-ils; en ce cas,
On voile ce que l'on n'a pas,
Pour en supposer davantage.

» A Cythère, comme à Paris,
Tout est factice : la peinture
Et la mécanique, à tout prix,
Font, pour le corps et la figure,
Du teint, des traits, de la tournure,
Des reins, des hanches, des trésors.
De ces masques, de ces ressorts
Chaque pièce avec art se loge,
Se joint, s'enlève à volonté;
Si bien qu'au besoin la beauté
Se démonte comme une horloge.

» Hélas! comme tout est changé!
Au lieu de cet air négligé,
Qui veut imiter la Nature,

De mon temps, tout dans la parure,
Était bien lissé, bien rangé.
Le corset blanc, la collerette,
La jupe courte, le bas fin,
Et la chemisette de lin,
Paraient la simple bergerette.

» Les dames, en vertugadin,
Promenaient la robe balante,
La respectueuse galante,
Les gros nœuds, le petit chignon,
Et le bonnet en papillon.

» La bergère, les jours de fête,
Mettait le juste de basin,
Orné d'un bouquet de jasmin :
C'était là l'habit de conquête.

» De ce modeste habillement
Un soir d'été j'étais vêtue,
Quand Tyrcis, m'ayant aperçue,
Rougit respectueusement,
Et me fit rougir à sa vue.
Nous nous saluâmes deux ans,
Deux fois par jour, mais en silence.
Il ne faut pas aux jeunes gens
Dire d'abord tout ce qu'on pense.
Enfin nous nous dîmes bonjour.
Cela dura deux ans encore ;
Quand tout-à-coup, brûlant d'amour,
Tyrcis, sous ce vieux sycomore,

S'écria : Philis, je t'adore !
De cet aveu prématuré
Jugez si je fus courroucée.
Cependant je vous avoûrai
Qu'étant moi-même un peu blessée,
Je ne le boudai que trois ans.
Il traîna des jours languissans,
Et devint sombre, maigre et blême.
Quand je le vis prêt à mourir,
Je crus devoir le prévenir
En lui répondant : « Je vous aime ; »
Et puis réduite au désespoir,
Comme c'était alors l'usage,
Je m'enfuis dès le même soir,
Et me mis en pèlerinage.
Je traversai de longs déserts ;
Je franchis les monts et les mers ;
Je fus prise par un corsaire ;
Je fus vendue au grand-seigneur,
Mais je lui tins toujours rigueur,
Et tirai mon honneur d'affaire.
Enfin m'échappant de ses mains,
Avec mon bourdon, mon rosaire
Et mon chapelet à gros grains,
Voyageant pensive et seulette,
Après dix-huit mois de chemin,
Je trouvai Tyrcis, un matin,
A Notre-Dame de Lorette.
« Cruelle, pour vous apaiser,
» Je cours, dit-il, la terre et l'onde,

» Et, pour obtenir un baiser,
» J'ai fait deux fois le tour du monde. »

» Il éprouva presque un refus;
Mais, par malheur, je n'avais plus
Le courage d'être inhumaine.
« Embrassez-moi donc pour la peine, »
Lui dis-je. Quand cela fut fait,
Il me pria, d'un air discret,
D'unir enfin nos destinées;
Mais je crus qu'il était prudent
D'éprouver son amour constant
Encor deux petites années;
Comme ils s'envolent nos beaux jours!
A peine en voyons-nous l'aurore,
Que l'Éternité, dans son cours,
Les ensevelit pour toujours.
Mes enfans, je crois être encore
A la veille de notre hymen.
Il me semble encor que demain
Tyrcis, le front paré de roses,
Recevra mon cœur et ma main.
Hélas! je les rappelle en vain,
Ces beaux jours! Tyrcis, tu reposes
Sous ces berceaux où le bonheur
Si long-temps partagea ton cœur
Entre l'amour et la nature.
Mes jeunes amis, voyez-vous
Ce tertre ombragé de verdure?
C'est là que m'attend mon époux;

VOYAGE A CYTHÈRE.

Il n'a plus long-temps à m'attendre.
Venez au pied de cet ormeau
Pleurer avec moi sur sa cendre.
Ainsi dans la nuit du tombeau
Quand l'âge vous fera descendre,
Peut-être un couple jeune et tendre
Sur votre cendre gémira;
Et la piété vous rendra
Les pleurs que vous allez répandre. »

A ce récit attendrissant,
Les deux époux, en s'embrassant,
Pleurent avec leur bonne hôtesse,
Et pour aider ses faibles pas,
Tous deux lui présentant le bras,
Servent d'appuis à sa vieillesse.
Parmi les débris précieux
De ces temples, de ces portiques,
Sous ces arcades magnifiques,
Ils passent sans lever les yeux.
Cette ville antique et superbe
N'intéresse plus leurs regards.
Ils ont oublié ses remparts
Pour un tombeau caché sous l'herbe.
Ainsi l'antique majesté
Des monumens que la richesse
Élève à la postérité,
Cède à l'humble simplicité
Des monumens de la tendresse.

Que l'on me dise : « Sur ces bords

» Brillait une ville opulente.
» Ses murs, ses temples, ses trésors,
» Sa jeunesse illustre et vaillante,
» Long-temps soutinrent sa splendeur,
» Elle n'est plus. » L'âme absorbée
Dans le néant de la grandeur,
Je me répète : « Elle est tombée!... »
Qu'on me dise alors : « Vers ces lieux
» Habitait un couple fidèle,
» Chéri des hommes et des dieux :
» Des amans il fut le modèle.
» Voyez-vous ce chiffre amoureux
» Sur l'écorce de ce vieux hêtre?
» Jadis il fut gravé par eux.
» Voyez-vous ce tombeau champêtre?
» C'est là qu'ils reposent tous deux. »

Aussitôt oubliant la ville,
Ses tours, ses palais fastueux,
Je vais, d'un pas respectueux,
Visiter le dernier asile
Du couple tendre et vertueux.
Sous ces arcades écroulées,
Sur ces colonnes mutilées,
D'un œil sec j'ai lu ces écrits,
Monumens de gloire et d'alarmes.
Sur ce hêtre en voyant unis
Les chiffres de ces vieux amis,
Je sens mes yeux mouillés de larmes.

LETTRE LXXVII.

VÉNILIE. THOOSSA. AMYMONE.

Amphitrite et Neptune trouvèrent l'ancienne ville de Cythère si agréable qu'ils résolurent de s'y fixer. Durant tout le séjour qu'ils y firent, Neptune n'adora que sa chère Amphitrite. Il ne concevait pas même qu'un mari pût aimer une autre femme que la sienne.

Cependant Vénus s'était retirée à la nouvelle Cythère, où tous les courtisans de l'ancienne allaient chaque jour la visiter incognito. Neptune crut qu'il ne pouvait seul se dispenser de ce devoir; mais craignant, pour de bonnes raisons sans doute, que son épouse n'approuvât point cette démarche clandestine, il résolut de la faire sans l'en prévenir. Ce voyage était sans conséquence; les audiences de Vénus étaient publiques. Un époux du bon ton ne pouvait se dispenser d'y paraître: ce ridicule n'était réservé qu'à ces maris exclusifs, esclaves enchaînés à la ceinture de leurs femmes. De pareils motifs étaient plus que suffisans pour déterminer l'époux et même l'amant d'Amphitrite.

> Amour, c'est vainement qu'on vante ta puissance,
> L'orgueil est la divinité
> De tout ce peuple qui t'encense.
> Pèse tes faveurs d'un côté,
> Et l'attente et la jouissance,
> Et les désirs et l'espérance,
> Plus séduisans que la réalité;
> Et l'estime et l'intimité,
> Et la tendresse et la reconnaissance;
> De l'autre, un grain de vanité :
> Le grain emporte la balance.

Voilà donc Neptune suivant, au déclin du jour, le sentier mystérieux de la nouvelle Cythère. Parvenu en un lieu où le chemin se partageait, et ne sachant de quel côté poursuivre sa route, il consulta d'abord la nymphe Salacie, qu'il aperçut à sa droite; puis la nymphe Vénilie, qui parut à sa gauche. Toutes deux lui répondirent : « Suivez-moi; » et, soit penchant, soit habitude, Neptune suivit Vénilie. On ignore dans quel dédale elle le conduisit; mais, au retour de l'aurore, la pâleur sur les lèvres et la rougeur sur le front, il cherchait encore l'issue du labyrinthe. Il en sortit enfin, rêvant aux inquiétudes de sa chère Amphitrite. Il retournait vers elle lorsqu'il retrouva Salacie, et se plaignit à elle de la perfidie de sa compagne. « Pour-

» quoi l'avez-vous préférée? reprit-elle ; c'est moi
» qu'il fallait suivre. » Il la suivit, et le troisième
jour Amphitrite l'attendait encore.

La honte du crime fait quelquefois plus de mal
que le crime lui-même, quand elle empêche le
criminel de revenir à la vertu. Comment, après trois
jours, retourner dans les bras de son épouse? de
quel prétexte colorer une si longue absence? Le
mensonge est embarrassant, l'excuse humiliante...
Tandis que Neptune se livrait à ces réflexions, la
jeune nymphe Thoossa, égarée sur la même route,
s'écriait en pleurant : « Comment, après trois jours
» entiers, oserai-je me présenter à ma famille?—Que
» va croire Amphitrite? poursuivait le dieu. — Que
» dira ma mère? ajoutait la nymphe. » A ces mots,
ils se trouvèrent si près l'un de l'autre qu'ils s'entendirent, s'arrêtèrent... Et quand Phœbé eut neuf
fois parcouru sa carrière inégale, elle aperçut, sous
les rochers de Lemnos, le jeune Polyphème, jouant
sur les genoux de sa mère Thoossa.

Mais à cette époque Neptune depuis long-temps
s'était encore égaré loin d'elle. On ignore en quels
lieux l'Amour et le Hasard guidaient alors ses pas,
et peut-être l'ignore-t-il lui-même.

  Car tous ces conquérans de l'empire de Gnide
    S'élancent d'un vol si rapide,
  Qu'ils n'ont jamais le temps de laisser garnison
    Dans les places qu'ils ont conquises.

> A peine de leurs entreprises
> Savent-ils la date et le nom ;
> Leur gloire et leurs projets s'embrouillent dans leur tête.
> Le vainqueur oublie en courant
> Le numéro de sa conquête,
> Qui n'a jamais connu celui du conquérant.

Peut-être Neptune était-il aux pieds de la nymphe Phénice; peut-être poursuivait-il Bisaltis sous la forme d'un bélier, ou Cérès sous celle d'un cheval, ou Méduse sous celle d'un oiseau; peut-être encore séduisait-il Mélanthe sous la figure d'un dauphin. Admirez, Émilie, la variété de ces métamorphoses, et surtout le penchant du fils de Vénus pour le déguisement.

> Quand l'Esprit et l'Amour allaient de compagnie,
> De l'emblème des sots Cupidon se couvrit;
> Et, depuis que les sots peuplèrent Idalie,
> Cupidon s'affubla du masque de l'Esprit.

Cependant Neptune reconnut bientôt l'avantage de l'esprit sur la sottise. Danaüs, roi d'Argos, ayant envoyé sa fille Amymone puiser de l'eau à une fontaine solitaire, un Satyre qui l'épiait saisit l'instant où elle élevait avec effort son urne pleine sur sa tête, s'élance brusquement, et veut lui faire violence. Neptune, qui heureusement passait près de là sous sa forme naturelle, accourt aux cris d'Amymone, met en fuite l'affreux Satyre, relève

VÉNILIE. THOOSSA. AMYMONE.

l'urne d'une main, de l'autre l'adolescente éperdue ;
et, passant doucement son bras autour du sien, il
lui dit en la reconduisant par le bocage :

« Combien je rends grâces aux dieux
» D'avoir guidé mes pas vers ce bois solitaire,
» Pour vous servir, et vous soustraire
» A la brutalité de ce monstre odieux!

» Je conçois bien qu'on devienne idolâtre
» D'un ensemble si doux de grâces, de beautés,
» Et qu'en voyant plonger dans les flots argentés
» Ce bras et cette main aussi blancs que l'albâtre,
» On sente sur sa bouche éclore le baiser;
» Mais sur ces beaux contours s'il ose
» Savourer le lis et la rose,
» Ce n'est qu'avec respect qu'il doit s'y reposer. »

A ces mots, d'un baiser modeste
Le dieu couvre la main. Le bras fuit un moment;
Mais on le rejoint doucement;
Il se replace, et la main reste.

« Je conçois bien encor qu'après avoir goûté
» Tout le charme de ces prémices,
» Le désir enhardi cherche d'autres délices,
» Et cueille sur ce front quelques roses novices
» Qu'y font naître l'amour et la timidité;
» Mais soit qu'en passant il se joue
» Sous les arcs de ces noirs sourcils,
» Ou sur les contours adoucis

» De ce menton, de cette joue;
» Soit qu'il effleure le corail
» De cette bouche innocemment fermée;
» Soit qu'enfin de ces dents il entr'ouvre l'émail,
» Et respire en secret cette haleine embaumée;
» Glissant sur les attraits qu'il tremble d'offenser,
» Comme un éclair il doit passer
» Plus rapide que la pensée. »
Et la nymphe, en effet, de ses lèvres pressée,
N'avait plus le temps d'y penser.

« Enfin, à dix-sept ans, avec un cœur sensible,
» Il est bien naturel, et même bien possible,
» Que la pudeur, au fond d'un bosquet écarté,
» Dans un trouble mêlé de langueur et de crainte,
» Cède aux tendres efforts d'une douce contrainte.
» Mais sentez-vous comme la volupté
» Ménage sa timidité?...
» Ne craignez rien; le ciel est couvert d'un nuage;
» Ombre, fraîcheur, silence, ici tout est plaisir...
» Je ne vous verrai pas rougir :
» Nous attendrons la nuit pour sortir du bocage... »

Et Amphitrite? Elle attend.

Ne frémissez-vous pas, Émilie, de cet enchaînement épouvantable d'embûches et d'erreurs qui égarent et retiennent les voyageurs isolés sur la nouvelle route de Cythère? Recevez, mon amie, le serment que je fais, ou de ne jamais la connaître, ou de n'y voyager qu'avec vous.

Dans cette dangereuse enceinte
Si l'on remarque un jour la trace de mes pas,
Près d'eux de vos pieds délicats
En admirant la douce empreinte :
» Il venait, dira-t-on, visiter les détours
   » Du labyrinthe des amours
   » Et des bocages d'Idalie ;
   » Mais on voit qu'il marchait toujours
   » Côte à côte avec Émilie. »

LETTRE LXXVIII.

POLYPHÈME, ACIS ET GALATÉE.

Le plus redoutable et le plus hideux des enfans de Neptune fut le géant Polyphème, père des Cyclopes, selon Euripide, et, selon d'autres, fils aîné de cette monstrueuse famille. La hauteur de sa taille était telle, qu'en pleine mer les flots atteignaient à peine sa ceinture. Une tête énorme, hérissée de crins noirs, ombrageait ses épaules larges et velues; ses lèvres, couvertes d'une barbe épaisse, s'étendaient jusqu'à l'ouverture de ses longues oreilles. Au milieu de son front ridé, un œil rond s'enfonçait à l'ombre d'un sourcil roussâtre, et dominait un nez aplati et deux narines pendantes.

Tantôt il gardait ses nombreux troupeaux sur le rivage; tantôt il poursuivait, dans le fond des forêts, les tigres et les ours qu'il apprivoisait : plus souvent il attendait les voyageurs sur les chemins écartés, les attirait dans son antre, les égorgeait durant leur sommeil, et dévorait leurs membres palpitans.

Si je vous apprends, Émilie, qu'avec cette figure

ACIS ET GALATÉE.

et ce caractère, Polyphème s'avisa d'aimer Galatée, la plus belle et la plus tendre des Néréides,

> De son amour vous allez rire,
> Et vous aurez tort; en effet,
> Contre lui qu'aurez-vous à dire,
> Si la nymphe vous ressemblait?

Sa taille était svelte et fugitive, ses cheveux châtains et bouclés, ses sourcils noirs, ses yeux bleus, son nez un peu mutin, sa bouche fine, ses lèvres rosées, ses bras aussi ronds, aussi frais que ses joues, son cou blanc et veiné;

> Et puis l'onde voilait mille attraits qu'Émilie
> Ensevelit toujours sous un triple linon;
> Ainsi dispensez-moi, grâce à la modestie,
> D'achever la comparaison.

Cependant, comme la pudeur répand sur les beautés apparentes le charme secret de celles qu'elle empêche de paraître, Polyphème, croyant n'admirer que ce qu'il voyait, devint épris de tout ce qu'il ne voyait pas.

L'Amour est frère de l'Espérance, et celle-ci sœur de la Vanité. Aussi le Cyclope, en aimant, ne désespéra-t-il pas d'être aimé. Il conçut d'abord le projet, puis l'espoir, puis la certitude de plaire. Le voilà donc, tout le jour, assis au bord d'une fontaine, négligeant le soin de son troupeau, oubliant même d'insulter les voyageurs et de poursuivre les monstres des forêts. Tantôt sur sa musette à cent tuyaux il murmure des airs tendres ; tantôt avec un râteau de fer il peigne sa noire chevelure, et taille avec une faux sa barbe longue et touffue. Alors, inclinant sa tête et son œil vers le cristal de la fontaine, il s'admire, il rit, et les antres retentissent.

En ce moment Galatée s'élève au-dessus des flots; ses longs cheveux flottent sur l'onde transparente, qui découvre et cache tour à tour ses épaules d'albâtre et les trésors furtifs de son sein. A l'ombre des saules et des roseaux, elle gagne, sous un rocher, sa grotte mystérieuse. Polyphème, le corps immobile et le cou tendu, la suit d'un regard avide. « Voici, se disait-il, l'heure où Phébus darde » tous ses feux. Les troupeaux, les pasteurs re- » posent, et Galatée va reposer aussi... »

    Reposer à seize ans ! ce pauvre Polyphème,
Comme il connaissait peu l'amour et la beauté !
        Qu'on est crédule quand on aime !
    Et que l'on est heureux de sa crédulité !

Sur un lit de mousse, ombragé d'un dôme de verdure, le jeune Acis attendait Galatée; Acis, fils du dieu Faune et de la nymphe Syméthis, ardent comme lui, tendre comme elle, faisait sans cesse passer sa jeune amante des transports du plaisir à l'ivresse du sentiment.

Sous un myrte effeuillé dès qu'Amour s'assoupit,
Adieu plaisir d'aimer, si le cœur, si l'esprit,
Aiguisant de ses traits chaque pointe émoussée,
Ne nous rendent encore heureux par la pensée.
Mais quand le doux parler, quand les tendres propos,
Les aveux délicats et la gaîté piquante
    Abrègent l'heure trop fréquente
Que le dieu du plaisir cède au dieu du repos,
Le cœur toujours rempli ne sent plus de distance
Entre l'instant futur et le moment passé.
Dans le sein de la paix et de la confiance,
    Cupidon, bercé, caressé,
Se réveille en riant; le plaisir recommence,
    Et le bonheur n'a point cessé.

Tel était le bonheur de Galatée, tandis que Polyphème, espérant l'attendrir et charmer sa solitude, s'approchait furtivement de sa grotte, et chantait d'une voix terriblement tendre :

    « De mon esprit et de mon cœur
    » Galatée est la souveraine.
» Plus leste qu'un chevreuil et plus droite qu'un chêne,
» Elle efface, au printemps, l'éclat et la blancheur
    » De l'églantier et du troène.
    » Le lait pur a moins de douceur,
» Le verre[1] est moins brillant, la pomme moins vermeille,
    » Le raisin jauni sur la treille

---

[1] Je doute que le verre existât alors. Ces comparaisons, qui caractérisent Polyphème, sont, en partie, imitées d'Ovide.

» A moins d'esprit et de saveur;
» Le cèdre est moins superbe qu'elle;
» Ses regards font pâlir la lumière du jour.
» Elle serait parfaite enfin, si la cruelle
» Savait répondre à mon amour!

» Mais plus inconstante que l'onde,
» Plus dure que le roc, plus souple que l'osier,
» Plus piquante que le rosier,
» Elle irrite, elle aigrit ma blessure profonde.
» L'impétueux torrent, le coursier indompté,
» La flamme du bûcher qu'embrase une étincelle,
» Sont moins fougueux, sont moins emportés qu'elle.
» Le tigre a moins de cruauté,
» L'ours a moins de férocité,
» Et le paon moins de vanité.

» Ah! si jamais, nymphe trop inhumaine,
» De mes perfections vous connaissiez le prix,
» Combien vous rougiriez de vos cruels mépris!
» Et qu'il vous serait doux de partager ma chaîne!
» Hier j'ai consulté le lac et la fontaine,
» Et les Naïades m'ont appris
» Que je suis le plus beau des enfans de la plaine.
» J'ai les traits de Bacchus, l'embonpoint de Silène,
» La taille de Typhon, les épaules d'Atlas;
» Ma voix ressemble à la voix du tonnerre,
« Et ce grand Jupiter qui fait trembler la terre,
» Sans incliner le front passerait sous mon bras.

» Mes traits éblouissans du feu de la jeunesse
» N'ont point de votre teint le tendre velouté;

POLYPHÈME, ACIS ET GALATÉE.

» Mais chaque sexe a sa beauté :
» Elle brille chez vous par la délicatesse,
» Chez nous par la virilité.
» Voyez ce large front tout rayonnant de gloire,
» Et cette barbe épaisse, et ce bois de cheveux.
» Ma bouche de mes dents découvre tout l'ivoire;
» Et, si je n'ai qu'un œil, il en vaut au moins deux.

» Mon corps, ainsi que mon visage,
» Est couvert de duvet touffus,
» Et c'est une beauté de plus :
» Qu'est-ce qu'un arbre sans feuillage,
» Un agneau sans toison, un oiseau sans plumage?
» Mais ma richesse encor surpasse ma beauté.
» Contemplez ces troupeaux errant de tous côtés,
» Ces brebis, ces béliers paissant dans mes prairies,
» Et ces chevaux épars le long de ce coteau,
» Et ces agneaux bêlant près de leurs bergeries,
» Et ces bœufs ruminant au bord de ce ruisseau,
» Ces fleurs, ces fruits, ces bois et cette onde argentée
» Tout est à moi, tout est pour Galatée;
» Tout, arbres, fruits, prés et troupeaux,
» Mon lait, mes fleurs, mes chalumeaux,
» Mes bois, et ma grotte, et moi-même,
» Tout ce que je possède, enfin tout Polyphème.

» Venez, nymphe charmante, habiter dans nos bois.
» Là le daim, le chevreuil bondiront sous vos lois.
» Là, dans un antre frais, j'élève pour vous plaire
» Deux petits ours jumeaux qu'allaite encor leur mère;
» Tous deux pareils, tous deux plus jolis chaque jour :

» On voit déjà qu'ils sont consacrés à l'Amour.
» Venez! que tardez-vous?... Mais l'ingrate méprise
» Mes soupirs, mes trésors et mes soins les plus doux.
» D'un indigne rival peut-être elle est éprise.
» Ah! si je le croyais!... je ne suis point jaloux...
» Mais je disperserais sur les ondes sanglantes,
   » J'écraserais sur ce rocher
» Ses membres qu'à tes yeux je viendrais d'arracher,
» Et ce cœur qu'en son sein ma main irait chercher,
   » Et ses entrailles palpitantes... »

Il se lève à ces mots, approche, et d'un regard furieux découvre Acis tremblant dans les bras de Galatée. Le Cyclope pousse un cri ; l'Etna tremble, Galatée fuit sous les ondes, Acis entre les roseaux. Polyphème, en le poursuivant, saisit un écueil, et le soulève sur la tête de son rival. Acis esquive cette masse menaçante ; mais la pointe du roc, en effleurant sa poitrine, fait jaillir tout son sang aux pieds de son amante éperdue.

Polyphème vengé se retire. Cependant le sang qui s'écoule commence à pâlir, et se change par degrés en une onde limpide et transparente. A la place du corps sanglant, couché sur le rivage, Galatée voit s'élever un rocher dont les flancs entr'ouverts se couvrent de mousse et de verdure. Là, tout-à-coup, un dieu, sous les traits du jeune Acis, s'étend majestueusement sur un lit de ro-

POLYPHÈME, ACIS ET GALATÉE.

seaux, et s'appuie avec grâce sur une urne inclinée. Galatée lui tend les bras et veut lui parler ; mais les saules et les peupliers, s'élevant soudain autour de l'onde naissante, environnent le dieu du fleuve, et ferment à jamais son sanctuaire impénétrable [1].

> Là, chaque soir, pour charmer son veuvage,
> Elle venait pleurer sur le rivage;
> Et quand la nuit ramenait les désirs,
> La nuit jadis si féconde en délices!
> L'illusion, les ténèbres propices,
> Jusques au jour lui rendaient ses plaisirs :
> Et se plongeant, tant qu'arrivait l'aurore,
>   Dans ses flots caressans et doux,
>   Elle croyait sentir encore
>   Les caresses de son époux.

La mort d'Acis fut vengée par Ulysse, roi d'I-

---

[1] C'est une ingénieuse fiction que ce géant de la Sicile, ou plutôt ce mont sourcilleux, soupirant pour une jolie Néréide, c'est-à-dire pour quelque onde limpide qui murmure aux pieds du colosse. L'allégorie est continuée d'une manière non moins gracieuse par l'amour de cette nymphe, aux charmes de cristal, pour Acis, autrement dit, pour un ruisseau, aux bords fleuris, qui vient mêler ses eaux à celles de la Néréide. Le roc meurtrier que lance le jaloux Polyphème parle aussi à l'imagination : on voit ce faible amant frappé au sein par son gigantesque rival, et tout ce sang qui jaillit peint bien l'onde chassée de son lit par le rocher, qui l'usurpe et s'y établit. *(Note de l'Éditeur.)*

thaque. Ce prince, revenant du siége de Troie, fut jeté par la tempête sur les côtes de la Sicile. Polyphème, l'ayant surpris sur le rivage, l'enferma, lui et ses compagnons, dans l'antre obscur où il gardait ses troupeaux. C'est dans ce repaire affreux que le monstre s'enivrait chaque soir et se repaissait de sang humain. Cependant, avant de dévorer ces étrangers, il eut la curiosité de les connaître, et demanda à leur chef quel était son nom. « On « me nomme Personne, » reprit Ulysse; et, montant avec effort sur les genoux du géant, il s'y assit, et lui raconta l'enlèvement d'Hélène. Le portrait détaillé de cette princesse fixa d'abord l'attention de Polyphème.

> Épris de cet objet divin,
> Il saisit un tonneau de vin,
> Et le vide tout d'une haleine
> En l'honneur de la belle Hélène.

Ulysse, avec une coupe beaucoup plus petite, feignit de partager cette libation; puis il entama le récit du siége de Troie. Polyphème, enthousiasmé des exploits d'Achille, but à la gloire de ce héros, puis à celle de Patrocle, d'Ajax, de Philoctète, de Pyrrhus, de Nestor, d'Agamemnon, de Thersite même, qui ne lui parut pas sans mérite; et, passant du camp des Grecs dans la ville des Troyens, il multiplia ses ablutions en balbutiant

POLYPHÈME, ACIS ET GALATÉE.

les noms sacrés de Priam, d'Hécube, d'Hector, d'Andromaque, de Cassandre, d'Énée... Il en était au père Anchise, lorsqu'il tomba rempli d'une sainte ivresse qui fut suivie d'un bruyant et profond sommeil. Aussitôt Ulysse s'arme d'un pieu énorme, et, d'un bras vigoureux, le plonge dans l'œil fermé de Polyphème. Le géant, appesanti par le vin, égaré par la douleur, parcourt en trébuchant sa caverne retentissante.

Au bruit de ses hurlemens, ses voisins accourent à son antre. — « Qui vous a blessé? » lui dit-on. — « Personne, » répond le monstre en rugissant; et les voisins, persuadés que, dans son délire, il s'est aveuglé lui-même, se retirent pour éviter sa fureur.

Cependant Ulysse et ses compagnons, fuyant adroitement ses longs bras étendus, se tenaient cachés parmi ses moutons, qui, comme leur maître, étaient beaucoup plus grands que les autres animaux de leur espèce. Ulysse, ayant remarqué que son hôte, en marchant à tâtons, ne portait la main que sur le dos de ses brebis, attacha sous le ventre de chacune un de ses guerriers, et s'attacha lui-même sous le bélier. Dès le point du jour, le Cyclope, placé à l'ouverture de son antre, fit sortir un à un tout son troupeau. Chaque mouton, en passant entre ses jambes et sous ses mains, emporta un soldat grec, et le chef passa le dernier.

LETTRE LXXVIII.

Polyphème, rentré dans sa caverne, avec la soif du carnage et l'espoir de la vengeance, la trouve déserte, et frémit de fureur en entendant de loin, dans la plaine, Ulysse et ses compagnons qui couraient vers le rivage. Le monstre, écumant de rage, se met à leur poursuite. Il heurte, il brise, il renverse les arbres, les rochers, les collines, et, d'un bras désespéré, arrachant le sommet d'une montagne, il le lance dans la vallée où l'écho répétait les cris des Grecs fugitifs. La masse tombe, et le vallon disparaît.

Cependant Ulysse voguait vers l'île d'Ithaque. Le géant, du haut de la montagne, avance un pied et descend dans la mer. Il ouvre le circuit de ses bras immenses. Ulysse baisse les voiles, le navire échappe, et les mains du Cyclope ne rencontrent que des écueils, un promontoire et la grotte de Galatée. A cette rencontre, un soupir douloureux sortit de sa poitrine oppressée. Il sentit tout ce que perdait un amant en perdant la vue. Depuis la mort d'Acis, il n'entendait plus les chants de Galatée, il n'osait même plus lui parler; mais au moins la voyait-il encore!

L'air morne, lentement il remonte au rivage.
Là, le monstre étendu sur un rocher sauvage,
Tantôt croyant du jour entrevoir la clarté,
Fixait, en soupirant; son œil ensanglanté
Vers l'antre où reposait peut-être la cruelle;

POLYPHÈME, ACIS ET GALATÉE. 265

Tantôt, ne rencontrant partout qu'obscurité,
Retombait en pleurant dans la nuit éternelle;
Les antres mugissaient de ses soupirs confus,
Et l'Écho murmurait : « Je ne la verrai plus. »

Apollon délivra Polyphème de cette sombre et douloureuse existence. Pluton, irrité de voir Esculape, fils d'Apollon et de Coronis, reculer le terme de la vie humaine, et resserrer les limites de l'empire des morts, s'en plaignit à Jupiter. Celui-ci, pour obliger son frère, ordonna aux Cyclopes, compagnons de Vulcain, de lui forger un nouveau foudre, qu'il lança sur la tête du célèbre et malheureux Esculape. Apollon, désespéré de sa mort, et n'osant se venger sur Jupiter lui-même, perça de ses traits tous les Cyclopes, et rendit à jamais désertes les forges de Vulcain.

Le nom de Cyclopes leur vint, dit-on, du mot grec *Cyclos*[1], cercle, à cause de la forme circulaire de l'œil qu'ils avaient au milieu du front. Cet œil supposé n'était autre chose que l'ouverture ronde pratiquée au milieu d'un bouclier dont ils se couvraient le visage en travaillant, pour se garantir du feu et des étincelles. Ces espèces d'ouvertures se remarquent encore quelquefois au milieu des boucliers antiques; et, à leur occasion, voici ce qui m'est arrivé :

[1] Κύκλος.

LETTRE LXXVIII.

Apercevant un jour l'égide de Minerve,
Je voulus m'approcher pour admirer de près
Ce bouclier sacré qui, dit-on, nous préserve
    De Cupidon et de ses traits.
J'avance. Un éclair part du centre de l'égide.
« L'Amour est caché là, me dis-je alors tout bas ;
» Je reconnais sa flamme. Il faut que le perfide,
» Pour m'atteindre, ait percé l'égide de Pallas. »
    Aussitôt d'une main hardie
    Brusquement je la soulevai :
    Or, devinez qui j'y trouvai ;
    L'Amour ? non. Qui donc ? Émilie.

LETTRE LXXIX.

DIVINITÉS DES BOIS, DES PRAIRIES, ETC.

Quand vous assistez, Émilie, à la célébration d'un mariage, vous observez en détail les physionomies étrangères et quelquefois étranges de tous les assistans. Plus les grâces ou la nouveauté de leur extérieur vous surprennent ou vous intéressent, plus vous êtes curieuse d'apprendre

> Les amours de la sœur, du frère,
> Les aventures du voisin,
> Les petits secrets de la mère,
> Et l'histoire du grand cousin.

Il est probable qu'en voyant passer le cortége de Neptune et d'Amphitrite, vous avez éprouvé la même curiosité ; et moi, qui suis à peu près initié dans les secrets de la famille,

> Je vais vous dire, en conscience,
> Sans surcharger la vérité,

---

[1] *Voyez* la Lettre LXXVI.

LETTRE LXXIX.

Tout ce qu'on dit, tout ce qu'on pense
De chaque dieu, de chaque déité.
Si ce récit vous offre un peu de médisance,
Ne me l'imputez pas; mais songez, s'il vous plaît,
Que c'est la faute du sujet,
Et que, tant ennemi qu'on soit de la satire,
Quand il s'agit d'honneur, raconter, c'est médire.

Dégageons d'abord nos principaux personnages de la foule des personnages accessoires, et brochons légèrement sur les petites vertus et les grâces populaires de cette multitude de divinités maritimes et champêtres qui n'apportent à la cour de Neptune que leur gaieté rustique et leur fraîcheur villageoise, et qui n'y sont invitées que par égard pour le vieil Océan, chargé de cette nombreuse famille.

Et en effet, quel intérêt trouverez-vous à savoir que ces Napées, parées de fleurs champêtres, veillent à la conservation des prairies; que ces Oréades, couronnées de mousse, de pin ou de genièvre, habitent les grottes des montagnes; que ces Dryades, ceintes d'une guirlande de violettes, gardent l'asile des bocages; que ces Hamadryades, le front ombragé de verdure, préservent de toute atteinte l'arbre auquel leur existence est unie; que l'existence vénérable de ces chênes antiques est confiée particulièrement à ces Querculanes, parées de leurs feuillages? Vous dirai-je encore que la nymphe Rusina, portant un soc ou un râteau, surveille la culture des champs; que ses sœurs Vallonia et Collina conservent la verdure des vallons et des collines, et cueillent chaque jour leur parure au milieu de leurs rians domaines; que les nymphes Bubona[1] et Hippona, un cornet ou un fouet à la main, président aux pâturages, aux écuries, aux étables des bœufs et des chevaux; que la nymphe Séia, tenant une poignée de grains, prend soin du blé nouvellement semé sur la terre fécondée par le dieu Sterculius, qui, armé d'une fourche, conduit et distribue les engrais; que Ségétia[2], couronnée de verdure naissante, fait éclore le froment; que Volusia étend la tige et développe la feuille dont Patélina dégage l'épi que Flore féconde, et que Lactucina remplit d'un lait substantiel consolidé par Matuta, pulvérisé par Pilumna[3], et transformé par l'ardente Fornax[4] en une pâte légère et nourrissante? Ce ne sont pas là les secrets que vous êtes curieuse d'apprendre. D'ailleurs, en voyant ces nymphes couronnées d'épis verts ou jaunissans, en remarquant dans leurs mains les divers instrumens qui servent à cultiver, recueillir, battre, broyer et cuire le froment, vous avez déjà deviné l'emploi de chacune d'elles. Si, ne sachant

---

[1] Apul., Asin. Aur. — [2] Pline, liv. XVIII.
[3] Ou Pilumnus. Serv. — [4] Fastes d'Ovide.

ni bien ni mal de ces déités inconnues, je m'avise, sauf erreur, de vous en faire l'éloge, et de vous les citer comme des modèles de la douceur, de l'innocence et de toutes les vertus qui, dit-on, règnent incognito dans les campagnes inhabitées, ces Faunes aux pieds de chèvres, ces Satyres à la barbe de bouc et ces Sylvains au corps velu, qui vous regardent, et m'écoutent peut-être, vont rire de ma bonne foi et de votre crédulité.

Taisons-nous donc : croyons qu'en tout bien tout honneur,
Ces nymphes ont vécu comme elles devaient faire ;
Et, pour continuer d'adorer la Pudeur,
Ne soulevons jamais le voile du Mystère.

Passons de cette nombreuse famille à celle des filles de Nérée. Mais que vous en dirai-je encore? Ces Tritons savent mieux que moi contre quel écueil échouèrent les vertueux projets de cette Néréide ; à quel fleuve la Naïade de ce ruisseau porte, en serpentant, son amour aussi pur que sa source ; avec quel dieu la nymphe de ce beau lac renversa cette touffe de roseaux, et troubla son miroir jadis si transparent ; quelle nuit et dans quelle rencontre la Naïade de cette fontaine brisa son urne, la pleura si amèrement, et recueillit avec tant de peine le cristal de son onde extravasée. Mais, quelque peu intéressante que soit la chronique de toutes ces divinités subalternes, avouez, mon amie, qu'il est doux de se reporter à ces temps heureux où l'air, la terre et l'onde étaient peuplés de génies bienfaisans, où l'on ne se reposait que sur le lit des nymphes, où l'on ne respirait que l'haleine des Zéphyrs, où l'on ne s'abreuvait que des pleurs ou de la substance des Naïades. Est-il une manière plus aimable et plus touchante de multiplier et d'embellir l'image du Créateur?

>Pour moi, je l'avoûrai, soit raison, soit faiblesse,
>J'aime à déifier tout ce qui m'intéresse;
>Et, dès qu'un plaisir pur vient m'animer, mon cœur
>Enivré du bienfait, cherche le bienfaiteur.
>Je le trouve partout : l'Olympe est la nature.
>J'adore le Printemps qui nous rend la verdure.
>J'invoque les Zéphyrs dont l'aimable retour
>Pare de fleurs le temple et l'autel de l'Amour.
>De l'Automne en cueillant la récolte vermeille,
>Je rends grâces au dieu qui remplit ma corbeille.
>Je salue, en entrant chez l'humble laboureur,
>Et le dieu de la paix et le dieu du bonheur;
>J'adore l'Amitié dont la main tutélaire
>S'étend sur Émilie et protège ma mère;
>Je sens qu'il est un dieu qui donne les plaisirs,
>Et qu'il en existe un même pour les désirs;
>Et crois, en remontant de l'effet à la cause,
>Qu'au sein du Créateur le vrai bonheur repose.

Il faut distinguer, de la foule des Néréides, Thétis, qui fut, dit-on, la plus belle femme de l'univers.

Apollon, Neptune et Jupiter, épris de ses charmes, se disputèrent sa main. Thétis, insensible à l'hommage de ces dieux, leur préférait secrètement Pélée, simple mortel et modeste souverain d'un petit canton de la Thessalie.

« On aime mieux son égal que son maître [1]. »

Cependant, comme les désirs des rois sont les arrêts des destinées, Thétis allait céder aux vœux de Jupiter, lorsque Prométhée prédit à celui-ci que cette nymphe mettrait au monde un fils qui serait un jour plus illustre et plus grand que son père. Soudain le roi du ciel et ses rivaux renoncèrent à leurs prétentions.

> Pélée obtint, par cet heureux retour,
> Avec le cœur, la main de son amie;
> Et cet implacable vautour
> Qui, sans assouvir sa furie,
> Dans le sein des mortels dévore tour à tour
> L'amitié, les plaisirs, le bonheur de la vie,
> L'Orgueil, fut une fois favorable à l'Amour.

[1] Voltaire, comédie de *Nanine*.

LETTRE LXXX.

TRITON, NÉRÉE ET DORIS. INO ET MÉLICERTE. PROTÉE.

Triton fut le fils aîné et le favori du souverain des ondes. Les uns lui donnent pour mère Amphitrite, épouse de Neptune, d'autres la nymphe Céléno, l'une de ses maîtresses; et j'incline assez vers cet avis, à cause de la prédilection du père pour ce fils, d'ailleurs peu intéressant.

> Du lien conjugal telle est la destinée,
> Que le meilleur époux, en dépit qu'il en ait,
>   Préfère toujours en secret
> Les enfans de l'Amour à ceux de l'Hyménée.

Le talent le plus recommandable de Triton fut celui de sonner de la trompette. Il paraît qu'il dédaignait la mélodie, et que le terrible était son genre, puisque dans la mêlée du combat des Titans contre les dieux, il mit en fuite les Géans épouvantés, en entonnant un concerto de trompette marine[1].

[1] Triton ferait aujourd'hui fortune à l'Opéra, où, grâce à

Quel talent! quel sujet! comme il ferait merveilles
Dans les morceaux tonnans de ces compositeurs
Qui, hurlant, glapissant, mugissant à grands chœurs,
Si chromatiquement déchirent nos oreilles!

Triton fit part de son talent à tous ses frères, qui, comme lui, en ont conservé les lèvres gonflées et le visage un peu bouffi.

Malgré le plaisir qu'il prenait à les entendre, Neptune suspendit un jour leurs bruyans concerts pour écouter les chants mélodieux du célèbre Nérée. Ce favori d'Apollon, qui prévoyait les arrêts des Destinées, et embellissait des prestiges de la poésie le lointain de notre existence, environné de toute la cour de Neptune et d'Amphitrite, préluda tendrement sur sa lyre, et chanta dans une douce inspiration :

> « Jeunes beautés, faites silence ;
> » Ma voix annonce l'avenir.
> » Pour vous de ma vaste science
> » Les secrets vont se découvrir :
> » C'est la jeunesse qui me donne
> » Le présage de tous les temps ;
> » Je prédis des fruits pour l'automne
> » Quand je vois des fleurs au printemps.

l'Orphée d'Italie qui charme nos dilettanti, la musique de cuivre est en grande faveur.

(Note de l'Éditeur.)

» A l'éclat de la renommée
» Préférant un bonheur obscur,
» Vous aimez; vous serez aimée.
» A quinze ans ce présage est sûr.
» L'Hymen, par un nœud légitime,
» A votre amant doit vous unir.
» Vous avez sa première estime;
» Vous aurez son dernier soupir.

» A la piété filiale
» Vous consacrez vos jeunes ans.
» L'Amour tient la balance égale
» De vos soins entre vos parens...
» Heureuse mère! quelle ivresse
» Charmera vos derniers instans!
» Que de baisers, que de tendresse
» Vous prodigueront vos enfans!

» A la vertu, dans ses disgrâces,
» Vous aimez à tendre la main.
» La Douleur, qui cherche vos traces,
» Vous trouve à moitié du chemin.
» Un jour, vous répandrez des larmes;
» Mais les dieux pour vous m'ont promis
» Que vous y trouveriez des charmes;
» Car vous aurez de vrais amis. »

La nymphe Doris, attendrie par ces chants, et soupirant après cet avenir de félicité, regardait le devin en rougissant, mais n'osait se fier à ses prédictions. Nérée, dans ses regards timides démêlant son incrédulité, lui prédit qu'elle serait heureuse mère, épouse adorée, et jura qu'avant la fin de l'année cette prédiction s'accomplirait, pourvu qu'à l'instant même la nymphe daignât lui accorder sa main. Doris tenta cette épreuve, et l'Hymen, contre sa coutume, surpassa de beaucoup ses promesses. L'épouse de Nérée, pendant un siècle et plus, mit au jour chaque année une ou deux Néréides. La plupart de ces nymphes épousèrent les frères ou les enfans de Triton. Les autres habitèrent la grotte des Fleuves, ou l'asile champêtre des Faunes et des Sylvains.

Nérée et Doris partagèrent la faveur de Neptune avec Ino et Mélicerte, infortunés que ce monarque avait pris sous sa protection.

Athamas, roi de Thèbes, ayant répudié Néphélé, et chassé Phryxus et Hellé, ses deux enfans, épousa Ino, dont il eut un fils appelé Mélicerte. Junon, qui, comme mauvaise épouse, présidait sans doute aux mauvais ménages, fit éclore dans le cœur d'Athamas l'affreux projet de massacrer la reine et son jeune fils. Ino, pour se soustraire à sa fureur, se précipita au milieu des flots en tenant Mélicerte dans ses bras. Neptune, à qui l'habitude fréquente de la paternité faisait sentir le prix de l'amour maternel, reçut à sa cour l'enfant et la mère. Ino fut depuis adorée sous le nom de Leucothoé, et Mélicerte sous celui de Palémon chez les Grecs, et de Portunus chez les Latins. Il présidait à la sûreté des ports, dont on lui mettait les clefs dans la main droite. De la gauche il tenait une ancre ou un gouvernail. Les matelots invoquaient Portunus près du rivage, et en pleine mer Saron, qui présidait à la manœuvre; ce dieu tenait une rame et des cordages.

Phorcys, autre dieu du second ordre auquel les pilotes adressaient des vœux passagers pendant la tempête, était fils de Neptune et père de Méduse. Chassé par Atlas des royaumes de Corse et de Sardaigne, il trouva un asile à la cour de son père, et y jouit de cette compassion respectueuse qui humilie les rois détrônés.

Mais, de tous les courtisans de Neptune, celui qui posséda le mieux l'esprit de son État fut le devin Protée, fils de l'Océan et de Téthys, dont les traits furent si mobiles et le caractère si flexible, que je n'entreprendrai ni de vous le dépeindre ni de vous le définir¹; car vous n'ignorez pas, mon

¹ Protée, dont l'admirable mobilité fit merveille à la cour de Neptune, serait dans les cours modernes un faible écolier. En France, par exemple, nous avons des Protées d'une autre force; ce sont ces hommes d'État, ces généraux ces courtisans de qui la conscience malléable s'est moulée, depuis quarante-cinq ans, sur dix régimes divers; tous ont été excellens pour ces commodes serviteurs, pourvu qu'ils les aient adoptés et enrichis. Il a pourtant manqué à ces personnages

amie, que la définition est pour le moral ce que la description est pour l'extérieur. Si j'essayais de dépeindre Émilie, je dirais :

> « Lèvres de rose, haleine de Zéphyre,
> » Trésors d'albâtre et modeste maintien;
> » Charmes qui font sentir ce qu'on n'ose lui dire.
> » A ses genoux un regard vous attire,
> » Un soupir vous égare, un coup d'œil vous retient. »

Mais, si je voulais la définir, j'ajouterais :

> « Son esprit, sa bonté, son modeste langage,
> » Vous pénètrent d'un sentiment
> » Qui vous attache uniquement
> » Et sans réserve et sans partage.
> » On ne peut l'estimer ni l'aimer à demi;
> » Qui n'est que son ami veut être davantage;
> » Qui n'est que son amant veut être son ami. »

quelque chose du talent de Protée : ils n'étaient pas devins comme lui, et ne se sont montrés, en général, prophètes qu'après l'évènement, ce qui les a tant soit peu déconsidérés.

(Note de l'Editeur.)

LETTRE LXXXI.

GLAUCUS ET SCYLLA.

Il est une douce langueur
Que la tendresse nous inspire,
Quand l'innocence à notre cœur
Cache encore ce qu'il désire :
Une plus brillante clarté
Sourit à notre œil enchanté ;
Un nouvel univers commence ;
Loin de lui le cœur emporté
Nage dans une mer immense
D'amertume et de volupté.

Songe heureux! aimable délire!
Vous vous envolez pour toujours
Dès que la vérité déchire
Le bandeau léger des Amours.
Au jour fatal qui nous éclaire,
Quand nous discernons les objets,
Adieu bonheur! adieu chimère!
On se dit d'une voix amère :
C'est donc là ce que je cherchais :
Ah! n'éclairons point l'innocence.

Laissons la tendre adolescence
Désirer, espérer, languir :
L'amour n'a point de jouissance
Qui vaille le premier désir.

Scylla, fille de Phorcys et d'Hécate, éprouvait cette mélancolie plus douce, plus enivrante que le plaisir même, lorsqu'elle aperçut au bord de la mer un jeune pêcheur qui se préparait à jeter ses filets. Son regard était tendre, sa figure languissante, sa taille svelte et majestueuse; ses jambes nues ressemblaient à celles de Mercure, ses bras à ceux de Ganymède; une courte draperie, flottant sur ses épaules, laissait entrevoir son sein oppressé de soupirs et palpitant des feux de la jeunesse.

Deux malades qui se rencontrent s'intéressent mutuellement, surtout quand leur maladie est la même. Glaucus et Scylla se regardèrent, se plaignirent, et associèrent leurs souffrances :

« Vous soupirez, nymphe charmante ?
» — Jeune étranger, vous soupirez ?
» — D'une inquiète ardeur mes sens sont dévorés.
» — La même inquiétude en secret me tourmente.
» — Je ne dors plus. — Ni moi. — Je viens rêver ici;
» J'y désire quelqu'un; j'y suis seul; je soupire.
» — Je rêve comme vous, et je désire aussi,
» Sans savoir ce que je désire.
» — Moi qui n'aurais pu voir même un oiseau souffrir,
» Qui du mal redoutais jusques à l'apparence,

» Croirez-vous qu'aujourd'hui mon unique plaisir
» Serait de voir quelqu'un partager ma souffrance?
» — Ah! n'en rougissez pas, vous me feriez rougir;
» Car, je vous l'avoûrai, j'ai le même désir.
» — De mes lèvres de feu quelles lèvres brûlantes
» Viendront respirer les ardeurs?
» — Quels soupirs sècheront les pleurs
» De mes paupières languissantes?
» — J'en jure par l'Amour, belle nymphe : c'est moi
» Qui vais mettre un terme à vos peines.
» — Secourable étranger, dans votre état, je croi
» Que l'on a bien assez des siennes.
» —Eh bien! échangeons-les.—Eh! qu'y gagnerons-nous?
» —Qui sait?—Notre fardeau sera toujours le même.
» — Non; des peines de ceux qu'on aime
» Le partage est, dit-on, plus doux.
» —Vous croyez? Essayons.—Hélas! votre main tremble.
» —La vôtre tremble aussi.—Notre mal se ressemble.
» — Asseyez-vous. — Reposez-vous. »

Et ils s'assirent; mais se reposèrent-ils? Si vous êtes curieuse de l'apprendre, interrogez cette femme, vêtue de noir, qui s'avance à grands pas vers le rivage, et les observe d'un œil courroucé. Voyez-vous comme ses cheveux se hérissent, comme sa baguette s'agite dans ses mains? entendez-vous siffler ce serpent sur sa tête? Peut-on être à ce point jaloux du repos de deux jeunes infortunés? Quelle est donc cette femme qui ne peut souffrir qu'une autre...? Hélas! c'est une femme...

Adieu, ma bonne et tendre amie,
Ange d'innocence et de paix,
Dont le cœur ne connut jamais
La haine ni la jalousie :
Si votre sexe a le malheur
D'éprouver souvent la fureur
De cette double frénésie,
Votre inaltérable douceur
Avec lui me réconcilie.

CIRCÉ.

LETTRE LXXXII.

CIRCÉ, LES SYRÈNES.

Fille de la Nuit et du Jour,
Et favorite de sa mère,
Par ses enchantemens Circé fit tour à tour
Gronder les cieux, trembler la terre,
Frémir la Nature et l'Amour,
Et pâlir le front de son père.

Épouse d'un jeune roi des Sarmates, elle empoisonna la coupe nuptiale, et se réfugia sur un promontoire de la Campanie. Là, seule, dévorant ses remords, errant à travers les rochers et les précipices, elle recueillait avec le poison des plantes le noir venin des reptiles. De longs voiles, parsemés d'étoiles de feu, ceignaient son front et tombaient en flottant jusqu'à terre. Une baguette magique s'agitait dans sa main, et traçait autour d'elle un cercle mystérieux, dont elle occupait le centre. C'est là que... mais une plume immortelle a tracé ce tableau¹ ; et, quand Pindare a parlé, je ne sais plus que admirer et me taire.

> La fauvette timide et son faible ramage
> Doivent céder aux chants du cygne harmonieux :
>   Et, quand il plane dans les cieux,
> L'aigle impose silence aux oiseaux du bocage.

Tandis que Circé achève ses noirs enchantemens, Glaucus, immobile sur le sein de sa chère Scylla, ouvre languissamment ses paupières appesanties, cherche des yeux les yeux de son amante, et ne rencontre que les regards affreux de six têtes énormes, dont les bouches béantes lui présentent leur triple rang de dents ensanglantées. Saisi d'étonnement et d'effroi, il se lève, recule, et contemple, en frissonnant d'horreur, un corps informe, opposant ses vastes flancs à la fureur des flots, et environné de chiens furieux, dont les hurlemens menacent de loin les vaisseaux que le monstre attend au passage.

Tel fut le sort de la malheureuse Scylla, que vous distinguerez d'une autre Scylla, fille de Nisus, qui trahit son père et fut changée en alouette; car il faut bien se garder, surtout aujourd'hui, de confondre le sort du criminel avec celui de l'infortuné.

Les enchantemens de Circé échouèrent contre

---

¹ *Voyez* la Cantate de Circé, par J.-B. Rousseau.

la prudence d'Ulysse, qu'elle voulut asservir et qui l'asservit elle-même. Je vous raconterai ces détails dans l'histoire de ce héros, dont elle eut, en moins d'une année, trois enfans...

    Trois enfans! quand la mère est aimable et jolie,
    On peut lui pardonner cette sorcellerie.

Il arrive quelquefois qu'une enchanteresse, par jalousie d'état, nous préserve des enchantemens d'une autre. Circé avertit Ulysse de se boucher les oreilles avec de la cire, et de se faire attacher au mât de son vaisseau, pour résister à l'attraction du chant des Syrènes, et éviter les écueils qu'elles habitaient auprès des côtes de Sicile. Ces trois sœurs étaient filles du fleuve Achéloüs et de la muse Calliope. On les nommait Leucosie, Lydie et Parthénope. Leucosie tenait des tablettes et chantait, tandis que Lydie l'accompagnait avec la flûte, et Parthénope avec la lyre[1].

Parthénope donna son nom à une ville célèbre d'Italie, où l'on prétend qu'elle mourut. La ville de

[1] Puisque les Syrènes sont les séductions qu'exerce la mélodie personnifiée, une juste allégorie devait les placer sur les côtes de l'Italie, et près de la brillante plage de Naples. Mais si, comme le dit notre auteur: « L'Amour, trop souvent, » n'y chante ses exploits qu'après avoir perdu ses armes, » les Syrènes du pays, qui n'aiment pas l'Amour désarmé, vont assurément le chercher ailleurs.   (*Note de l'Editeur.*)

Parthénope ayant été détruite, Phalaris la réédifia, et la nomma Néapolis, Ville-Neuve. Naples n'a point oublié le chant des Syrènes. Elle est encore la patrie des successeurs d'Orphée et l'école de la mélodie; mais, hélas! l'Amour trop souvent n'y chante ses exploits qu'après avoir perdu ses armes.

> Là, la muse du chant, craignant que de sa voix,
> Les combats ou la chasse, ou la fraîcheur des bois,
>   N'altèrent l'organe fragile,
>   Lui laisse son arc inutile,
>   Et lui dérobe son carquois.

Les talens des Syrènes les firent admettre dans la société de Proserpine, puisqu'elles furent témoins de son enlèvement. Ce fut pour la chercher que les dieux leur accordèrent des ailes. Mais elles ne conservèrent pas long-temps leur plumage. Ayant osé disputer aux Muses le prix du chant, elles furent vaincues par leurs rivales, qui se couronnèrent de leurs plumes. J'ignore si Calliope, mère des Syrènes, prit part à leurs dépouilles.

> Mais j'aperçois de temps en temps
> Plus d'une mère de famille
> Qui, malgré tout l'amour qu'elle a pour ses enfans,
> Voudrait bien se parer des plumes de sa fille.

Les Syrènes, à l'aide du temps et de la vanité, se consolèrent peu à peu d'avoir été surpassées par des déesses; mais elles ne purent survivre à l'affront d'avoir été vaincues par un mortel. Déjà les Argonautes, attirés par leurs chants, oubliaient la conquête de la toison d'or; déjà leur vaisseau dérivait vers l'île fatale. Soudain Orphée monte sur le tillac, et, d'une voix divine, chante le combat des dieux. A ces accens inspirés par le génie, animés par la gloire, épurés par la vertu, le prestige se dissipe, le charme cesse, et le navire vogue à pleines voiles vers le rivage de Colchos. Les Syrènes, réduites au silence et au désespoir, jetèrent leurs instrumens dans la mer, et s'y précipitèrent elles-mêmes.

> Le dieu de l'humide séjour
> Les y reçut en souveraines.
> Elles firent depuis l'ornement de sa cour :
> La cour fut de tout temps le pays des Syrènes.

On pourrait les représenter d'abord sous la figure de jeunes nymphes tenant des instrumens de musique; après l'enlèvement de Proserpine, on leur donnerait des ailes; après leur recherche infructueuse, des plumes et des pieds d'oiseau; après leur arrivée chez Neptune, des nageoires et une queue de poisson.

L'image de Circé varie également suivant le temps et le lieu où elle est représentée. Accorde-t-elle sa main au jeune prince des Sarmates, c'est Vénus montant sur le trône de Paphos et de Gnide. Conjure-t-elle la perte de Scylla, la fureur ride son front, la rage s'exhale de sa bouche écumante; les serpens sifflent et s'entrelacent dans ses cheveux hérissés; l'orage gronde sur sa tête; la foudre obéissante sillonne à ses pieds le cercle magique qui l'environne; un jour pâle et livide éclaire son attitude terrible, sa baguette menaçante, son voile noir, sa robe étincelante, et les coupes empoisonnées dont la vapeur s'élève vers les cieux épouvantés. Mais accueille-t-elle dans son île le roi d'Ithaque et les héros qui l'accompagnent, les roses couronnent sa chevelure blonde et parfumée, la pudeur est sur son front, la persuasion sur ses lèvres. Son regard exprime la langueur du désir, son geste la mollesse de la résistance. Sa robe transparente trahit les contours de sa taille flexible et l'albâtre mobile de son sein agité. Les Zéphyrs se jouent dans les plis de son voile, autour de ses bras arrondis et de ses pieds délicats. D'une main elle tient sa baguette entourée de fleurs; de l'autre elle présente en souriant une coupe pareille à celle que je vous envoie par le porteur de ce message.

> L'Amour vous donna de Circé
> La taille enchanteresse,
> Son sourire, son œil baissé,
> Son esprit, sa finesse.
> Comme Circé vous nous charmez,
> Comme elle vous nous enflammez;
> Mais, pour qu'en tout vous souteniez

Cet heureux parallèle,
Je veux encor que vous ayez
Une coupe comme elle.

Celui de qui ce vase aura,
Après vous, les prémices,
A longs traits y savourera
L'amour et ses délices.
D'espoir, de crainte, de désir,
Son sein va brûler et transir;
Et quand sa bouche aura d'abord
Bien épuisé la coupe,
Ses lèvres presseront encor
Les bords de la soucoupe.

Ah! si dans votre île, à son tour,
Aborde ma nacelle,
Faites-moi, dès le premier jour,
Devenir tourterelle.
Là, près de vous, je veux gémir,
Et me consumer de plaisir.
Et quand je n'aurai plus enfin
Que quelques étincelles,
Je m'éteindrai sur votre sein
En étendant mes ailes.

LETTRE LXXXIII.

CÉIX ET ALCYONE.

L'Amour, auteur de tant de maux,
L'Amour, qui jusqu'au sein des flots
Porta le trouble et les alarmes,
Fit pleurer Amphitrite et les nymphes des eaux,
Deux fois sur leur rivage a répandu des larmes.

Alcyone et Céix lui coûtèrent des pleurs.
Son souffle de Borée adoucit les rigueurs
Pour protéger encor ce couple aimable et tendre [1],
Et sa voix gémissante attendrit les échos,
Quand l'Aquilon fougueux, aux rives de Sestos,
Éteignit le flambeau qui conduisait Léandre.

Alcyone, fille d'Éole, avait épousé Céix, roi de Trachine, fils de Chione et de Lucifer [2].

Lucifer est ce dieu qui, dès l'aube du jour,
Précède du soleil la jeune avant-courrière.

[1] Les Alcyons.
[2] On le nomme *Lucifer* avant le lever, et *Vesper* après le coucher du soleil.

CÉIX ET ALCYONE.

CÉIX ET ALCYONE.

Quand Phœbus étincelle au bout de sa carrière,
Lucifer de la nuit annonce le retour ;
Et, sans trahir leurs pas, sa discrète lumière
Conduit au rendez-vous l'Espérance et l'Amour.

Céix jouissait, près de sa chère Alcyone, de cette inaltérable félicité qu'on n'entreprendra jamais de peindre quand on l'aura bien sentie.

Ce n'était point ce délire amoureux
  Qui s'éteint avec la jeunesse,
  Et dont le souvenir ne laisse
  Que le néant d'un vide affreux.
Ce n'était le plaisir, l'estime, la constance,
L'amitié ni l'amour ; mais c'en était l'essence,
  Nectar délicieux dont le destin jaloux
  Remplit si rarement la coupe des époux !

En épuisant chaque jour cette coupe céleste, Alcyone était devenue mère. Céix partageait avec ivresse ses soins, ses peines et ses plaisirs. Quelquefois, pour lui renouveler le sentiment de leur félicité commune, il se plaisait à lui en tracer la peinture, comme on aime à présenter un miroir à la modestie pour lui rappeler qu'elle est belle. Apercevait-il sur son front quelque nuage de tristesse, il s'asseyait près d'elle, et lui disait en la tenant embrassée :

« Je ne t'ai pas vu sourire
» Depuis le lever du jour.

» J'entends ton cœur qui soupire,
» Est-ce de peine ou d'amour?
» Pour chasser la rêverie
» Qui s'empare de tes sens;
» Rappelle-toi, mon amie,
» Ton époux et tes enfans.

» Au sein de notre famille,
» Le soir, l'un et l'autre assis,
» Dans mes bras je tiens ta fille,
» Dans tes bras tu tiens mon fils.
» Sous les traits de leur jeunesse
» Je crois démêler tes traits;
» Et j'embrasse avec ivresse
» Le modèle et les portraits.

» J'aperçois sur ton visage
» Les traces de la douleur.
» J'en demande le partage,
» Et j'en obtiens la faveur!
» Embrasse-moi, je t'adore;
» Pour mon cœur c'est un besoin....
» Notre baiser dure encore:
» La douleur est déjà loin. »

Tel fut le bonheur d'Alcyone tant que Céix n'eut d'autre ambition que celle de lui plaire. Mais bientôt la fortune, en étendant son empire et ses richesses, alluma dans son sein la soif des grandeurs. Ébloui de sa nouvelle puissance, il osa prendre le nom de Jupiter[1], et son épouse s'aperçut qu'il en prenait aussi le caractère et l'indifférence conjugale. Riche d'honneurs et pauvre de plaisirs, Alcyone, au sein de sa stérile opulence, regrettait, chaque soir, sa féconde médiocrité.

> La grandeur et l'amour s'accordent mal ensemble :
> L'une cherche l'éclat, l'autre l'obscurité.
> L'une aime à découvrir toute sa majesté;
>   Dès qu'on aperçoit l'autre, il tremble
>   De laisser voir sa nudité.
> Aussi, je l'avoûrai, jamais de la puissance
> Je n'ai pu concevoir le suprême plaisir;
> Mais que je conçois bien la douce jouissance
>   De savourer son existence
>   Dans un modeste et vertueux loisir!
> Ah! que l'ambitieux du bonheur de sa vie
> Trouble, à son gré, le fond pour la superficie :
> J'ai besoin d'un bonheur moins brillant, mais plus sûr,
>   Qui ressemble, s'il est possible,
>   A cette source obscure, mais paisible,
> Dont la surface est calme et le fond toujours pur.

Jupiter vit avec indignation un faible mortel usurper le nom du roi des cieux; et, depuis ce moment, la vengeance céleste plana sur la tête de l'usurpateur.

Chione, suivant quelques auteurs, mère de Céix,

---
[1] Apollodore, liv. I.

et selon plusieurs autres, nièce de ce prince, fière d'avoir épousé en même temps Apollon et Mercure, osa se préférer à Diane elle-même. Cette témérité demeura long-temps impunie. Diane, insensible à l'amour, n'était point encore jalouse de sa beauté; mais elle vit Endymion, et Chione tomba sous ses traits. Dédalion, père de cette infortunée, se précipita d'un rocher du mont Parnasse. Les dieux eurent pitié de son sort, et le changèrent en épervier.

Céix, effrayé des malheurs de sa famille, et les regardant comme un sinistre présage pour lui-même, résolut d'aller à Claros consulter l'oracle d'Apollon. Ceux qui le prétendent fils de Chione assurent qu'il voulait y conjurer le dieu de la médecine de rendre le jour à sa mère. Vous aimerez à penser, mon amie, que ce fut là le motif de son voyage;

> Et, d'après votre cœur jugeant le cœur d'un autre,
> Vous croirez que Céix, en écoutant sa voix,
>   Pour sa mère fit autrefois
> Ce qu'aujourd'hui vous feriez pour la vôtre.

A la nouvelle de ce départ précipité, Alcyone, saisie de douleur et d'effroi, vole au rivage, aperçoit Céix, dont le pied touche la barque fatale, pousse un cri, se précipite, et, le visage et le sein inondés de larmes, s'écrie en embrassant ses genoux :

CÉIX ET ALCYONE.

« Que t'a fait la triste Alcyone ?
» Quel crime a-t-elle donc commis
» Pour que son ami l'abandonne ?...
» Si pourtant mon époux l'ordonne,
» A ses lois mon cœur est soumis ;
» Mais au moins, en quittant celle qui vous fut chère,
   » Pourquoi d'un perfide élément
   » Voulez-vous braver la colère ?
» Si l'Aquilon repose en ce moment,
» Croyez-moi, son repos présage le tonnerre.
» Je suis fille d'Éole, et connais mieux que vous
   » Les emportemens, le courroux
   » Et l'inconstance de mon père.
» Confiez ce voyage à la mère des dieux[1] ;
» Elle vous conduira par des routes fleuries.
» Les éclats de la foudre et les vents furieux,
» Et les flots écumans pour vous valent-ils mieux
» Que le zéphyr des champs et l'émail des prairies ?
   » Chez Cybèle, en quelques climats,
   » Que Mercure guide vos pas [2] ;
» Rêvant à vous le soir, quand la nuit sera close,
» Et vous introduisant au milieu des palais,
» Sous l'asile du chaume ou l'ombre des forêts,
   » Je pourrai me dire : Il repose ;
   » Reposons-nous. Mais sur les flots,
   » Point d'asile, point de repos.
   » J'interrogerai le nuage

---

[1] Cybèle, déesse de la terre.
[2] Mercure, dieu des voyageurs.

» Qui vers la mer prendra son cours :
» Dans ses flancs je croirai toujours
» Entendre murmurer l'orage :
» Et, si quelque banc de rameurs
» Vient échouer sur ce rivage,
» En proie à de sombres terreurs,
» Ne songeant que mort et veuvage,
» Je croirai répandre des pleurs
» Sur les débris de ton naufrage!... »

A ces mots, l'époux d'Alcyone, se croyant encore son amant, interrompit ses plaintes par un baiser, et lui dit, du même ton qu'autrefois :

« Avant que de la nuit l'inégale courrière
» Ait deux fois dans les cieux achevé sa carrière,
» Je jure qu'en ces lieux je serai de retour.
» Si j'ai choisi la mer pour quitter ce séjour,
» C'est que les vents rendront, sur le liquide empire,
» Mon retour plus rapide et le trajet plus court.
» Attends-moi, je reviens. Souviens-toi que Zéphyre
   » A des ailes comme l'Amour. »

Il dit, s'échappe de ses bras, et s'élance sur le vaisseau, qui fend l'onde et fuit le rivage. Là les bras étendus, immobile de douleur, Alcyone attache ses derniers regards sur son époux, sur le navire, sur la voile blanchissante, dont l'image fugitive s'efface et disparaît.

Alors, l'œil morne et la tête abattue, elle retourne

lentement à son palais, où chaque objet renouvelle ses regrets et son désespoir :

> « Cet asile silencieux
> » Qui des secrets du roi fut le dépositaire,
> » Ses habits, son armure éparse sous ses yeux,
>> » Et cette alcôve solitaire,
> » Et ce lit tiède encor de leurs derniers adieux. »

Mais bientôt la douleur cède à la crainte. Alcyone, pour le salut de son époux, prépare un sacrifice au souverain des ondes et au dieu des tempêtes. Je suis fille d'Éole, disait-elle; et peut-être ses fougueux enfans accueilleront-ils l'offrande et les vœux de celle qui doit le jour à leur père.

Déjà le sang d'un noir taureau coule sur l'autel de Neptune. Tandis que ses prêtres le recueillent dans des coupes dorées, un énorme sanglier, l'œil farouche, le poil hérissé, se raidit contre le bras qui l'entraîne, approche et tombe en rugissant sous la hache sacrée. Les sacrificateurs jettent au milieu des flots les entrailles palpitantes, et rougissent l'onde amère de leurs coupes ensanglantées. Cependant, sur un rocher battu des vagues irritées, on immole une brebis noire, en conjurant à grands cris Éole et les orages. Ces sinistres accens sont de temps en temps interrompus par le chant des vierges couronnées de guirlandes, et conduisant à l'autel du Zéphyre un agneau qu'allaite encore sa mère. Soudain le bûcher s'allume, et la vapeur des offrandes monte avec l'encens vers le trône de nuages où siège le roi des airs. En ce moment Alcyone élève vers le ciel ses regards brillans de ferveur et d'espérance, et tombe à genoux en s'écriant :

« D'une fille autrefois chérie,
» Éole, entends les vœux et calme la douleur.
» Mon père, souviens-toi que tu dois le bonheur
» A celle qui te dut la vie.

» Aux Aquilons impétueux
» Interdis l'empire des ondes;
» Enferme leur essaim dans tes grottes profondes;
» Et, si leurs cris tumultueux
» Menacent les remparts de ta retraite obscure,
» Rappelle à tes enfans qu'Alcyone est leur sœur;
» Et, s'il se peut, enchaîne leur fureur
» Des nœuds sacrés de la nature.

» Redoutable amant d'Orithie [1],
» Épargne ce que j'aime, et jusqu'à son retour
» De ton souffle mortel comprime la furie :
» Tu sais, si tu connus l'amour,
» Que d'un souffle dépend le bonheur de la vie.

» Et toi dont l'esprit est si doux,
» Toi que j'aime à nommer mon frère,
» Si jamais ta sœur te fut chère,

---

[1] Borée, qui enleva Orithie, dont il eut deux enfans, Calaïs et Zéthès.

CÉIX ET ALCYONE. 299

» Zéphyr, protège mon époux.
» Si tu rends à mes vœux le héros que j'adore,
» Quel encens envers-toi m'acquittera jamais?
» Heureusement, pour payer tes bienfaits,
» Il ne faut qu'un baiser de Flore;
» Et, quoique tu sois à ses yeux
» Plus beau que l'Amour même et plus frais que l'Aurore,
» Après avoir fait des heureux,
» Tu seras plus aimable encore. »

Éole, s'il eût pu l'entendre, eût sans doute exaucé la prière de sa fille ; mais les noirs autans, en poursuivant le vaisseau de Céix, emportèrent l'encens et les soupirs d'Alcyone.

Cependant l'Espérance abrégeait pour elle les heures qu'éternisait la crainte. L'Espérance, sœur de la Piété, habite avec elle le sanctuaire des immortels. Alcyone, les mains chargées d'offrandes, allait chaque jour la chercher dans le temple de Junon. Mais la reine des dieux, fatiguée d'entendre des vœux impuissans, et ne pouvant souffrir qu'un vain espoir fût le prix des sacrifices offerts en son honneur, ordonne à Iris, sa prompte messagère, d'aller détromper la crédule Alcyone.

Fallait-il la guérir de sa crédulité?
Par elle, si souvent, de la félicité
    Le rapide éclair se prolonge!
    Quand le bonheur tient au mensonge,

Pourquoi dire la vérité?
Si jamais vous cessiez de m'aimer, mon amie,
Moi, qui jusqu'à la mort compte sur votre cœur,
Laissez-moi mon erreur,
Pour me laisser la vie.

Iris, portée sur l'aile des Songes, pénètre dans l'asile où repose Alcyone, et se présente à sa pensée sous les yeux de son époux. Mais ses yeux éteints, son teint livide, ses lèvres décolorées, ses cheveux et ses vêtemens souillés de vase et d'écume, annoncent à son épouse quelle est sa destinée. A cette vue, elle pousse un cri, s'éveille, court au rivage, et, d'un œil égaré, cherche sur le lointain des flots l'objet qu'elle tremble d'apercevoir. En vain ses compagnes affligées s'empressent de calmer son effroi. « C'est lui, s'écriait-elle, c'est son ombre; je l'ai » vue, je la vois encore. — Pourquoi, chère Al- » cyone, pourquoi vous livrer aux prestiges d'un » vain songe? Ignorez-vous que les Songes, enfans » de l'Erreur, se jouent sans cesse de la crainte et » de l'espérance des mortels? Ce qu'ils disent n'est- » il pas toujours le contraire de ce qu'ils semblent » dire? et puisqu'ils vous annoncent la perte de Céix, » ne sont-ils pas les messagers de son retour? »

Alcyone, saisissant cette consolante idée, essuyait peu à peu ses larmes, et, d'un air reconnaissant, souriait à ses compagnes, qui chantaient en cueillant des fleurs:

» Si le bonheur fait les beaux jours,
» Ne redoutez plus les orages.
» L'essaim fidèle des Amours
» Loin de vous chasse les nuages.
» Il ramène du haut des cieux
» Phœbus vers Téthys attendrie,
» Et guide en ces aimables lieux
» Le bien-aimé vers son amie.

» De joie et d'espoir bondissans,
» Les Tritons et les Néréides
» Font retentir de leurs accens
» Les échos des plaines liquides.
» Les fleurs aux rives d'alentour,
» Sur les rochers, dans la prairie,
» Naissent pour orner le retour
» Du bien-aimé vers son amie.

» Voyez, dans le lointain des airs,
» Ces hirondelles, chaque année,
» Venant des bouts de l'univers
» Habiter le nid d'hyménée.
» Modèles de l'amour constant,
» Aux bords chéris de leur patrie
» Elles ramènent en chantant
» Le bien-aimé vers son amie. »

Alcyone, attentive à ces chants qui berçaient sa douleur et ranimaient son espérance, promenait ses regards rêveurs sur la vaste étendue de la mer unie et tranquille. Un rocher s'élevait-il dans la vapeur azurée, c'était le vaisseau de Céix ; et si quelque oiseau, si quelque nuage lointain traversait l'horizon, c'était le pavillon ou les voiles du vaisseau.

Au milieu de ces illusions, un objet qui flotte lentement vient fixer sa vue incertaine. Point de mâts, point de voiles. « Ce ne peut être un vaisseau ! » dit-elle en soupirant. Et soudain son imagination lui trace la forme d'une barque légère, qui, à la faveur du calme, précède et ramène peut-être son époux. Cependant l'objet approche, et peu à peu la barque s'évanouit. Une blancheur terne, des cheveux noirs et flottans, des bras immobiles et étendus, lui présentent par degrés l'image d'un malheureux, victime de la tempête. « Infortuné ! dit-elle, » que je plains ton épouse ! » Et ses yeux, qu'elle détourne, se reportent involontairement sur cet objet d'horreur et de pitié. Plus le corps approche, plus il attire les regards et glace les sens d'Alcyone, aussi pâle, aussi froide que lui-même. Son époux, ce songe effrayant, ce corps livide, mais majestueux... Quels sinistres rapports ! Cependant elle ose douter encore. L'onde couvre à moitié ses traits... étrangers peut-être. Mais un flot soulève sa tête...

« Céix !... ah ! cher époux !... et vous l'avez permis,
» Dieux cruels qu'invoquait ma crédule tendresse !
» Céix ! mon cher Céix ! est-ce là ta promesse !
» Voilà donc ce retour que tu m'avais promis !... »

En prononçant ces mots étouffés par la douleur, elle s'élance au sommet d'un rocher dont la voûte menaçante s'avance au-dessus des flots. Tout le peuple attentif la suit d'un œil inquiet, et pousse un cri de terreur en la voyant se précipiter vers son époux. Mais bientôt le silence de l'étonnement étouffe le murmure de la crainte. Des ailes étendues suspendent Alcyone au milieu des airs. D'un vol paisible, elle plane sur le corps inanimé, le couvre de ses caresses, le réchauffe de ses baisers, et, lui communiquant sa nouvelle existence, elle voit du sein des flots s'élever son époux, vêtu, comme elle, d'un plumage nuancé d'or et d'azur. Sous cette forme nouvelle, échappés à l'ambition et rendus à la nature, ils se retrouvent aux premiers jours de leur hyménée. Leur fidélité se prolonge avec leurs années ; et, quand la vieillesse a détendu les ailes de Céix, Alcyone, aidant encore son époux, le soulève au-dessus des ondes, et soutient sa course en voltigeant à ses côtés.

Éole, touché du sort de sa fille, fit assembler ses enfans ; et, après leur avoir sévèrement reproché l'infortune de leur sœur, il les retint sept jours enchaînés dans son palais. Céix, profitant de l'absence de ses ennemis, construisit sur la mer tranquille une demeure flottante, où son épouse fit éclore les premiers gages de leur nouvel hyménée. Tous les ans, sous le règne de Borée, Éole pleure sa fille, bannit ses persécuteurs, et le même exil favorise les mêmes amours.

  Grâce aux immuables décrets
Du dieu qui tient les airs en son pouvoir suprême,
Les Alcyons, objets de ses tendres regrets,
Ont, tous les ans, sept jours de bonheur et de paix.
C'est peu, me direz-vous.—C'est beaucoup quand on aime.
 Et si des dieux la céleste bonté,
Des rapides instans de ma félicité,
  Des retours de votre tendresse,
  Et des éclairs de notre ivresse,
  Et de ces regards dont le trait
  Pénètre mon âme attendrie,
Et de ces mots touchans que jamais je n'oublie,
Et de tous ces momens où l'amour me distrait
  Des amertumes de la vie,
  Tous les ans, auprès d'Émilie,
Me composait sept jours de paix et de bonheur,
Je n'exigerais d'eux pour dernière faveur,
Que de les ajouter aux jours de mon amie.

LETTRE LXXXIV.

HÉRO ET LÉANDRE.

Sur les bords de l'Hellespont, au milieu des remparts de Sestos, s'élevait un temple célèbre, dédié à la mère des Amours.

C'est là qu'une tendre Vestale
Prêtresse consacrée à la chaste Vénus [1],
Cachait, en rougissant, ses charmes ingénus
Sous une gaze virginale.
Pour calmer leurs tourmens, quand les jeunes mortels
Venaient par des présens apaiser la déesse,
Leurs offrandes, avant d'arriver aux autels,
Tombaient aux pieds de la prêtresse.

A ces mots de *chaste Vénus*, il me semble, Émilie, que je vous vois malignement sourire.

Ce nom peu mérité vous surprendra peut-être;
Apprenez donc qu'alors on adorait
Vénus, non telle qu'elle était,
Mais telle qu'elle devait être.

---

[1] On adorait Vénus pudique; Horace l'appelle *Venus decens*.

Chaque année, au retour du printemps, ses fêtes attiraient à Sestos quelques amans heureux, une foule innombrable d'amans désespérés, et la multitude de ceux que l'amour naissant agite encore entre la crainte et l'espérance.

>Léandre, atteint de cette épidémie
>Qu'à dix-huit ans on se plaît à souffrir,
>Alla prier la reine d'Idalie
>De le soigner, mais non de le guérir.

Le front couronné de myrte, il se présente à la porte du temple, traverse l'assemblée les yeux baissés, pénètre jusqu'au sanctuaire, et, avec cette timide ferveur qui plaît tant aux déesses, dépose sur l'autel un nid de tourterelles et un vase de parfums. L'adolescent, après une longue et pieuse extase, lève enfin les yeux, et croit voir Vénus elle-même qui le regarde, rougit et agrée ses présens.

>Sa méprise était naturelle :
>Héro sur Vénus même eût emporté le prix,
>Puisqu'elle était plus sage et n'était pas moins belle.
>Tout ce qu'on eût pu dire en faveur de Cypris,
>C'est que l'autre Vénus était Vénus mortelle.

Mais est-on mortelle à dix-huit ans? Les vœux de Léandre, en s'élevant vers Cythérée, s'égarent sur les pas de sa prêtresse. Retiré à l'écart, et cachant son trouble derrière une des colonnes du temple, il admire furtivement, au milieu de la pompe des cérémonies, cette taille élevée, cette démarche majestueuse, ces traits enchanteurs, ce tendre sourire, et ces voiles voluptueux, et les plis de cette robe flottante que semblent se disputer les Zéphyrs et les Amours. O si sa main pouvait toucher cette main divine! s'il obtenait de ces yeux seulement un regard, de ces lèvres une parole seulement! et si jamais il osait leur répondre! mais elle est si belle, et lui si timide!

Pour vous peindre son embarras, rappelez-vous, mon amie, ce premier moment si redouté et si peu redoutable, où, sans prononcer un seul mot, nous nous dîmes tant et tant de choses! Rappelez-vous ce cabinet, asile de l'étude et des arts, ce désordre du génie, ces tableaux, ces dessins, ces pinceaux épars, et ce demi-jour donnant sur votre figure abattue et sur mon portrait commencé. Je vois encore ce petit ruban jaune, parsemé d'étoiles d'azur, qui s'entrelace dans vos cheveux, autour de votre cou, et noue sur votre sein une tunique blanche, dont les plis mystérieux se soulèvent par intervalle. Mes yeux, fixés sur la terre, n'ont osé s'élever jusqu'à vous, et pourtant rien ne leur est échappé. Et vous, dont les regards m'évitent si scrupuleusement, vous avez deviné ma pâleur, mon trouble, mon incertitude mortelle; et votre main, en m'ordonnant faiblement de sortir, semble m'inviter à m'asseoir.

Me voilà tout près de vous, me détournant toujours et me rapprochant encore. O mon amie! le pénible silence! quoi! pas un seul mot sur mes lèvres! et sur les vôtres pas un soupir! Du moins si vos regards... mais vos larmes vous dérobaient les miennes.

Le lendemain je vous revis, et il me sembla que nous nous étions dit tout ce qu'on peut se dire. Votre front m'offrit ingénument, et ma bouche prit de même le baiser de la confiance; et nos cœurs, ainsi rapprochés, tressaillirent en reconnaissant qu'ils s'étaient rencontrés la veille.

Ces rencontres, quoiqu'elles aient toujours les charmes de la nouveauté, ne sont pourtant pas nouvelles, et surtout à la cour de Cypris. Léandre, dans le temple de la déesse, attendit, vers le déclin du jour, l'heure où le peuple, en s'éloignant, laisse la prêtresse au pied de l'autel solitaire. D'un pas tremblant il pénètre dans l'obscurité du sanctuaire. Héro paraît émue, mais non pas irritée. Elle se détourne, mais elle ne s'éloigne pas; elle se tait, mais sans lui imposer silence. Il se tait lui-même; et le lendemain, à la même heure et dans le même lieu, il élève familièrement une voix profane. En vain la prêtresse emploie, pour l'interrompre, les prières, les menaces, et même le geste d'un prompt châtiment.

> Les menaces d'amour ressemblent aux promesses,
> Et ses châtimens aux caresses.

Chaque non est un oui, chaque larme un aveu;
  Et, pour exaucer sa prière,
Il faut l'interpréter souvent en sens contraire;
Car ce qu'il craint le plus est toujours ce qu'il veut.

« Au nom des dieux, répétait la prêtresse d'une
» voix mal assurée, retournez, jeune étranger, aux
» bords qui vous ont vu naître; quittez un espoir
» auquel mille obstacles s'opposent :

» Ma vertu... — La vertu qui conduit au bonheur
» Ne peut être un obstacle à celui de vous plaire.
» — Mais le devoir sacré de mon saint ministère,
    » Et Cythérée et sa rigueur....
  » — Rassurez-vous : la reine de Cythère
  » N'exigera jamais, pour son honneur,
» Qu'en vouant vos appas aux lois de la pudeur,
» Chez elle vous fassiez ce qu'elle n'a pu faire.
  » Craignez à tant d'attraits d'unir trop de vertus :
  » Les dieux sont nés jaloux, leur haine est éternelle.
    » C'est beaucoup pour une mortelle
    » D'être aussi belle que Vénus;
    » C'est trop d'être plus sage qu'elle.
» — Mes sévères parens m'ont ordonné ces vœux,
» Et ne me permettront jamais de m'y soustraire.
» — De quel droit? Le bonheur n'est-il fait que pour eux?
    » Et si votre père est heureux,
» Peut-il vous reprocher d'imiter votre mère?...
» — Léandre, croyez-moi, renonçons à l'espoir
    » De nous parler, et même de nous voir.
» J'habite au bord des flots une tour solitaire.

» Là, je consume mes beaux jours
» Sous les lois d'une esclave affidée à mon père.
» Son cœur, depuis trente ans délaissé des Amours,
» Dort éternellement; ses yeux veillent toujours.
» — Et de cette retraite sombre
» Garde-t-elle l'entrée? — Oui. — J'y pénètrerai.
»—Mais la mer nous sépare.—Oh! je la franchirai.
»—Si l'on nous voit!...—La nuit me prêtera son ombre.
»—Quoi! sans guide?–Et mon cœur!–Les vents!–J'arriverai.
» — Mais les écueils, mais la tempête,
» La foudre!... — Épargneront l'Amour;
»'Et, si pour vous ma mort s'apprête,
» Je ne mourrai qu'à mon retour. »

En parlant ainsi, leurs mains se sont rencontrées, et déjà se tiennent enchaînées sur l'autel, lorsque l'esclave vient avertir la prêtresse que la nuit la rappelle dans sa demeure. L'amant s'échappe dans l'ombre, et trouve sur les degrés du temple ses amis prêts à s'embarquer pour retourner aux remparts d'Abydos, située sur l'autre rive de l'Hellespont. Léandre les suit à regret, et vogue tristement vers sa patrie, tandis qu'en soupirant Héro regagne lentement sa retraite escarpée.

Déjà les jeunes habitans d'Abydos s'élancent sur le rivage, se dispersent, et vont raconter à leurs familles rassemblées les merveilles et la pompe des fêtes de Sestos. Léandre, seul, assis sur un rocher désert, mesure et dévore en silence l'espace qui le

HÉRO ET LÉANDRE.

sépare de son amante, et cherche vainement sur le rivage opposé cette tour qu'enveloppent déjà les ténèbres.

Cependant le vent s'élève, et les astres de la nuit s'obscurcissent. Héro, palpitante d'espoir et de crainte, lève un œil timide vers sa sévère compagne, et lui dit d'un air ingénu :

» L'Aquilon ramène l'orage.
» Je ne sais quel pressentiment
» Semble m'annoncer le naufrage
» De quelque malheureux amant.
» Je frémis en songeant qu'une épouse craintive,
» Jusqu'au soleil naissant, attendant son retour,
» Le trouvera demain étendu sur la rive,
» Ou brisé sur l'écueil qui borde cette tour.
» Vénus aux malheureux veut qu'on soit secourable :
» Sur le haut de la tour allumons un flambeau,
» Peut-être cet astre nouveau
» Sauvera quelque misérable.
» Les dieux nous sauront gré du bien qu'il nous devra,
» Et tôt ou tard l'Amour nous le rendra.
» — L'Amour! lui répondit la vieille courroucée.
» — Hélas! reprit la jeune en soupirant tout bas,
» Si je médite un bienfait, ce n'est pas
» Pour en être récompensée;
» Un sentiment plus pur occupe ma pensée.
» Vous le partagez avec moi :
» Je vous estime et je vous croi
» Le cœur trop délicat, l'âme trop bien placée

» Pour laisser échapper le plaisir d'un bienfait,
» Et d'obliger l'Amour même sans intérêt.

Lorsque dans le cœur d'une femme l'amour est éteint ou endormi, l'amour-propre, dit-on, lui succède, ou plutôt il occupe seul un empire que jusqu'alors il avait partagé. Moins tendre, mais aussi crédule que son frère, on le gouverne, comme lui, par la flatterie et les caresses. Héro en fit l'heureuse expérience : l'amour-propre de sa surveillante, pour soutenir un éloge qu'elle ne méritait pas, tyrannisa son caractère, et le dénatura au point de la rendre un instant généreuse. Elle se lève, saisit un flambeau, l'allume; et, d'un pas précipité gravissant tous les degrés de la tour, elle attache entre les créneaux le fanal, dont le vent excite et agrandit la flamme; puis, d'un air satisfait, elle revient s'asseoir auprès de la prêtresse, qui lui dit avec l'accent de la reconnaissance : « Si vous saviez combien vous m'êtes chère, et comme la bienfaisance vous rend aimable! je suis assurée qu'il n'existe pas un seul amant qui, dans cet instant, pût vous voir sans vous aimer. — Sans m'aimer ! » répond-elle en rêvant. Heureux prestige de l'imagination, aimable et dangereuse magicienne !

Elle prête à l'hiver tous les feux du printemps,
Rend au jour pâlissant tout l'éclat de l'aurore,
Et par elle, quand l'âge aura glacé mes sens,
Je croirai vous aimer et le prouver encore.

Tandis que, dans ce triste asile, la jeunesse espère et que la vieillesse rêve l'espérance, au milieu du tumulte des vents et des vagues un cri perçant se fait entendre... « Ah! s'écrie la vieille en tressaillant, c'est la voix d'un jeune homme! — Croyez-vous? dit Héro qui l'avait reconnu avant elle. — Si je le crois! regardez à travers ces grilles : l'apercevez-vous à la lueur de notre flambeau? Il n'est plus qu'à vingt pas du rivage. Voyez comme il franchit les vagues, comme il passe légèrement entre les écueils, comme il aborde au pied de la tour, comme il escalade le rocher qui nous sert de rempart! Quel instinct l'entraîne si rapidement vers notre demeure? On croirait qu'il vient y chercher... — Du secours, interrompt la prêtresse tremblante, et, puisque vous avez déjà sauvé ses jours, vous ne laisserez pas sa vie en danger, ni votre bienfaisance imparfaite. — Non, non, ma chère fille, reprit vivement sa compagne en descendant précipitamment vers le rocher; et je jure par Cupidon de le rendre sain et sauf à son épouse. — Hélas! que l'Amour vous entende! »

A ces mots, tendant au malheureux une main secourable, la surveillante l'introduit dans l'asile de la prêtresse. Léandre, essoufflé de fatigue et palpitant de joie, tend les bras à son amie, interdite et muette comme lui. La vieille, empressée, l'accable de tendres soins, de questions importunes, et de réflexions indiscrètes : — « Le beau jeune homme ! que c'eût été dommage ! D'où veniez-vous ? où alliez-vous ? quel est votre nom ? votre âge ? quatre lustres au plus ? Avez-vous encore vos parens ? êtes-vous riche ? aimez-vous ?... — Oui, s'écrie Léandre en recouvrant la voix. — Et vous aime-t-elle ? (Ici Léandre baisse les yeux). — Pourquoi vous taire ? ajoute Héro. — Si elle ne m'aime pas... — Il faudrait qu'elle fût bien ingrate. — Et elle ne doit pas l'être, poursuivit l'esclave, car elle est jeune et belle sans doute ? (Léandre, pour toute réponse, regarde son amie.) — Sera-t-elle bientôt votre épouse ? — Hélas ! dit le jeune homme, si le nœud de l'hyménée consiste dans le serment du cœur, j'ai reçu le sien... — Elle est votre épouse, s'écria la prêtresse... — Pas tout-à-fait encore, interrompit la vieille. Ce serment est-il ancien ? — Nous le prononçâmes hier dans le temple et sur l'autel de Vénus... — Prenez garde, jeune étranger ! Connaissez-vous celle devant qui vous parlez ? Vous voyez la prêtresse elle-même. A-t-elle reçu vos sermens ? (Héro rougit.) Vous a-t-elle engagé le cœur de votre épouse ? (Héro baissa les yeux.) Apprenez que sans elle votre hymen ne peut s'accomplir (Héro se couvrit de son voile), et que ce voile et son silence vous accusent d'avoir trahi la vérité. — Il ne l'a point trahie, dit la prêtresse d'une voix troublée. — Eh ! comment, hier, assise tout le

HÉRO ET LÉANDRE.

jour au pied de l'autel, n'ai-je pas été témoin de leurs sermens? — L'univers les ignore. — Dieux vengeurs! un hymen clandestin!

» — Eh! qu'importe qu'il soit ignoré sur la terre,
   » S'il est avoué par les dieux?
   » L'Olympe, hier, du haut des cieux,
» Descendit, à ma voix, dans l'ombre du mystère,
» Et nous environna de sa divinité.
   » C'est sous les yeux de l'antique Cybèle,
       » Mère de la Fidélité,
» De Junon, qui soutient la constance éternelle,
» Et l'ardeur et les soins de la maternité;
» De l'austère Pallas, qui donne la sagesse;
» De Vesta, dont la flamme épure la tendresse;
» De tous les dieux enfin, immortels protecteurs
» De la félicité, des vertus et des mœurs,
» Que, constant à jamais, à jamais vertueuse,
       » Au nom d'Hymen, au nom d'Amour,
       » Nous nous jurâmes tour à tour,
» Moi de le rendre heureux, lui de me rendre heureuse.
» — Vous! ô crime! — Telle est la rigueur de mon sort.
» L'orgueil du sacerdoce et son joug solitaire
» Changeaient mes plus beaux jours en une lente mort.
» Pour rompre ces liens, il est vrai que mon père
» Me présente un époux; mais quel époux, grands dieux!
» Toi qui le connais, toi dont le cœur généreux
       » A mes vœux fut toujours propice,
» Tu sais que, de l'autel en passant dans ses bras,
       » Je n'aurais fait que changer de supplice.

» Si c'est mourir que vivre, hélas!
» Privé d'un objet qu'on adore;
» Vivre pour ce qu'on n'aime pas,
» C'est mourir cent fois plus encore.
» Ah! puisqu'aux lois d'un maître il nous faut obéir,
» N'est-il pas naturel au moins de le choisir?
» Et peut-on exiger du devoir d'une fille,
» Qu'elle enchaîne au hasard et son cœur et sa main?
» Trop de soumission compromet son destin,
» En exposant un jour l'honneur dont elle brille.
» Si Vénus n'avait pas écouté sa famille,
    » Aurait-elle épousé Vulcain?
    » Et dans le sein d'un bon ménage,
» Soumise, par son choix, aux désirs d'un époux
    » Plus digne d'elle et moins jaloux,
» Ne serait-elle pas plus heureuse et plus sage?

    » Tu le vois, c'est pour ma vertu
    » Que je te presse, te supplie
» De céder à mes vœux. Lorsque j'aurai vécu
» N'adorant que l'époux dont le cœur m'a choisie,
» J'en jure par les dieux, je n'oublîrai jamais
» Qu'à tes soins j'aurai dû la pureté, la paix,
    » Et l'innocence de ma vie.
» Mais le bonheur se cache et veut être ignoré:
    » Sur le mien garde le silence;
» Et nous prîrons tous deux l'Amour pour qu'à ton gré
    » Sa mère ou lui te récompense. »

J'ignore ce que répondit la confidente, mais je sais que, les jours suivans, elle alluma le flambeau

HÉRO ET LÉANDRE

précisément à la même heure ; que bientôt même elle s'en fit un devoir, et puis une habitude.

Cependant l'hiver approchait ; l'hiver si doux pour les amans réunis dans un même asile ! si cruel pour ceux dont les demeures sont séparées !

Un matin, Héro, triste et pensive, embrassait son époux en silence, et soupirait en lui cachant ses larmes.

« — Tu soupires, ma tendre amie ?
» — Non. — Qu'as-tu donc ? dis-le-moi, je t'en prie.
» — Rien. » Or, qui connaît bien le cœur de la beauté,
Et sa discrétion et sa timidité,
  Sait que, sur ses lèvres de roses,
  Rien veut dire beaucoup de choses.

Léandre insista donc, et, à force de prières et de caresses, il obtint enfin cette réponse entrecoupée de sanglots :

» Si tu conçois combien je t'aime,
» Juge quel est mon désespoir
» Quand je suis réduite moi-même
» A te défendre de me voir !
» Mais il le faut ! Borée a fermé la carrière
  » Que tu franchissais chaque soir.
» Attendons, mon ami, la saison printanière.
» Adieu. Séparons-nous ; et, si je te suis chère,
  » Pars, je le veux, pars, cher amant :
  » Crains, si tu tardes un moment,
  » Que je ne veuille le contraire.

Léandre résiste long-temps. Héro lui reproche sa résistance, prie, presse, ordonne, exige qu'il parte sans différer.—Il obéit enfin. « Hélas ! dit-elle, » il a bientôt obéi. »

Le soir, soit oubli de l'épouse, soit habitude de la confidente, le flambeau brillait au sommet de la tour. Léandre, des rives d'Abydos, l'aperçoit à travers la vapeur des frimas. Soudain, regardant ce signal comme le rappel de son exil, il vole au rivage ; mais les vagues irritées opposent à ses efforts leurs mobiles remparts et leurs gouffres menaçans. La mer se gonfle, les nuages roulent, s'étendent, et le flambeau disparaît. A cette vue, le malheureux amant, se croyant exilé de nouveau, seul au milieu des ténèbres et du deuil de la nature, gagne, à l'abri d'un rocher, la cabane d'un pêcheur. Là, pour soulager sa douleur, il trace, à la lueur d'une lampe rustique, ses souvenirs et ses regrets. Le pêcheur au lever du jour devait aller à Sestos. Léandre, que le jour n'avait jamais surpris sur ce rivage, dans les temps même de son bonheur, n'osa, dans le temps de son adversité, concevoir même la pensée d'y voir l'aurore. Un tel excès de délicatesse est admirable sans doute; aussi vaut-il mieux, je crois, l'admirer que l'imiter.

A l'Amour trop souvent le scrupule est funeste.
Je sais qu'en l'esquivant, pour un tel procédé

A toute outrance on est grondé,
Maltraité, chassé; mais on reste.

L'amant scrupuleux demeura sur le rivage, et, après avoir couvert sa lettre de baisers, il la ferma et la remit au passager.

Héro, depuis un jour solitaire, et déjà repentante, aperçoit la barque du haut de sa tour, et volé vers la rive en remerciant intérieurement son ami de sa désobéissance. Oh! comme elle va se plaindre et le récompenser de sa témérité! Mais en arrivant elle n'aperçoit qu'un matelot chargé pour elle d'un billet qu'il lui présente. «—Hélas! dit-elle en regardant tristement la barque, il pouvait venir, et il écrit!» Cependant elle ouvre la lettre, et lit en essuyant ses pleurs :

» L'Aquilon gronde sur ma tête;
» Chargés d'écume et de frimas,
» Les flots mugissent sous mes pas,
» Mais mon cœur franchit la tempête.
» En vain Borée et les Autans
» Nous poursuivent dans les ténèbres;
» Malgré l'ombre et leurs cris funèbres,
» Je te vois, et toi tu m'entends.

» Elle m'est à jamais présente
» Cette silencieuse nuit
» Où vers toi je nageai sans bruit
» Sur la mer calme et transparente.

» De Phœbé la pâle clarté
» Blanchissait l'onde et le rivage,
» Là j'entrevoyais ton visage,
» Ta robe et ton voile argenté.

» Toi-même, non loin de la rive,
» Dès que tu pus me découvrir,
» Vers moi je te vis accourir
» D'amour palpitante et craintive.
» Déjà les flots couvrent tes pieds :
» Bientôt ils gagnent ta ceinture,
» Mais j'arrive, je te rassure,
» Et tes genoux seuls sont mouillés.

» Dans ta demeure solitaire,
» Près de ton feu tous deux assis,
» De mes cheveux, de mes habits
» Tes mains expriment l'onde amère.
» Quel souper! quels doux entretiens!
» Que de baisers sur notre bouche!
» Que de volupté sur ta couche!
» Que de fois!... mais tu t'en souviens.

» Réduit sombre, adorable asile,
» Petit foyer, lit amoureux,
» Siéges, coussins voluptueux,
» Lampe obscure, alcôve tranquille,
» Jusqu'au moment de mon retour,
» Au doux objet de ma tendresse
» Retracez mes feux, mon ivresse,
» Et les songes de notre amour.»

HÉRO ET LÉANDRE.

HÉRO ET LÉANDRE.

Pendant cette lecture, Héro avait plus d'une fois pâli de dépit et rougi de souvenir. En proie aux sentimens confus qui l'agitent, elle referme la lettre, l'ouvre encore, la relit, et d'une main égarée trace rapidement sa réponse.

« D'un inconnu j'ai reçu ton message.
» Je crois te voir luttant contre l'orage.
» J'accours, je vole... et c'est un étranger !
» Et vous m'aimez ! vous !... mes feux, mes alarmes,
» Mon abandon, mon désespoir, mes larmes,
» Tu ne vois rien; et tu vois le danger !

» Quand ma raison t'interdit ma présence,
» Mon cœur, croyant supporter ton absence,
» Bravait un mal qu'il ne connaissait pas.
» Il est affreux ! il m'obsède, il me tue;
» Et de langueur ton amante abattue
» Meurt en baisant la trace de tes pas.

» Quand vous quittez celle qui vous fut chère,
» Les jeux, les arts, les honneurs et la guerre
» Viennent remplir le vide tour à tour.
» Vous rêvez peu; mais une pauvre fille,
» En maniant les fuseaux et l'aiguille,
» Rêve sans cesse, et ne rêve qu'amour.

» Cruel ! pourquoi retracer à mon âme
» Et nos transports, et mes feux, et ta flamme ?
» En parle-t-on quand on peut les sentir ?
» Pour te borner à peindre notre ivresse,

» Attends, ingrat, attends que la vieillesse
» Nous ait tous deux réduits au souvenir.

» Sortant des flots de la mer écumante,
» Comme il est doux, auprès de son amante,
» D'entendre au loin la tempête mugir,
» De recevoir un baiser pour l'orage,
» Deux pour la crainte, autant pour le courage,
» Vingt pour la peine, et cent pour le plaisir !

» Ah ! si l'honneur, si la pudeur austère
» N'avaient besoin des ombres du mystère,
» Comme déjà j'aurais volé vers toi !
» Mais toi qui peux te passer de son ombre,
» Que tardes-tu ?... Non... dès que la nuit sombre
» Aura couvert le rivage, attends-moi. »

Que je t'attende ! répétait Léandre en frémissant de dépit et d'effroi ; et déjà la nuit déployait ses voiles, et le fidèle flambeau brillait sur le haut de la tour. L'impétueux amant s'élance au milieu des vagues, lutte avec effort contre elles, les surmonte et s'éloigne du rivage.

Héro, fidèle à sa promesse, se dispose à partir ; mais la tempête s'oppose à son passage, et sa compagne, embrassant ses genoux, l'arrête au bord des abîmes qui s'ouvrent pour l'engloutir. Cependant les vents soufflent, le flambeau s'éteint, la mer s'élève, et le désespoir de la jeune épouse s'accroît avec l'orage.

« Grands dieux! s'écriait-elle, éplorée, éperdue,
» Moi qui jamais n'attendis vainement
» Les promesses de mon amant,
» Serai-je donc par lui vainement attendue! »

Telles furent ses plaintes jusqu'au retour de l'aurore. Alors sa compagne, la voyant pâle et immobile, prit l'abattement de la douleur pour le calme du repos, et crut pouvoir elle-même se livrer au sommeil. Mais, à son réveil, sa maîtresse était disparue. Elle la cherche vainement, l'appelle d'une voix tremblante; et, pressant ses pas tardifs, elle arrive au sommet de la tour. Là, parcourant d'un regard inquiet la mer et ses rivages, au pied d'un rocher, entre les roseaux, elle aperçoit quelques vêtemens, et reconnaît le voile de la prêtresse; elle y vole et la trouve pâle et tiède encore sur le corps livide et glacé de son amant.

En voyant moissonner, à peine en son printemps,
Ce couple que l'amour enivrait de ses charmes,
  Ses yeux desséchés par le temps
  Retrouvèrent encor des larmes.

Le lendemain, les habitans de Sestos, en longs habits de deuil, se rassemblèrent sur le rivage. La douleur y réunit tous les époux qui sentaient le prix du bonheur d'aimer, et les vieillards, et les adolescens qui soupiraient ou de n'aimer déjà plus ou de n'aimer pas encore. Leurs mains, après avoir couvert de fleurs et de parfums ces deux victimes de l'amour et de la fidélité, les déposèrent au pied de la tour, dans un même tombeau; et ce dieu, qui m'inspire quand je vous écris, mon amie, leur dicta ces vers, qu'ils tracèrent sur un marbre de Paros.

« Amans, puissent les dieux vous réserver le sort
» Des fidèles époux que ce tombeau rassemble!
 » Ils s'aimèrent jusqu'à la mort,
» Périrent l'un pour l'autre, et reposent ensemble. »

LETTRE LXXXV.

JOURNÉE MYTHOLOGIQUE.

Vous souvient-il, mon aimable amie, de tous ces instans de gaieté scientifique, où, pour nous rappeler nos vieilles lectures, nous prêtions aux moindres personnages et aux plus petites actions de nos contemporains le nom des héros les plus fameux et des évènemens les plus mémorables de l'antiquité? Une jeune fille passe-t-elle un réchaud à la main, c'est une vestale, peut-être, portant le feu sacré. Une autre nous offre-t-elle des pains ou des gâteaux, c'est une jeune prêtresse présentant les corbeilles de Cérès. Cette beauté matérielle qui marche entre deux guerriers, est la belle Cléopâtre qui trompe César, trahit Antoine, et périra victime d'un serpent caché sous les fleurs.

Ainsi, dans ces entretiens où la gaieté rend l'esprit indulgent, où tout ce qui fait rire est bien, la Folie, parodiant l'auguste Antiquité, égaie bien ou mal ce que nous appelons nos journées historiques.

Or, pour nous rappeler également une partie des

personnages et des évènemens fabuleux, j'ai projeté ce matin de passer avec vous une journée mythologique, composée des évènemens les plus simples. Vous allez vous éveiller; nous descendrons au jardin, nous dînerons, puis nous traverserons la ville pour aller dans la campagne. A notre retour, nous causerons, vous me direz bonsoir; et je m'en irai seul!

Rien de plus commun que ces détails; mais, entourés de prestiges de la Fable, ils vont prendre une teinte de sentiment et de grâce, quelquefois même un appareil de grandeur et de dignité.

Voici le jour, commençons :

Déjà la Nuit tranquille, en repliant ses voiles
 Parsemés d'azur et d'étoiles,
D'un vol silencieux plane vers les enfers.
Lucifer la poursuit, et la naissante Aurore,
 En souriant, promet à l'univers
Le beau jour, les plaisirs, les feux qui vont éclore.
Mais, si jeune, aurait-elle éprouvé des malheurs?
 Pourquoi ses larmes sur la terre
Viennent-elles baigner le calice des fleurs?
Ah! la source en est pure et doit plaire aux bons cœurs.
Dans le cristal mouvant reconnaissez les pleurs
D'une fille annonçant le retour de son père...
Que dis-je? sur le lin vos charmes étendus
Pressent en ce moment la plume de Cycnus;
Cependant que Phœbus, dans sa vaste carrière,
S'avance en conquérant, et d'un trait radieux
Perçant autour de vous les voiles du mystère.,

Effarouche Morphée. Il s'enfuit, et vos yeux,
Libres de ses pavots, s'ouvrent à la lumière.

La Pudeur aussitôt vous offre un vêtement
Dont la simplicité forme votre parure.
  Comus tresse légèrement
Les trésors ondoyans de votre chevelure.
L'Amour frappe à la porte ; elle s'ouvre à moitié ;
Mais il n'ose entrer seul. Je prends sa main tremblante ;
  Il me suit ; je vous le présente
  Comme frère de l'Amitié.

En admirant vos traits, ce dieu voudrait encore
  Qu'un bouquet ornât votre sein,
Et l'heure du repas vous appelle au jardin :
Visitons les trésors de Pomone et de Flore.
Minerve m'a donné ces jeunes oliviers.
Ce sont des rejetons de l'olivier d'Athène.
Cette vigne est un don que le joyeux Silène
M'apporta sur son âne, escorté des guerriers
Qui, du vainqueur de l'Inde adorant la merveille,
Après avoir goûté le nectar de la treille,
  Se rendirent tous prisonniers.

Quel peuple intéressant habite cette enceinte ?
Le jeune Cyparis, sur cette urne incliné,
A ses pieds voit Zéphyr caresser Hyacinthe,
Et Narcisse y fleurit à l'ombre de Daphné.
Ajax respire ici sous la fleur azurée
Qui retrace son nom. Là, Clytie éplorée,
Vers le char du soleil se tournant lentement,

Oppose ses rayons à ceux de son amant.
L'anémone a fleuri, la rose vient d'éclore;
L'innocente rougeur dont elle se colore
Est le sang de Vénus versé pour Adonis.
Leur sang et le destin dans ces lieux sont unis;
Vénus rougit la rose, Adonis l'anémone.

Mais quelle est cette vieille apportant un panier?
C'est sans doute Vertumne. Il vous prend pour Pomone.
  Fuyons : je dois me défier
De ses discours flatteurs et de son imposture.
  Il approche... Ah! je me rassure :
  C'est la femme du jardinier.
Elle vient nous offrir les trésors de l'Automne
Dans l'osier couronné des pampres de Bacchus;
Les gâteaux de Cérès, la grappe d'Érigone,
La pomme de Pâris, la pêche de Vénus,
La mûre de Thisbé, le fruit qu'aux Hespérides.
  Le héros de Thèbe enleva,
Avec les pommes d'or, dont l'attrait captiva
  D'Atalante les pas rapides :
Ce fruit n'a rien perdu de son charme fatal.
Atalante fuit-elle, Hippomène lui jette
  La pomme d'or; elle s'arrête,
Il l'atteint; je l'ai vu dans le Palais-Royal.
Mais l'art captive ici les fleurs et la verdure;
Allons dans la campagne admirer la Nature,
Et, sur ces gonds forgés par l'époux de Vénus,
Ouvrons cette cloison consacrée à Janus.
Fions-nous à ses soins, mais fermons la serrure.

JOURNÉE MYTHOLOGIQUE.

Saluons, en sortant, ces dieux Termes postés
Pour protéger nos murs et nos propriétés.
Hélas! ces dieux trop bons, pour prix de leurs services,
Se laissent entourer d'étranges sacrifices!
Évitons leur encens. Devant ce forgeron,
 Quel est ce rustre armé d'un gros bâton,
 Qui montre l'ours? C'est Mercure lui-même
 Qui chante au bruit du marteau,
 Et fait danser Calisto
 Pour amuser Polyphème.

 C'est encor lui sur ce tréteau :
Le voilà médecin à quatre sous par tête.
« Quels mortels insensés voudraient à si bas prix
» Ne pas avoir la fièvre afin d'être guéris?
» C'est un marché tout d'or! » On écoute, on s'arrête.
« Il descend de voiture et repart aujourd'hui ;
» Hippocrate vers nous l'envoie en ambassade :
  » Mais il expédie!... Avec lui,
  » C'est un plaisir d'être malade.
  » Son remède est universel :
  » C'est le chef-d'œuvre d'Esculape.
» Jeunes ou vieux, qui le prend le jour même en réchappe
» Ou meurt... Mais, dans ce cas, la volonté du ciel! »
N'en risquons pas l'épreuve; et gagnons la campagne.
Mais au bout du faubourg, près de ce cabaret,
Quel est ce chanteur aigre, armé d'un maigre archet,
Raclant un violon qui grince et l'accompagne?
Approchons; c'est peut-être Apollon déguisé.
Apollon! C'est lui-même. Un chansonnier de place!

Oui, le peuple rimeur a métamorphosé
En chansonnier du coin le maître du Parnasse.

Voyez sur le rivage errer ce long troupeau.
    Le taureau poursuit la génisse,
Le ravisseur d'Europe aime la jeune Io;
Près d'eux je vois brouter les compagnons d'Ulysse.
La baguette à la main, un jeune pastoureau,
    Affublé d'un petit manteau,
Les suit sur son baudet qui trotte à l'aventure.
    Le berger chante, et l'âne, à chaque pas,
    Marche à côté de la mesure.
Vous riez? C'est encore Apollon ou Mercure
    Grimpé sur le roi Midas.

    Au sein de ce lac immobile,
    Qui peint le ciel et les oiseaux,
    Vous ne voyez qu'une eau tranquille;
    Moi, j'aperçois sous les roseaux
    Une naïade fugitive
    Qui vous dit d'une voix craintive:
    « Sur ma fougère viens t'asseoir.
    » Mes joncs, mes saules, ma verdure,
    » Couronneront ta chevelure,
    » Et mon sein sera ton miroir. »
Hâtons-nous de fouler cette mousse légère.
Le jour pâlit; Phœbus voile son front serein;
Des Autans orageux le murmure lointain
    Aux Zéphyrs déclare la guerre;
Leur essaim prend la fuite, et la pluie, à grands flots,
De cercles redoublés va sillonner les eaux.

Les Hyades pleurent leur frère
Qu'un monstre dévorant ravit à leur amour.
Le roi des cieux, touché de leur douleur amère,
En vain les transporta dans son brillant séjour,
Les consolations qu'on reçoit à la cour
Jusques au cœur n'arrivent guère.
Mettons-nous à l'abri sous ce feuillage épais,
Et de ce bosquet sombre invoquons la Dryade.
L'orage continue? Entrons chez l'Oréade
Qui préside à cet antre frais.
Cependant la nuit vient, l'éclair part, le ciel gronde.
Sur ses vieux fondemens qui fait trembler le monde?

Au moment où Vulcain des forges de Lemnos
Apporte la foudre à son père,
Mars vient prendre congé, car il part pour la guerre.
Jupin, qui veut flatter et gagner le héros,
Le fait entrer au bruit de son nouveau tonnerre.
Tout l'Olympe s'assemble; et, tandis qu'en leurs coins
Les tristes Hyades gémissent,
Jupiter parle, tonne, et les dieux applaudissent,
D'autant plus qu'ils entendent moins.
L'allégresse fermente, et les cieux retentissent
D'un murmure confus : les courtisans jamais
Ne se taisent quand ils jouissent.
Éole et ses enfans d'allégresse frémissent;
Écho redit leur joie aux antres des forêts.
Ainsi ce qui chez nous produit une tempête
Dans l'Olympe n'est qu'une fête.

LETTRE LXXXV.

Ce n'est pas la première fois
Que la terre a payé les fêtes de ses rois.

Mais le jour reparaît. Éole se retire ;
   Il emmène les Aquilons ;
   Il ne laisse que le Zéphyre
Pour relever les fleurs et sécher les moissons.

   Voyez-vous l'écharpe d'Iris
   De mille couleurs nuancée ?
La déesse voyage, et sa course, tracée
   En demi-cercle, aboutit chez Téthys ;
   Elle descend au palais d'Amphitrite,
De la part de Junon à la fête l'invite.
Amphitrite est malade et ne peut y venir.
Elle engage Neptune à faire le voyage ;
Le bon Neptune part. Phœbus, dans un nuage,
Descend chez la malade, afin de la guérir ;
Car il est, comme on sait, dieu de la médecine.
Son char à l'horizon baisse, et le jour décline...
   Mais sur ce chapitre laissons
   Les commentaires inutiles.
La nuit vient ; rejoignons nos Pénates tranquilles,
   Nos dieux Lares et nos tisons.
Emprisonnons les Vents dans cette outre élastique.
   Et qu'en s'échappant de son sein,
De leur souffle irritant ils excitent Vulcain
   A dévorer ce chêne antique
Qui couvrit les amours de Faune et de Sylvain.

Voici l'heure où Thalie et Colin sur la scène
Dans un riant miroir nous montrent nos défauts.
Irons-nous contempler leurs magiques tableaux?
Irons-nous admirer Racine et Melpomène?
Ou bien sur ce théâtre où les Arts réunis
Obéissent ensemble à la voix du Génie,
Applaudirons-nous Gluck, Sacchini, Polymnie,
Vestris et Terpsichore, Amphion et Laïs?
Non; le pasteur qui chante au milieu de la plaine,
La bergère qui rêve en tournant son fuseau,
Charment mieux vos loisirs. Eh bien! chère Érato,
  Nous verrons Favart et Sedaine;
Et pour assaisonner ce plaisir innocent,
Et joindre au sentiment une gaîté facile,
Chez Momus et Barré nous prendrons, en passant,
  Un grain de sel au Vaudeville.

Mais l'esprit, la gaîté valent-ils les soupirs,
Les doux épanchemens de deux amis fidèles?
Demeurons : l'Amitié concentre ses plaisirs.
C'est pour les vrais amis que le temps a des ailes :
Et déjà sur l'émail où l'Art sut mesurer
  Le cercle de notre existence,
  L'airain mobile qui s'avance
Marque l'instant fatal qui va nous séparer.
Ah! du moins que ce front, au nom de l'Innocence,
Avant de m'exiler de cet aimable lieu,
M'accorde seulement un baiser pour adieu :
Adieu! que le Sommeil, que la Paix, le Silence,
Règnent jusques au jour dans cet asile... Adieu!

Des Songes près de vous que la troupe empressée
Rassemble les Amours et les Plaisirs... Adieu!...
Qu'en apportant aux fleurs la vie et la rosée,
L'Aurore vous revoie encor plus fraîche... Adieu!...
Adieu, charme, bonheur, délices de ma vie!
Adieu, ma bonne sœur et ma plus tendre amie...
Émilie! encore un adieu!

FIN DES LETTRES A ÉMILIE.

LES CONSOLATIONS.

AVERTISSEMENT.

Je n'ai pas entrepris d'écrire un Traité, mais un Tableau des Consolations. Le sentiment doit être peint et non pas discuté. Le cœur ne raisonne pas; et dès qu'on veut le faire raisonner, l'esprit prend sa place, et le sentiment disparaît. Je désire, non pas que l'on approuve, mais que l'on sente ce que j'écris. Ce ne sont point des éloges, ce sont des pleurs que je demande.

Les Consolations s'étendent à tous les maux de la vie; mais il n'y a de pertes réelles que les pertes du cœur, et c'est à celles-ci que j'ai borné mes Consolations.

J'ai choisi un ami, un amant jeune et sensible. Je l'ai pris dans mes bras au moment affreux où il perdait, dans un seul objet, tout ce qui l'attachait à la vie, et j'ai entrepris de le faire passer de l'anéantissement à l'explosion de la douleur, du désespoir à l'attendrissement, de l'attendrissement aux larmes, des larmes à la tristesse, de la tristesse à la mélancolie. Alors j'ai fait renaître peu à peu le sourire sur ses lèvres; j'ai rouvert par degrés son cœur à la tendresse, et ne lui ai plus laissé de ses malheurs qu'un souvenir doux et tendre, mêlé d'amertume et de plaisir.

LES CONSOLATIONS.

CHAPITRE I.

Le premier jour.

Elle n'est plus. Tes yeux ont vu les siens se fermer. Amour, amitié, charmes de la vie, tout s'est évanoui. Elle était tout pour toi; te voilà seul au monde.

Ce coup mortel a glacé tes sens, et ton cœur oppressé ne peut pas même exhaler un soupir. Ton œil est fixe, ta paupière sèche, ta bouche muette. Tu vis cependant; mais tu as reçu le contre-coup de la mort. Heureux, si elle t'eût frappé toi-même! Ah! le malheureux, c'est celui qui survit.

Ne crains pas que je blâme ta douleur; comme toi j'ai souffert; je la connais, je la partage. Je pourrais te dire: Tu es homme, résiste et combats. Mais hélas! comment combattrais-tu! ce n'est plus toi.

Infortuné, tu as besoin d'un appui: je veux être le tien; j'étais l'ami de ton amie; en te sauvant, je conserverai d'elle la moitié qui lui fut la plus chère.

Hélas! son dernier soupir est encore sur tes lèvres. Son âme est passée dans la tienne, elle vit dans toi. Ah! conserve tes jours pour qu'elle ne meure pas tout entière.

Tu me regardes?... eh bien! la sens-tu dans ton cœur? Ton œil s'attendrit, tu soupires enfin!... embrasse-moi. Eh quoi! tu ne sentais pas qu'elle vivait encore?

Oui, mon ami, oui, elle vit, ta Julie : tu la retrouveras chez tous ceux qui l'ont connue. Va, l'on ne meurt qu'avec le dernier de ses amis. Tes yeux cependant parcourent tristement ces lieux où tu la vis tant de fois. Tu la demandes à tout ce que tu vois. Mon ami, que me demandes-tu? ici tout est plein d'elle. Ses vertus t'environnent, son esprit est dans l'air que tu respires, tu n'as perdu que son image; encore tout la rappelle-t-il à tes yeux : cette glace qui la réfléchissait, ce rideau mystérieux qui la voilait de son ombre, ces vêtemens modestes qu'elle parait de sa beauté, ces fleurs dont tu couronnais hier sa tête... tout cela n'est qu'un songe, dis-tu! eh! mon ami, pour qui le bonheur n'est-il pas un songe?

Et moi aussi, j'ai rêvé le bonheur. Tu le sais, j'aimais Caroline. Notre amitié était née avec nous; elle ne finira qu'avec moi. Caroline n'était pas belle, mais elle avait ce charme secret plus attrayant que la beauté. Son regard était si doux avec ses amis, si modeste avec ses amans, si tendre avec les malheureux! Hélas! elle ne pleurait que les malheurs des autres. Son cœur timide se défiait de l'amour, et lui donnait le change par les délices de l'amitié! Tu connaissais son sourire; c'en est fait; jamais l'amitié ne sourira comme elle.

Mon ami, mon cœur se soulage en te parlant de Caroline. Et toi, parle-moi de Julie. Rappelons les beaux jours de notre vie; le souvenir est la ressource des infortunés.

Je le vois, tu t'efforces en vain de parler; ta douleur est muette. Eh bien! je vais parler pour toi.

Julie n'avait pas quinze ans lorsqu'elle te vit pour la première fois. Les cœurs sensibles se devinent d'abord, et s'aiment dès qu'ils se sont devinés. Peines, plaisirs, penchans, tout vous rapprochait; et la nature, en vous formant, semblait n'avoir créé qu'un seul être, dont chaque moitié cherchait à se réunir à l'autre; aussi votre union fut-elle inséparable.

Je me rappelle ces premiers temps, ces prémices d'une amitié si tendre; ces vertus toujours plus pures, ces soupirs toujours plus ardens, cette harmonie touchante de sentimens, de désirs et de pensées, et ces heures fugitives, et ces jours sereins couverts de légers nuages, et ces soirées paisibles, et ces craintes passagères, et ces douces espérances si doucement réalisées. Je la vois, ta Julie, à l'autel de l'hyménée; c'était la candeur, l'innocence elle-même. Le lendemain, je la revis sortant des bras de son époux, sa figure était vierge encore.

Tu soupires à cette image? l'amertume s'insinue dans ton âme; elle réveille, elle aigrit tes douleurs; enfin tu commences à sentir que tu souffres. Ton regard s'anime, tes sanglots s'échappent, la douleur sillonne ton front pâlissant. Tout ton corps se raidit; mon ami, écoute-moi!...

Il ne m'entend plus. Je l'appelle; ses cris seuls me répondent: Julie! ma chère Julie! Ah! malheureux! j'ai tout perdu, tout!... Hier je la voyais, je lui parlais, elle était là... où est-elle aujourd'hui? Grands dieux! suis-je donc le seul qui ne mourrai point?... qui ne mourrai point!

Il dit, et le délire l'emporte; il se jette avec fureur sur ce lit, théâtre de la mort. Il saisit avec transport les vêtemens de Julie, et les presse de ses lèvres brûlantes. Pas un soupir, pas une larme; le silence de la mort, la pâleur du désespoir.

Ce moment est affreux, mais il est nécessaire. La fièvre se dévore elle-même: elle va s'épuiser avec ses forces. J'attends le dernier accès: pour l'attendrir, j'ai besoin de sa faiblesse.

Cependant sa poitrine s'agite, son œil étincelle, son geste m'ordonne de sortir. Tu me chasses! quoi! parce que tu perds ton amie, ai-je donc perdu mon ami, et veux-tu faire deux malheureux? Ne l'espère pas, je te suivrai partout. Je m'attache à toi, et ne te quitte plus... Tu me repousses, tu t'arraches de mes bras! hélas! ils soutenaient Julie à son dernier moment. Là, son cœur s'appuyait contre le mien pour me parler de toi.

A ces mots il s'écrie, se retourne et se précipite dans mon sein. Je sens sa poitrine serrer fortement la mienne, et cette pénible étreinte est le dernier effort de la douleur abattue.

C'en est fait, il a cessé de souffrir. Placé maintenant entre le sommeil et la mort, il peut s'éteindre paisiblement, et le calme dont il jouit peut devenir éternel. Hélas! dois-je lui souhaiter des jours, et la vie est-elle encore un bien pour lui? Oui, sans doute, la douleur même a ses jouissances; je veux lui en faire goûter la douce amertume; il connaîtra la volupté de pleurer.

Repose, infortuné, repose dans les bras de l'amitié : ses larmes attendent ton réveil.

CHAPITRE II.

Le lendemain.

Précieuses larmes, amère et douce rosée, qui ranimez le cœur que la douleur a flétri, humectez sa paupière brûlante, et tombez à son réveil comme la fraîcheur du matin.

Hélas! son sommeil ressemble plutôt à l'anéantissement qu'au repos de la nature. Cependant le calme semble renaître peu à peu sur son front abattu. Ses songes paraissent paisibles et rians. Il n'a de malheur à craindre que celui de s'éveiller.

Cet instant fatal approche. Déjà sa paupière s'entr'ouvre, il me regarde; je lui souris, un sourire lui échappe... L'infortuné! il s'oublie encore! A cette idée mes pleurs coulent malgré moi. Il les voit... C'en est fait, il est réveillé.

Mon ami, me dit-il, que ce jour est sombre, que cette lumière est pâle et lugubre! que ne suis-je endormi pour toujours! Je la voyais, mon ami! elle me parlait!... A ces mots son cœur se gonfle, ses yeux rougissent. Oh! s'il pouvait pleurer!... Je le prends dans mes bras, je le presse contre mon cœur. Il sent mes pleurs inonder son visage. Les larmes attirent les larmes : les siennes s'échappent enfin, et sa douleur sèche et cuisante se change en cette amertume délicieuse dont les malheureux se plaisent à s'enivrer.

Le moment des larmes est un moment de faiblesse et d'abandon. J'en profite pour lui faire prendre quelque nourriture. Il me refuse, mais d'une voix faible. Il veut encore mourir, mais il ne déteste plus la vie. Enfin lui présentant un mets que Julie lui servait souvent.—Mon ami, lui dis-je, ne me refuse point : tu connais ce mets-là. Le malheureux, avec un regard douloureux et tendre, accepte ce que je lui présente; mais il essaie en vain de manger. Chaque souvenir est suivi d'un sanglot, qui lui ôte même la respiration. Je vais le distraire : pour qu'il acceptât, j'avais besoin de Julie; pour qu'il mange, il faut l'éloigner.

—Tu connais, lui dis-je, Melcourt et Lucile, mariés depuis trois mois?—Oui.— Eh bien, ils sont dans une situation...!—Que leur est-il donc arrivé?—Hélas! je l'ignore encore.— Mais enfin? —Enfin mange, et écoute-moi. Tu sais que Lucile était recherchée par deux officiers, Melcourt et Derville. Tu sais combien Melcourt est aimable, combien Derville est bouillant et emporté. Tu sais encore... mais tu ne manges pas?—Je mange et je t'écoute; continue.— Tu sais enfin qu'au moment où Lucile donna la préférence à Melcourt, Derville voulut tuer et Melcourt, et Lucile, et lui-même, et qu'il finit par aller à cinquante lieues se consoler au milieu de sa famille. Tout-à-coup hier, sur le rempart, Lucile et son époux... Mon ami, si nous buvions?... Occupé de mon récit, il me présente son verre, et je continue en le servant.—Lucile et son époux voient accourir Derville. Ils étaient l'un et l'autre environnés d'une nombreuse société... A ta santé, mon ami... Et tandis qu'il boit, je lui sers un autre mets. Il veut me refuser; mais au lieu d'insister je reprends mon récit, et plus l'évènement l'intéresse, plus il mange en m'écoutant.—Derville approche, l'air égaré, l'œil étincelant. Il heurte Lucile avec violence, et insulte Melcourt. Celui-ci met l'épée à la main; c'est ce que Derville demandait. Mais Lucile se précipite au-devant de son époux, arrête son épée, et s'oppose à celle de son adversaire. Voilà Melcourt partagé entre l'amour et l'honneur. Les uns veulent qu'il se venge, ou qu'il se mesure : la publicité de l'injure, le préjugé de son état, tout semble l'exiger. Les autres, au contraire... Mon ami, tu manges, et tu ne bois pas.—Les autres?... me dit-il, en acceptant.—Les autres prétendent que Melcourt ne doit point se sacrifier, lui et son épouse, à la rage d'un rival insensé... Bois donc!... Celle que je plains le plus, en cas d'évènement, c'est cette pauvre Lucile.

—Ah! oui, reprend-il; si elle survit à Melcourt, elle est bien à plaindre! A ces mots il cesse de manger, et un profond soupir m'annonce de nouvelles larmes. Mais enfin il a pris quelque aliment. Qu'il pleure, il ne mourra point : je l'ai sauvé, je suis tranquille.

CHAPITRE III.

Huit jours après.

Dans le premier accès de la douleur, la solitude est affreuse. Il semble au malheureux solitaire que la nature entière l'abandonne. Une voix secrète lui répète alors cette maxime désolante : Les malheureux n'ont point d'amis.

Mais quand la douleur cuisante dégénère en mélancolie, quand le cœur se dilate, quand les pleurs commencent à couler, les malheureux cherchent la solitude. Seuls, ils sont plus entiers à l'objet qu'ils regrettent; ils se rassasient plus librement de leurs larmes. Leur imagination étend son deuil sur tout ce qui les environne. A leurs yeux le jour est plus pâle, la verdure plus sombre, et la nature entière semble pleurer avec eux.

Il me cherchait avant de pleurer; depuis qu'il pleure il me fuit. Si, dans les environs de sa demeure, il est une grotte retirée, un détour solitaire, un rocher ombragé d'ifs ou de cyprès, c'est là que je suis sûr de le rencontrer. Je le trouve assis sur un tronc d'arbre, la tête penchée, la bouche entr'ouverte, les yeux cernés et baignés de pleurs. Dans sa douleur immobile, il paraît anéanti.

J'approche, je m'assieds près de lui, je le presse dans mes bras.— Eh bien! mon ami?...— Eh bien! je sens plus que jamais que j'ai tout perdu.— Perdu? Eh quoi! perd-on ses amis, parce qu'ils sont en voyage?— Non.— Eh bien! elle est en voyage aussi. — Je ne tarderai pas à la rejoindre, je la suis.— Arrête! elle ne t'a point quitté. Crois-tu que cette âme si tendrement unie à la tienne puisse jamais s'en séparer? Ne sens-tu pas au contraire que depuis qu'elle est libre, elle s'est attachée à toi, qu'elle te suit partout, qu'elle plane sans cesse sur ta tête comme un ange conservateur? Si tu n'étais plus sur la terre, si ta Julie te regrettait comme tu la regrettes en ce moment, si ton âme enfin se trouvait libre la première, en faveur de qui userait-elle de sa liberté? Ne serait-ce pas en faveur de Julie? ne volerait-elle pas sur son sein, sur ses yeux, sur sa bouche, comme le zéphyr sur les fleurs? Crois-moi, mon ami, les âmes de nos amis peuplent l'air qui nous environne; en les pleurant, nous les respirons; elles descendent au fond de nos cœurs; elles nous pénètrent et se confondent avec notre âme, jusqu'au moment où celle-ci, dégagée de ses liens, va rejoindre avec elles ce principe immense de vie et de lumière, dont nous sommes autant d'émanations passagères. Eh! mon ami, ne vois-tu pas que tout vit, que tout aime, que tout s'unit dans la nature? Le parfum si doux de ces fleurs n'est autre chose que l'émanation de leur amour. Ces arbres majestueux qui nous ombragent se tendent de loin leurs rameaux, et s'unissent malgré la distance qui les sépare; les vents sont les messagers de leurs hyménées. Ce ruisseau porte aux plantes qui se baignent sur sa rive, l'amour des plantes qui fleurissent à sa source. Oui, tout vit, tout aime, tout participe à ce foyer de vie éternelle, d'où jaillissent nos âmes comme des milliers d'étincelles. Qui sait même si, confondus un jour avec nos amis, nous n'animerons pas avec eux l'herbe, les arbres et les fleurs? Qui sait si nos amitiés ne renaîtront pas sous ces formes nouvelles? Qui sait enfin si, lis ou roses, nous ne formerons point des liaisons aussi pures que la rosée qui les fécondera!

Nos pères se forgeaient un élysée éternel et monotone. Le mien est plus passager, mais aussi plus intéressant et plus naturel. Si, dans un vallon solitaire, je rencontre deux fleurs isolées, je me dis :

Ici peut-être sont renfermées les étincelles de deux jeunes époux : affranchis des chagrins de la vie humaine, ils croissent paisiblement ensemble dans cet élysée champêtre; ils y renouvellent leurs doux épanchemens, ils s'épanouissent au même rayon de l'aurore, et se nourrissent de la même rosée. Ils ne finiront demain qu'avec leurs amours, ou mourront ensemble aujourd'hui sur le sein pur d'une bergère. Voilà, mon ami, voilà notre véritable élysée : voilà l'élysée des vrais amis. Va, nous vivrons toujours, et toujours nous vivrons pour nous aimer.

Ces rêveries consolantes repaissent son imagination. A mesure qu'il se livre à leur illusion, ses pleurs tarissent, son front se calme; on dirait que sa bouche va sourire. Dans cet état je le ramène lentement, sans le distraire. Après un léger repas, je le conduis jusqu'à son lit, et je l'embrasse tendrement. Alors, tout plein du bonheur idéal que je lui ai présenté, il me serre dans ses bras avec un doux transport :—Oui, mon ami, s'écrie-t-il, oui, je sens que nous ne nous séparerons jamais.—Ah! sans doute, lui dis-je, nous nous quittons ce soir pour sommeiller, demain nous nous éveillerons pour nous réunir : voilà, mon ami, l'image de notre existence éternelle. A demain. »

CHAPITRE IV.

Quinze jours après.

Si les larmes font les délices des malheureux, s'il faut d'abord leur laisser un libre cours, il est à craindre qu'au bout d'un temps ce triste plaisir ne leur devienne funeste. L'excès de la douleur est redoutable autant que l'excès de la volupté. Le malheureux, qui ne se plaît qu'avec sa douleur, évite d'abord les hommes, puis il les fuit, et finit par les craindre. De la crainte à la haine, le pas n'est que trop glissant; et c'est ainsi que le chagrin habituel dégénère en misantropie.

Malheur à l'homme qui franchit ce pas fatal! les doux épanchemens de l'amitié ne sont plus rien pour lui. Ses larmes retombent lentement sur son cœur; il s'abreuve douloureusement de sa propre amertume. Son front se sillonne, ses yeux se creusent et s'obscurcissent. Un nuage de tristesse s'élève entre la nature et lui, et l'infortuné voit s'éteindre peu à peu le flambeau de la vie.

Je prévois ce malheur, je dois le prévenir. — Mon ami, lui dis-je un matin, nous dînons aujourd'hui chez Ariste. — Qu'il ne compte pas sur moi. — Mais tu l'estimes? — J'en conviens. — Tu l'aimes? — Je l'aimais. — Et tu l'aimes encore? — Hélas! mon cœur est épuisé de douleur. — Il a donc besoin d'amitié? A ces mots, je le prends doucement par le bras; mais il me résiste avec humeur. — Que veux-tu que j'aille faire chez Ariste? la gaieté m'est odieuse. — Ariste n'est pas gai. — Eh bien! tant pis; la tristesse des autres augmente la mienne. — Ariste n'est pas triste. D'ailleurs j'ai fait avec lui tes conditions : tu resteras s'il te plaît; s'il te déplaît, tu sortiras. En parlant ainsi, je l'emmène. Il résiste encore, mais il se laisse emmener.

En suivant le corridor qui conduit à l'escalier, nous passons devant la chambre qu'occupait Julie, et dont la porte se trouve par hasard entr'ouverte. A cette vue il me quitte brusquement, pousse la porte, entre précipitamment dans la chambre, la parcourt d'un coup d'œil; et soudain, avec un geste d'horreur et d'effroi, il recule, referme la porte, vole dans mes bras; et me pressant dans les siens, il m'entraîne jusque dans la rue, et ne semble respirer que quand nous n'apercevons plus la maison.

Effrayé de ce départ, je tremble pour le retour, et durant le chemin je m'occupe des moyens d'en prévenir les dangers.

Nous arrivons chez Ariste. Il nous reçoit, non pas avec cette joie factice et cet empressement exagéré qui masquent les gens qu'on dit être du bon ton, mais avec cette affabilité douce qui attire l'honnête homme, et ce tendre intérêt qui pénètre le cœur des malheureux. Durant le repas, l'entretien, dicté par la confiance, est mêlé par intervalle de cet enjouement paisible qui plaît à la gaieté sans blesser la douleur.

Pamphile [1] s'y livre insensiblement. Il parle peu, mais il écoute. Prolongez-vous, heureuse distraction! tandis qu'il est à nos discours, il n'est pas à ses peines.

Après le repas, je m'échappe sous quelque prétexte. Je cours à notre demeure. J'ordonne, et en moins de deux heures on détend l'appartement de Julie. Le lit fatal est enlevé; tout le meuble disparaît. Je fais fermer l'alcôve par une légère cloison. Une tapisserie plus gaie, des meubles d'une couleur plus riante, des glaces et des tableaux placés avec art autour de cet appartement funèbre, le changent tout-à-coup en un boudoir voluptueux.

Après cette métamorphose je vais le rejoindre, et le ramène vers le soir. Nous rentrons, et suivant mon attente, il s'arrête encore devant la chambre dont j'ai laissé la porte plus ouverte qu'au matin. Il avance, il entre, s'arrête au premier pas, et me lan-

---

[1] C'est ainsi que je nommerai l'homme dont j'ai fait l'objet de mes Consolations.

çant un regard sévère : — Où suis-je? me dit-il, ce n'est plus ici... Cruel! pourquoi m'ôtez-vous jusqu'à mes souvenirs? Il n'y avait pas ici une seule place qui ne me rappelât sa tendresse et mon bonheur. Là, était sa toilette, devant laquelle elle me souriait dans son miroir. Ici était cette bergère, sur laquelle elle m'appela pour la première fois son cher époux. A la place de ce tableau, j'avais mis un bouquet de lis et de pensées qu'elle avait elle-même dessiné. Dans cette embrasure couverte d'une froide tapisserie, j'avais placé le cadre qui attendait son portrait. Je ne vois plus cette alcôve où tant de fois...! Ah! mon ami, au nom de l'amour et de l'amitié, rouvre cette alcôve, remets ce cadre, replace ces fleurs, cette bergère, cette toilette, ces meubles, enfin tout, tout ce qui fut à elle. Julie! ma chère Julie! ils voudraient m'enlever jusqu'à ta mémoire! C'en est fait, je reste ici pour n'en plus sortir : je prétends coucher dans cette alcôve, et manger sur cette table. Je n'y mangeais pas seul autrefois!... Mon ami, tu tiendras sa place, et nous parlerons d'elle. Mais au nom de tout ce qui t'est cher, ne diffère plus la grâce que je demande! — Suis-moi, lui dis-je; dans un moment tu seras satisfait.

Aussitôt je l'éloigne, et fais rétablir l'appartement de Julie avec toute la promptitude possible. Moi-même je mets la main à l'ouvrage pour l'accélérer. Cependant, impatient de voir le changement qu'il désire, il s'avance furtivement pour observer nos travaux, et m'apercevant un fauteuil à la main, il pousse un cri, s'élance, saute à mon cou, et m'embrassant avec ravissement : — Ah! mon ami, mon tendre ami, que je la reconnais bien, ton amitié! Est-il possible que toi-même!... Et moi, moi seul, je ne fais rien...! Il dit, et d'un bras vigoureux saisissant plusieurs meubles à la fois, il les porte, il les range dans l'appartement. Puis, d'un coup d'œil rapide, parcourant tout ce que nous venons de faire : — Ah! qu'on voit bien, dit-il, que vous ne l'aimiez pas! Sa toilette était placée à deux carreaux plus loin. Ce miroir était justement au-dessus, et légèrement incliné, de sorte que, quand elle s'asseyait vis-à-vis, je la voyais écrivant sur ce secrétaire, que vous avez trop éloigné. Ce tableau de fleurs que vous avez cloué, était attaché avec un ruban bleu qu'elle avait porté. Ce cadre était plus au jour, pour mieux éclairer ce qu'il renfermerait. Cette bergère était plus près de ce canapé, il n'y avait qu'un pas de l'un à l'autre. Oh! que vous sentez peu tout cela! que l'indifférence est maladroite! En parlant ainsi, il rétablit lui-même tous ces détails; puis les considérant d'un œil satisfait : — Oui, se dit-il, oui, c'est bien cela; à la fin mon cœur s'y retrouve.

La douleur extrême a ses contradictions. La vue seule de cette chambre le faisait frémir; je l'en délivre. Il la redemande, je la lui rends; il en jouit avec transport. Nous y soupons. Il y couche dans ce lit même, théâtre de sa douleur. Si je lui fermais le tombeau de Julie, il voudrait y descendre. Voilà le cœur de l'homme!

CHAPITRE V.

Un mois après.

Ce n'est point à la ville que l'on trouve les véritables consolations. L'homme profondément affligé ne se console qu'avec la nature. La nature est l'élément du cœur. Si quelquefois la prospérité nous éloigne d'elle, l'adversité nous y ramène toujours; car plus notre cœur est affecté, plus il soupire après son élément.

Dans le premier accès du désespoir, tous les lieux, il est vrai, sont indifférens pour nous. Peu nous importe où nous sommes, quand la douleur est partout. Mais dès que le temps amène les jours de la consolation, c'est aux champs qu'il faut la voir éclore. C'est là qu'avec la fraîcheur des bois, le parfum des prairies et le baume de la rosée, le malheureux respire librement l'oubli de ses peines.

Nous partons. A mesure que nous nous éloignons

de la ville, l'air et la lumière s'épurent autour de nous. Nous quittons la route ordinaire, et nous nous égarons à plaisir dans les sentiers tortueux des vallées. Le contraste de ce calme silencieux avec le tourbillon bruyant d'où nous sortons, nous jette d'abord dans une douce rêverie, et peu à peu nous porte à la contemplation. Les tableaux imposans que la nature nous présente nous élèvent vers son auteur : notre âme semble planer au-dessus de ce vaste amphithéâtre de fleurs, de fruits et de verdure; mais trop faible pour soutenir ce vol sublime, du ravissement elle tombe par degrés vers la mélancolie. Le souffle du zéphyr qui caresse le feuillage, le murmure des ondes qui roulent et tombent en cascades, les ombrages silencieux, les accens tendres et plaintifs des oiseaux, tout se répète au fond de notre cœur; il semble qu'il soit l'écho des ruisseaux et des tourterelles, et le miroir de toute la nature. Les fleurs surtout attachent nos regards. Si, pour une âme sensible et contemplative, il existe un objet de réflexion touchante, c'est une fleur qui vient d'éclore; sa fraîcheur, son coloris, sa frêle et courte existence, tout nous prédit ou nous rappelle le sort des objets que nous chérissons. Le cours de ce ruisseau, qui en baigne la tige, a nourri sa première enfance ; il fait briller sa jeunesse ; il entretiendra quelque temps sa fraîcheur, puis il emportera vers l'Océan ses feuilles dispersées. D'autres ondes couleront à la place de ces ondes, et arroseront d'autres fleurs qu'elles entraîneront à leur tour.

Ainsi le cours du temps fait naître, fleurir et périr la beauté. Ses jours rapides disparaissent; elle disparaît avec eux. D'autres jours leur succèdent pour d'autres belles, qui brillent et s'éclipsent aussitôt. Où sont les fleurs, les ondes, les beaux jours et les belles qui ont passé sur ce rivage? Nous le demandons aujourd'hui, demain nos neveux le demanderont après nous. Cette réflexion, quoique triste, a je ne sais quel charme consolant : le malheur commun nous résigne à supporter le nôtre.

Livrés à ces idées mélancoliques, nous suivons au hasard les détours de la vallée. Cependant le jour commence à baisser. L'air est calme, le ciel pur et tranquille. Le soleil étincelle à l'horizon, le chant des oiseaux s'affaiblit à mesure que les ombres s'étendent, et le repos descend sur la nature entière. Ce silence est interrompu par les sons de quelques musettes, qui viennent d'un hameau où nous allons passer la nuit. Il est situé sur le penchant d'une colline, et ses chaumières paraissent dorées des derniers rayons du soleil. En approchant nous apercevons des danses, nous entendons des chants d'allégresse.

A cette vue, il me regarde, soupire, et se détourne. Je conçois ce qui le repousse; là, on danse, on aime encore.—Elle n'y est plus! mon ami, me dit-il, prenons d'un autre côté. Je lui donne la main, et me détourne avec lui du hameau; mais je l'y ramènerai.

Peu à peu le son monotone et lointain des musettes le jette dans une rêverie profonde. Il marche la tête inclinée; ses yeux baissés sont mouillés de larmes. Il oublie où il est, il s'oublie lui-même. Heureux oubli! je me garde bien de l'en distraire; mais je le ramène insensiblement à notre premier sentier. Il marche avec plus d'activité à mesure que ses idées se succèdent plus rapidement, et ne s'éveille du songe de sa mélancolie qu'au milieu de la fête du hameau. Ce spectacle, loin de le révolter, arrête le cours de ses larmes. La joie fausse et turbulente des villes est insupportable à la douleur; mais la joie innocente et la gaieté naïve s'insinuent dans l'âme du malheureux qui les contemple.

La fête se célèbre devant la métairie, dont l'entrée est ombragée d'ormes et de peupliers. Sous leur dôme de verdure est assise une femme de vingt-cinq ans, tenant dans ses bras un enfant qu'elle allaite. La tendresse maternelle se peint dans ses yeux languissans, et ranime de temps en temps la pâleur de son visage. On voit qu'elle a beaucoup souffert: mais regarde-t-elle son fils, les traces de la douleur disparaissent, et l'on prendrait alors sa langueur pour la langueur de l'amour. Son époux, assis derrière elle, la tient dans ses bras, et quelquefois elle appuie sa tête contre sa poitrine, soit pour la soutenir, soit pour recevoir un baiser qui l'attend.

Près d'elle paraissent deux nouveaux mariés, couronnés de fleurs. Ils se montrent l'enfant qui presse le sein de sa mère. La jeune épouse rougit et embrasse cet enfant; le jeune époux s'élance et l'embrasse à son tour, comme pour lui reprendre le baiser de son épouse.

Au milieu de ce groupe intéressant, s'élève la tête vénérable du pasteur, en cheveux blancs. Son front chauve, son regard tranquille, sa bouche riante, inspirent la confiance et l'amitié. Il semble, dès qu'on l'a vu, qu'on ait quelque chose à lui dire ; et déjà, sans nous en apercevoir, nous nous trouvons auprès de lui.

Son premier regard se porte sur moi, le second s'arrête sur Pamphile : on regarde l'homme paisible, on examine l'homme malheureux. J'aborde le pasteur, et lui demande quel est le sujet de la fête. —Vous voyez, me dit-il, le bonheur et les plaisirs où, peu de jours avant, vous n'eussiez vu que la douleur et le désespoir : tel est le sort des choses humaines; jouir et souffrir, voilà la vie de l'homme. Celui qui n'a réellement ni joui ni souffert, meurt sans avoir vécu.—Puis, en regardant Pamphile, il ajoute avec intérêt :—Cette alternative continuelle de bonheur et d'infortune doit abaisser l'orgueil de l'homme heureux, et relever le courage de l'homme abattu par la douleur.

Je le presse alors de nous expliquer le tableau touchant que nous avons sous les yeux.—Ces détails, me dit-il, seraient trop longs; le jour qui baisse m'avertit de me retirer. Mais si vous n'avez destiné à aucun ami la faveur de vous reposer chez lui, je vous offre un souper frugal. Tandis que ma nièce en fera les honneurs, je vous raconterai ce que vous desirez d'apprendre.

Nous acceptons. Il prend congé de l'heureuse famille, et nous conduit à sa demeure. Nous traversons une cour tapissée de gazons, qui croissent entre les pavés. Les fenêtres de la maison sont couronnées de longs ceps de vigne qui serpentent sur les murs. Un large platane ombrage à la fois et la maison et la cour. On dirait que la paix habite sous son ombre, et qu'elle garde l'asile de l'innocence. Nous croyons l'apercevoir elle-même sur les degrés du vestibule : les yeux baissés et le front incliné, elle vient nous recevoir; c'est Émira, nièce du pasteur. Un léger sourire anime sa bouche vermeille; mais à peine ses yeux ont-ils rencontré les yeux de Pamphile, que le sourire disparaît. Son visage s'attriste par degrés. Pamphile, qui s'aperçoit de sa tristesse, en est attendri; il soupire. Émira le remarque, et soupire aussi. Les cœurs tendres devinent les cœurs malheureux.

Le repas est frugal, mais il est présenté par l'amitié ; et la confiance, dès le premier moment, unit les convives. Le pasteur s'informe du motif de notre voyage. Je lui réponds en peu de mots. Mais à peine ai-je parlé du malheur de Pamphile, qu'involontairement Émira s'écrie : — Je le savais ! — Vous le saviez ? reprend gravement le pasteur ; eh ! comment ? — Mon oncle, c'est que je me l'étais dit. A ces mots elle détourne son charmant visage, et nous devinons qu'elle rougit.

Notre hôte alors, s'adressant à Pamphile, lui dit : — Vous souffrez ; je le vois ; mais la douleur diminue quand elle est partagée. Vous avez un ami, il ne tiendra pas à moi que vous n'en ayez deux ; et vos larmes, essuyées par leurs mains, deviendront peut-être moins amères. D'ailleurs le temps en tarira peu à peu la source ; et quand vous aurez vu subir à tous les hommes les épreuves cruelles que vous subissez aujourd'hui, la résignation vous affermira contre les atteintes de la douleur. Vous reconnaîtrez que la vie la plus heureuse est une alternative à peu près égale de jouissances et de peines ; que l'homme qui souffre a l'espérance devant les yeux, tandis que l'homme qui jouit doit avoir devant lui la crainte de voir s'évanouir son bonheur.

Mais dans ce moment vous souffrez, et la douleur n'admet point le raisonnement. Je le réserve pour un temps moins orageux. Ainsi, au lieu de vous prouver que vous devez espérer, je vais vous citer l'exemple de la famille dont vous avez vu le bonheur et la joie: les raisonnemens ne parlent qu'à l'esprit, les exemples parlent au cœur.

CONSTANCE ET VALMONT.

Constance et Valmont, amans dès leur tendre jeunesse, époux depuis près d'un an, jouissaient de ce bonheur pur et paisible que l'amour réserve à la vertu. Ils s'étaient établis dans cette agréable métairie, devant laquelle vous les avez vus réunis. A trois lieues de cette retraite habitait la mère de Constance. Le père de Valmont demeurait à une distance à peu près égale. Tous les jours de fête on se réunissait, tantôt chez le père de Valmont, tantôt chez la mère de Constance, plus souvent chez les jeunes époux.

Comme le père de Valmont était veuf, Valmont avait amené chez lui sa jeune sœur Agathe, dont Constance achevait l'éducation. Agathe avait quinze ans. Jusqu'à quatorze elle avait aimé les fleurs et les oiseaux du voisinage; mais depuis six mois elle les oubliait pour Albert, frère de Constance.

Le jeune Albert avait quitté sa mère pour venir apprendre l'agriculture sous les yeux de Valmont. A dix-neuf ans, vivre auprès d'Agathe, lui inspirer de la tendresse, et ne pas l'aimer, eût été chose bien difficile. D'ailleurs, Agathe et Albert avaient sans cesse sous les yeux le bonheur de Constance et de Valmont; le bonheur d'autrui nous fait rêver le nôtre : souvent cette douce rêverie s'emparait du cœur de nos jeunes amis. Témoins des caresses des deux époux, ils se mettaient en idée à leur place : et quand leurs yeux se rencontraient, ils semblaient se dire : Et nous, quand serons-nous heureux?

Souvent j'ai vu ce tableau charmant; souvent j'ai senti couler mes larmes au milieu du silence touchant de l'amour et de l'espérance.

Le ciel, qui se plaît dans le bonheur de la vertu, combla bientôt celui de Constance et de Valmont. Constance s'aperçut qu'elle devenait mère, et son cœur s'ouvrit à de nouveaux plaisirs. Valmont ne pouvait plus l'embrasser qu'avec un sentiment de tendresse et de respect. Une épouse, une mère, quel être pour son époux ! et quel spectacle pour nos jeunes amis ! Agathe se plaisait à démêler dans les traits d'Albert les sentimens d'un bon père. Albert entrevoyait déjà dans les yeux d'Agathe je ne sais quoi de maternel.

Ainsi vivaient ces deux couples fortunés; l'un goûtant les plaisirs de la paternité, l'autre se promettant le bonheur qui les précède.

Déjà Constance approchait du terme désiré, lorsque Valmont apprend que son père est dangereusement malade. Il vole auprès le lui, le trouve mourant, et l'espérance prochaine de devenir père cède à la crainte de perdre le sien.

Cependant Constance ressentait les premières douleurs de l'enfantement. Dans ces momens pénibles où la souffrance a besoin d'amitié, Constance appelait sans cesse son cher Valmont. — Mon ami, s'écriait-elle, que n'es-tu là ! j'oublierais que je souffre.. Enfin, après une nuit laborieuse, son enfant voit le jour. D'un œil mourant de douleur et d'amour elle le regarde : c'est un fils ! ses bras maternels le soutiennent en tremblant. D'un regard avide elle considère ses traits : c'est Valmont ! le voilà, c'est lui qu'elle embrasse. Cher époux, j'ignorais qu'il y eût encore une nouvelle manière de t'aimer !

Je ne vous dirai pas que Constance nourrit son fils : elle sentait trop vivement les devoirs et les plaisirs de mère, pour n'être mère qu'à moitié.

Au milieu de ces soins touchans, sa fidèle Alix lui présente une lettre de son époux. Le cachet lui annonce la triste nouvelle qu'elle va lire ; le père de Valmont n'est plus, et dans ce premier moment Valmont succombant à sa douleur, et oubliant qu'il est père lui-même, veut suivre le sien au tombeau. Cette cruelle résolution, retracée à chaque ligne de sa lettre, fait couler des yeux de Constance des larmes amères. — L'ingrat, disait-elle d'une voix entre-coupée de sanglots, il m'oublie ! Et toi, mon pauvre enfant, il t'oublie aussi ! A tout moment elle relisait cette lettre, et pleurait en embrassant son fils.

Alix lui rapportait chaque jour des nouvelles de Valmont, qui peu à peu surmontant sa douleur, sentait ses forces se rétablir.

Un matin, Alix arrive plus tôt qu'à l'ordinaire, et dit à Constance : — Ma chère maîtresse, monsieur est sur le point d'arriver. Ce matin, dès le point du jour, je l'ai vu partir seul à pied. Je l'ai suivi quelque temps, et après m'être assurée qu'il venait ici, j'ai pris un chemin détourné pour venir vous l'annoncer. Comme il marche lentement, et que j'ai couru de toutes mes forces, je crois l'avoir devancé de plus d'une lieue.

A cette nouvelle, Constance embrasse Alix avec transport. Elle prend son fils dans ses bras; et faible encore, elle se traîne vers un petit bois situé le long du chemin, à un quart de lieue du village. Là, attachant sur la poitrine de son enfant une inscription de sa main, elle le couche doucement sur le gazon, à l'ombre d'un tilleul dont les branches s'étendent sur la route; puis elle se cache derrière un arbre voisin, et porte tour à tour ses regards inquiets sur son fils, et sur le chemin par lequel doit arriver son époux.

Elle l'aperçoit enfin, marchant lentement, la

tête penchée, les cheveux en désordre, et paraissant absorbé dans sa douleur. A mesure qu'il approche, Constance sent son cœur frémir et palpiter. Déjà il n'est plus qu'à vingt pas d'elle. Ses yeux fixés vers la terre rencontrent l'enfant qui lui tend les bras. Soudain il s'arrête, le considère avec attendrissement, et levant les mains au ciel :
— Infortuné, s'écrie-t-il, as-tu perdu ton père aussi? Il dit et vole à lui. Mais en se courbant, quel saisissement, quelle surprise, lorsque d'un œil troublé il lit ces mots tracés d'une main que son cœur ne peut méconnaître ! « Tu n'es plus fils, mais tu es père ! — Cher enfant, dit-il, serait-ce toi? — Oui, mon ami, s'écrie sa mère, oui, c'est ton fils, c'est ta femme : » et elle est dans ses bras.

Après un moment de ce silence dont le ciel a permis à l'homme de sentir, mais non d'exprimer les délices, Constance soulevant son fils et le présentant à son époux : — Mon ami, dit-elle, voici les mains qui te caresseront, et la bouche qui te donnera le nom de père que la tienne ne peut plus donner à personne ! Quand tu m'as quittée, je te pleurais, mon enfant m'a rendu ton image : tu pleures ton père, voilà ton fils. Ainsi, mon tendre ami, les peines et les consolations de la vie renaissent tour à tour du sein de l'amour et de l'amitié. Heureuse ton épouse, si les plaisirs et les chagrins qu'elle te fera peut-être éprouver,

ne doivent jamais naître que de ces deux sentimens!

A ces mots, de nouvelles caresses firent couler
de nouvelles larmes, et répandirent peu à peu
dans l'âme de Valmont cette pure sérénité et ce
calme attendrissant, premiers symptômes de la
convalescence du cœur. Il marchait lentement, tenant d'un bras son épouse, de l'autre caressant
son fils, et, s'arrêtant à chaque pas, ou pour les
embrasser, ou pour recevoir leurs embrassemens.
Son cœur, loin de s'épuiser dans ces tendres épanchemens, y puisait une force nouvelle; et pour réparer la tendresse qu'il avait perdue, il semblait
se rassasier d'un nouvel amour.

Cependant Agathe et Albert se préparaient à
recevoir leur frère. — Mon ami, disait Agathe, il
faudra nous réunir pour le consoler. — Hélas!
lui répondait Albert, croyez-vous qu'il ne sera
pas consolé avant de nous revoir? N'aura-t-il pas
vu sa femme et son fils? Ma chère Agathe, quand
on possède une épouse telle que Constance ou
telle que vous, ne doit-on pas braver tous les
chagrins, excepté celui de la perdre? — Et croyez-
vous, Albert, que l'amitié ne suffise pas quelquefois pour nous consoler? Moi, par exemple,
n'ai-je pas perdu mon père aussi? Mon chagrin n'est-
il pas le même que celui de Valmont? Eh bien!
qu'est-ce qui m'en console? C'est lui, c'est Con-

stance, c'est vous. Quel sentiment m'unit à Valmont? l'amitié : à Constance? l'amitié : à vous, Albert?... — Quoi! l'amitié seulement? — Eh! mon ami, qu'importe comment je vous aime, pourvu que je vous aime toujours?

Valmont, en arrivant chez lui, reçoit les embrassemens d'Albert et d'Agathe, qui, d'une voix entrecoupée de sanglots, lui dit : — Hélas! mon frère, je n'ai plus que vous! Votre sœur vous doit des consolations, et c'est elle qui vous en demande. — Ma chère sœur, je te promets toutes celles qui peuvent naître de l'amitié fraternelle; mais il est un autre sentiment qui seul peut nous dédommager de la perte d'un père! En parlant ainsi, Valmont presse son fils et son épouse. — Hélas! reprend Agathe en soupirant, n'ai-je pas perdu mon père comme vous? A ces mots, ses regards se tournent involontairement sur Albert, et se recueillent ensuite sous ses longues paupières.

Tandis qu'Agathe rougit de confusion, Albert de plaisir, Constance et Valmont, par un coup d'œil d'intelligence, se communiquent leur pensée; et saisissant les mains des deux amans, ils les unissent, et leur font sceller par un baiser la promesse de leur alliance. Le terme en est différé jusqu'à l'année suivante, afin de laisser expirer le temps du deuil, et de mériter le bonheur conjugal en observant les devoirs sacrés de la piété filiale.

Depuis six mois, les époux et les amans jouissaient de cette volupté paisible, qui, portant au fond de l'âme le calme et la félicité, en chasse peu à peu les noirs chagrins, que les plaisirs bruyans n'en chassèrent jamais. Constance alors soupçonna qu'elle devenait mère pour la seconde fois. Bientôt elle en fut assurée; et ce surcroît de bonheur combla de joie la famille que cet enfant allait augmenter.

Oh! qui de vous n'a jamais vu une jeune mère caressant le premier fruit de sa tendresse, et sentant croître en elle celui qui va lui succéder! Tous les sentimens du bonheur enivrent son âme. Épouse tendre, amante adorée, heureuse mère et bientôt mère encore, elle recommence avec délices ses premières amours. Dans son sein, sur son sein, tout est plaisir pour elle, et l'espérance du bonheur germe auprès de la réalité.

Mais les beaux jours de notre vie en sont comme la fleur; le moment où ils brillent annonce qu'ils ne brilleront pas long-temps.

Déjà le terme heureux approchait où l'hymen devait unir les jeunes amans. Albert pria Valmont de tenir sa promesse; et Agathe baissant les yeux, feignit d'avoir oublié l'époque indiquée, afin que Constance se la rappelât pour elle.

Constance et Valmont connaissaient trop le prix du bonheur, pour différer celui qu'ils avaient promis; et le mariage fut fixé au commencement du mois suivant.

Trois jours avant le jour désiré, Constance, quoiqu'elle achevât le septième mois de sa grossesse, va chercher elle-même sa mère dans son hameau situé à quatre lieues de ce village. Mais en arrivant, elle la trouve frappée d'une contagion qui depuis peu régnait dans les habitations voisines. C'était une fièvre ardente, qui attaquait surtout les enfans et les vieillards, dont les organes plus faibles résistaient moins aux impressions d'un air infect et corrompu. Les accès de cette épidémie se renouvelaient trois fois depuis le lever jusqu'au coucher du soleil. Si, durant cet intervalle, le malade avait la force de résister, il était sauvé, et le second jour de la maladie amenait ordinairement la convalescence ou la mort.

La mère de Constance, grâce aux soins de sa fille, résista; et dès le lendemain se trouva hors de danger. Elle promit même d'assister au mariage d'Albert, son fils, et ne voulut point qu'on en différât la cérémonie. —Je sais, disait-elle, je sais par expérience que l'attente donne la fièvre aux jeunes amans; je ne veux point que ma chère Agathe gagne la mienne. Demain je sortirai, après-demain je partirai pour la noce, et dans trois jours, ma chère fille, je te promets que j'y danserai. Constance, les larmes aux yeux, quitte sa mère après l'avoir sauvée, revient avec ivresse embrasser son enfant, et lui souffle la contagion qu'elle respire depuis deux jours. Tandis qu'elle préside aux préparatifs du mariage, la fièvre fermente dans les veines de son fils. Ses cris annoncent le premier accès, et sa pâleur fait pâlir sa mère. Soudain Albert vole à la ville prochaine, et en amène un médecin instruit par l'âge et l'expérience. Il arrive, approche du berceau de l'enfant, et l'examine attentivement. La mère, les yeux fixés sur les siens, espère et frémit tour à tour, sans oser l'interroger sur ce qu'elle tremble d'apprendre. Enfin, après un long silence, le médecin se tournant vers elle :—Eh bien! monsieur? — Eh bien! madame. — Au nom du ciel, parlez. — Je crains... — Je vous entends; épargnez-moi le reste. — Calmez-vous. Je crains le second accès; mais si votre fils le supporte, je réponds de sa guérison. — Et cet accès, monsieur, sera-t-il bien long? —Madame, il pourra durer deux heures au plus. — Est-il encore bien éloigné? — Non, je crois qu'il approche. — Deux heures! grands dieux!... et dans une heure peut-être... Ah! monsieur, prenez pitié d'une pauvre mère; restez ici, ne m'abandonnez pas, sauvez mon cher enfant, sauvez-moi! Oh! si vous saviez combien je suis malheureuse! C'est moi, moi sa mère, qui lui ai donné la mort. Le ciel me préserve du malheur de lui survivre! Ah! monsieur, mon cher Valmont, Albert, Agathe, Alix, venez, venez tous avec moi l'arracher à la mort!... Voyez-vous ses yeux s'allumer? comme la douleur se peint dans tous ses traits! Ah! calmez ses transports, sauvez-le, sauvez sa mère! En parlant ainsi, elle embrassait les genoux du médecin et les arrosait de ses larmes. En vain il la conjurait d'espérer et de songer au moins à sa situation.

—Sauvez mon fils, s'écriait-elle, et je serai sauvée. Mon mal n'est point dans mon sein, il est dans celui de mon enfant. Je brûle de sa fièvre, et je ne guérirai qu'avec lui.

Cependant l'accès augmentait, et le médecin, malgré tous ses soins, voyait le mal s'accroître à chaque instant. Constance, tantôt anéantie, tantôt transportée de douleur, se levait précipitamment, prenait son fils dans ses bras, le pressait sur son cœur, le ranimait de son haleine; et, de ses lèvres brûlantes, semblait aspirer le mal qui dévorait ses entrailles. Puis tout-à-coup le reposant doucement sur son lit, le corps penché, l'œil fixe, les mains étendues, immobiles d'incertitude, elle le considérait d'un regard morne, et n'en détournait la vue que pour surprendre les regards du médecin et y démêler son arrêt.

En ce moment l'enfant pousse un cri aigu, et sa mère croit entendre le cri de la mort. La fièvre dévorante circule et redouble dans les veines de son fils. Les soins les plus doux, les plus tendres caresses, les remèdes que l'art ou l'amitié inventèrent pour calmer les souffrances, rien né peut alléger la sienne. Il transit et frissonne dans les bras caressans de sa mère. Enfin la douleur, après avoir épuisé sa rage, s'éloigne et laisse peu à peu succéder le calme, mais ce calme doit être éternel. Le médecin, qui s'en aperçoit, fait signe à Valmont d'emmener son épouse. L'œil d'une mère voit tout. — Que signifie ce geste? dit-elle, madame, répond le médecin à demi-voix, vous voyez que votre fils s'endort; ce sommeil est décisif; vos pleurs ou vos caresses pourraient le troubler. — Oh! non, je vous jure! — Une mère, en ce cas, promet toujours plus qu'elle ne saurait tenir, il est plus prudent de sortir; je resterai seul auprès de votre fils, et vous rappellerai dès qu'il en sera temps. — Quoi! monsieur, m'éloigner! — Il ne faut, madame, qu'une seule personne auprès de lui. Sortez, sinon je sortirai.... — Ah! restez, restez, je sors.... Mais au moins, croyez-vous qu'il dorme long-temps? — Madame, je prévois que son sommeil sera long. — Et tout ce temps sans le voir! — Madame, vous oubliez votre promesse. Si vous aimez votre enfant, sortez. Alors Valmont la prenant par la main, l'emmène en silence dans une chambre voisine.

Valmont ne s'était point trompé sur le sommeil apparent de son fils. Son cœur paternel saignait secrètement de la blessure profonde qu'il venait de recevoir. Cependant il affectait un air tranquille, et cette cruelle contrainte aigrissait encore sa douleur, car le plus affreux supplice de l'homme malheureux, c'est d'être forcé de feindre l'espérance quand le désespoir est dans son cœur.

A tout moment, Constance s'approchait de la porte, appuyait l'oreille contre la serrure pour écouter le réveil de son fils. Souvent sa main saisissait involontairement la clef. Mais Valmont l'arrêtant : — Ma chère amie, lui disait-il, que fais-tu? Tu sais l'ordre du médecin ; tu sais que cette porte ne peut s'ouvrir sans bruit ; veux-tu réveiller ton enfant? — Hélas, reprenait-elle, il y a bien long-temps qu'il dort ! — A peine y a-t-il une heure. — Une heure? et la nuit approche déjà ! C'est qu'aujourd'hui le ciel est un peu sombre : allons, mon amie, de la patience ; c'est moi, c'est ton ami qui t'en prie.

Constance, agitée, parcourait alors toute la maison. Elle arrêtait tour à tour, Albert, Agathe, Alix et tous les domestiques, et leur disait d'une voix craintive : — Est-il réveillé? Chacun lui répondait, en détournant les yeux : Pas encore. — Pas encore! reprenait-elle, en levant les mains au ciel; et elle revenait sans cesse à cette porte fatale.

Déjà la nuit était close. Constance, demeurée seule un moment, regarde à travers les fentes de la porte, et ne voit point de lumière dans la chambre de son fils. Un tremblement la saisit. Elle ouvre en frémissant; un silence profond règne autour d'elle. Elle appelle à demi-voix le médecin; point de réponse. Saisie d'un nouvel effroi, elle approche pas à pas du lit de son fils, le sent qui repose sous sa couverture, et palpite de joie; mais en touchant sa main glacée; le froid mortel passe jusque dans son cœur. — Ah! mon pauvre enfant!..... A ce cri l'on accourt; Valmont la prend dans ses bras et veut l'arracher du lit funèbre; mais s'attachant fortement au corps de son fils........ Non, s'écriait-elle, non! vous essayez en vain de m'en séparer; et elle appuyait avec transport ses lèvres brûlantes sur sa bouche inanimée.

Valmont ne pouvant rien gagner sur son épouse, vient me chercher. J'arrive, et après une heure de prières et de larmes, j'obtiens d'elle qu'elle essaiera de prendre quelque repos. — J'y consens, me dit-elle; mais c'est à condition que je coucherai dans ce lit, et que ce berceau sera près de moi

Il fallut nous rendre à ses désirs. La nuit fut

une alternative orageuse de plaintes, de transports et de sanglots. Heureuse quand elle pouvait pleurer, elle nous disait : — Il n'y a que cela de bon ; et de nouvelles larmes soulageant sa poitrine oppressée, ramenaient le calme pour un moment. Le médecin profitant d'un de ces intervalles, lui fit prendre un breuvage qui bientôt la plongea dans un profond assoupissement. Alors nous enlevâmes le corps de son fils, et l'on prépara ses funérailles.

Durant ces tristes apprêts, je ne pouvais retenir mes larmes en voyant cette maison, hier séjour du bonheur et de l'espérance, habitée aujourd'hui par le désespoir et la mort, et cette porte couronnée de guirlandes nuptiales, se couvrir de voiles funèbres. Au milieu de ces sombres pensées, un faible rayon d'espoir me faisait pressentir le retour du bonheur. Le malheur de mes amis me semblait trop extrême pour durer long-temps. Je vous l'ai déjà dit, l'homme heureux a devant lui la crainte, et le malheureux l'espérance.

Les funérailles venaient d'être achevées, lorsque Constance, vers le déclin du jour, sortit enfin de son assoupissement. Le sommeil avait calmé la fièvre, et sa douleur étant devenue plus tendre, les pleurs recommencèrent à couler. Le médecin la trouvait hors de danger, et attendait sa guérison des pleurs qu'il lui voyait répandre.

Nous étions rangés autour de son lit, et nous pleurions avec elle. Agathe rentre alors, suivie d'Albert. Elle voit les rideaux du lit entr'ouverts, s'approche doucement, et avance la main pour les soulever de son côté; mais Constance reconnaissant la main d'Agathe, la saisit avec vivacité, l'attire dans ses bras; et après une longue étreinte : — Ma chère Agathe, lui dit-elle, ma bonne amie, ne songes-tu pas à demain? — Ah! ma sœur, quand vous souffrez, puis-je songer à mon bonheur! — Hélas! ma chère Agathe, je l'ai voulu ton bonheur; en te mariant j'ai cru te rendre heureuse : mais, grands dieux! que je me suis trompée! Agathe, crois-moi, ne t'expose pas au danger d'être mère. Tu ne conçois pas, non, tu ne peux concevoir les déchiremens affreux que ce bonheur passager nous prépare. Le ciel me préserve de t'y exposer! Je vais mourir, Agathe; je suis déjà morte avec lui : mes forces m'abandonnent, mon cœur s'anéantit; il ne sent plus même les caresses de mon époux... Ma chère Agathe, donne-moi ta main. Agathe, en sanglotant, laisse tomber sa main dans celle de sa sœur. Alors celle-ci, la fixant d'un œil animé, lui dit : — Au nom de la tendresse que j'eus toujours pour toi, ma chère Agathe, au nom du ciel! promets-moi que demain tu n'iras pas à l'autel. — Ah! ma sœur, ne vous l'ai-je pas déjà dit? Tant que vous souffrirez... — Ce n'est pas là ce que je te demande : promets-moi que jamais. — Jamais? s'écrie Agathe; et baissant les yeux, elle soupire et se tait. — Quoi! tu hésites?... Hélas! mon amie, regarde-moi. Rappelle-toi ce temps où je brillais, comme toi, de bonheur, de jeunesse et d'amour. Compare à ces jours sereins le jour affreux qui m'éclaire. Vois le deuil qui m'environne; vois la mort à la porte de ma demeure et jusque dans mon sein; car je sens que ma douleur l'a tué. Vois, ma chère Agathe, combien de fois il faut mourir quand on est épouse et mère!

En ce moment, Albert qui se tenait debout au pied du lit, ne pouvant plus arrêter ses sanglots, fut entendu de Constance. Elle se lève à moitié, avance la tête, et lui fait signe d'approcher. — Vous êtes homme, lui dit-elle, j'attends de vous plus de courage que de votre amie : faites-moi, mon frère, la promesse qu'elle n'ose prononcer. Je ne l'exigerais pas si je vous connaissais moins! — Hélas! vous nous aimez et vous nous séparez! — Albert, avant de condamner mon amitié, considérez mon sort, et jugez-moi. — Ah! je sens toutes vos douleurs; mais je souffrirai tout pour Agathe. — Et si vous chérissez Agathe, voulez-vous l'exposer à souffrir pour vous?

A ces mots, Albert se détourne en soupirant; et le médecin craignant la suite d'une plus longue résistance, fait signe aux jeunes amans d'obéir à leur sœur : ils joignent leurs mains dans la sienne, et répètent tour à tour la promesse qu'elle leur dicte : mais leurs mains se pressant avec une nouvelle ardeur, démentent leur bouche à chaque mot ; et en les voyant promettre de ne s'unir jamais, on sent bien qu'ils se jurent de s'aimer pour la vie.

Cette scène, un peu vive, avait rallumé la fièvre de Constance. L'accès n'en était pas violent ; mais le médecin, pour en prévenir les suites, dangereuses dans sa situation, crut devoir essayer de l'assoupir encore, comme il l'avait fait la veille avec tant de succès. Il y réussit pour la seconde fois. Constance tomba peu à peu dans un profond sommeil, et nous demeurâmes en silence auprès d'elle, espérant que cette nuit paisible amènerait le lendemain sa convalescence.

Nous étions à la veille du jour destiné au mariage d'Agathe et d'Albert. Tous les préparatifs en avaient été suspendus ; et dans le premier trouble de sa douleur, Valmont avait oublié d'en prévenir sa belle-mère, qui, se trouvant parfaitement rétablie, se disposait à venir le lendemain au mariage d'Albert son fils. Elle avait rassemblé tous les haut-bois et toutes les musettes de son hameau, et les avait fait partir au déclin du jour, pour former durant la nuit un concert sous les fenêtres d'Agathe, et faire danser le lendemain toute la famille.

Durant le sommeil de Constance, je demandai à Valmont s'il avait instruit de son malheur toutes les personnes invitées au mariage. — J'avoue, me dit-il, que j'ai oublié de les en prévenir; mais nos parens et nos amis demeurent dans le voisinage, et comme les tristes nouvelles volent toujours plus vite que les bonnes, je les crois instruits de mon malheur.

Je lui observai cependant que la mère de Constance habitait, à quatre lieues de distance, un hameau isolé; qu'il était possible qu'en vingt-quatre heures elle n'eût pas appris cet évènement, et qu'en arrivant le lendemain elle pouvait éprouver une révolution dangereuse à son âge. Aussitôt Valmont envoya vers elle un ancien domestique, auquel il recommanda de lui apprendre la mort de son petit-fils avec tous les ménagemens qu'on doit à la vieillesse et à l'amitié.

Il était alors près de minuit, et Constance reposait toujours paisiblement. Le médecin jugea que son assoupissement durerait jusqu'au matin; et comme nous étions tous excédés de fatigue, il nous exhorta à nous retirer. Valmont refusa long-temps d'y consentir; mais la fidèle Alix lui ayant promis de l'avertir dès que sa maîtresse s'éveillerait, il se laissa conduire dans son appartement. Agathe et Albert gagnèrent tristement leurs chambres séparées; et quand je vis régner dans toute la maison le silence et l'obscurité, je rentrai chez moi pour m'y livrer au repos.

La bonne Alix restée seule auprès de Constance, et fatiguée de la première nuit qu'elle avait passée, cédait par intervalles au sommeil qui l'accablait. Dans cet état d'assoupissement elle croit entendre quelque bruit, se lève en sursaut, saisit un flambeau, court à la porte, et par le bruit qu'elle fait en l'ouvrant, elle réveille sa maîtresse. Arrivée au bord de l'escalier, elle prête l'oreille et n'entend rien. Incertaine si c'est un songe ou une réalité, et voulant s'assurer du sujet de sa peur, elle s'assied sur les premières marches. Là, le corps penché, la tête avancée, la bouche béante, elle écoute long-temps, s'assoupit peu à peu, et tombe dans un profond sommeil.

Le ciel était sombre, la nuit profonde, l'air tranquille; tout reposait sur la terre, Constance veillait seule avec sa douleur. Le silence, la nuit, la solitude avaient rallumé son imagination ardente: Elle était assise sur son lit, les pieds nus et le sein découvert. Ses yeux enflammés roulaient des larmes amères, qui sillonnaient ses joues pâles et brûlantes. Le crépuscule d'une lampe nocturne éclairait auprès d'elle des meubles en désordre, des vêtemens épars et le berceau vide de son fils. Elle croyait voir errer son ombre à travers cette lueur incertaine. Tantôt elle lui tendait ses bras languissans; tantôt se levant précipitamment, la poitrine oppressée et la bouche entr'ouverte, elle courait à son berceau, y portait une main tremblante, retournait les coussins, les linges, les couvertures; puis les rejetant avec fureur... Pauvre mère, s'écriait-elle, où vas-tu le chercher!... Hier, à cette même heure il était là, il me pressait, il me caressait; ma bouche et mes yeux le dévoraient. Aujourd'hui je le cherche là, à cette même place... Malheureuse! ce n'est plus là qu'il repose; mes yeux ne le reverront jamais... Jamais? Eh! pourquoi? n'est-il plus à sa mère? Les barbares, ils me l'ont ravi; ils m'ont caché même le lieu qui le récèle. Ils veillent autour de moi... Oh! s'ils pouvaient fermer les yeux! si je pouvais leur arracher leur proie!

A ces mots elle approche de la porte, et l'ouvre sans bruit. La lumière d'Alix s'était éteinte. Alix, accablée de lassitude, dormait couchée en travers sur l'escalier. Constance, la main étendue, s'avance, saisit la rampe, descend, touche à peine les marches. Tout-à-coup son pied rencontre la tête d'Alix; elle entend un cri perçant, tombe de frayeur, roule jusqu'au dernier degré, se relève, vole à la porte, la trouve fermée, s'élance à une fenêtre, saute dans la rue, et s'enfuit.

Alix, étourdie du coup, porte à sa tête une main tremblante, se relève en frissonnant, écoute, n'entend rien, écoute encore sans oser respirer. Ce morne silence, cette obscurité profonde, le coup qui l'a frappée la glacent d'une nouvelle terreur. D'un pas chancelant, elle se traîne dans la chambre de Constance; et, se jetant au pied de son lit :—Madame, s'écrie-t-elle, il y a ici quelque chose d'extraordinaire! Madame, réveillez-vous! Madame, m'entendez-vous? A ces mots, avançant la main pour éveiller sa maîtresse : — Ciel, elle est disparue! Elle dit, et saisit la lampe qui tremble dans sa main; le cabinet, le dessous du lit, de la table, des meubles, elle parcourt tout inutilement. — Grand Dieu! qu'y a-t-il donc ici?... où est-elle?... qui m'a frappée?... Quel affreux silence!... Ah! mon maître, mon cher maître, éveillez-vous, accourez! mon Dieu! venez vite! madame, ma pauvre maîtresse!...

Valmont accourt en désordre : — Eh bien... qu'y a-t-il? ma femme... — Elle n'est plus ici. — Elle n'y est plus!... Alix, je vous l'avais confiée. — Ah! monsieur, pardonnez-moi! que je suis malheureuse! Je suis tombée de lassitude; mais à peine le sommeil m'avait-il surprise, qu'un coup terrible m'a réveillée; je n'ai rien vu, rien entendu; mais je suis blessée, et madame est disparue.

A ce récit, Valmont poussant un cri de douleur et d'effroi, va, vient, court, appelle, éveille toute la maison. Qu'on la cherche, dit-il, courez, partagez-vous, éclairez tout; visitez la cour, le jardin, la rue, la campagne; allez, ramenez-la, sinon vous m'en répondrez tous. — Eh! qui donc, monsieur? — Qui? elle, mon épouse, Constance, ma chère Constance. Courez, vous dis-je; grands dieux! où peut-elle être? Allez donc! venez, suivez-moi.

En un moment, tout paraît éclairé. Les uns visitent la maison, d'autres les jardins et la cour. Plusieurs se dispersent dans la campagne. Valmont les anime, les supplie, les menace et marche à leur tête.

Constance, les yeux égarés, les cheveux en désordre, les bras étendus, marchait à grands pas au milieu des ténèbres. Elle arrive au lieu de la sépulture commune; et là, cherchant parmi les tombes celle de son fils, elle entrevoit un endroit où la terre amoncelée paraissait remuée depuis peu. A cette vue elle frissonne, elle approche; et apercevant les fleurs encore nouvelles qu'on y avait jetées : — Mon cher enfant, s'écrie-t-elle, enfin je te retrouve! Les barbares! ils voulaient t'arracher à ta mère! Elle dit, se précipite sur la tombe, et d'une main animée par le désespoir, s'efforce d'écarter la terre qui couvre son fils. — Je le verrai... et je mourrai!

En ce moment elle entend dans le lointain un concert champêtre et des chants d'allégresse. Elle se relève, elle écoute; puis baissant les yeux sur la tombe : — Hélas ! tu n'es plus ! et ils chantent !

Cependant la fête approche. Constance palpite de frayeur. S'ils allaient la découvrir!... Elle prête une oreille craintive ; chaque accent la fait frémir, chaque pas la fait trembler. Le concert passe le long d'une haie qui environne l'enceinte consacrée à la sépulture. Constance, couchée sur la terre et tremblant d'être entendue, étouffe son indignation et dévore ses sanglots. — Souffrons leur joie, se dit-elle, pour ne pas perdre ma douleur. A mesure que la fête s'éloigne, elle commence à respirer et se relève peu à peu ; mais tout-à-coup, en tournant la tête d'un autre côté, elle aperçoit plusieurs flambeaux et reconnaît la voix de Valmont. — Ah ! s'écrie-t-elle, je suis perdue ! je suis trahie ! et elle retombe sur le tombeau de son fils. Sa première chute, sa fuite précipitée, les efforts de sa douleur et de son désespoir, ce combat terrible de crainte et d'indignation, cette alternative pénible d'espérance et de terreur, de cris aigus et de douleur comprimée, en forçant, en épuisant la nature, ont accéléré le terme de la maternité.

Valmont, en approchant de l'enceinte funèbre, entend les faibles cris d'un enfant. Il y vole et trouve son épouse, presque expirante, lui donnant un fils sur la cendre de celui qu'elle a perdu. Alix, qui accompagne Valmont, donne à sa maîtresse les premiers secours ; on l'emporte ensuite privée de sentiment. Valmont la suit, tenant son fils dans ses bras, et semble rapporter du tombeau l'enfant que sa mère en voulait arracher.

Après deux heures d'un mortel anéantissement, Constance se ranime par degrés ; ses yeux s'entr'ouvrent au jour naissant. Long-temps elle nous regarde tour à tour, d'un air inquiet et stupide. Enfin apercevant Valmont, qui lui présente son fils, elle pousse un cri perçant, étend ses bras, attire sur son cœur le père et l'enfant, les presse avec transport; et, après une longue et vive étreinte, dévorant son fils d'un œil avide, puis levant les mains au ciel : — C'est lui, s'écrie-t-elle; c'est lui !.. Grand Dieu! tu me l'as rendu! Hélas! je voulais mourir, et j'étais mère encore! Ah! cher enfant, pardonne-moi; j'avais oublié le prix des jours de ta mère; j'ignorais que la joie inexprimable de retrouver un fils surpasse encore le désespoir de l'avoir perdu.

Se tournant ensuite vers Agathe et Albert, qui la considéraient en se donnant la main, elle dit, en leur tendant la sienne : — Je me souviens du chagrin que je vous ai causé. Oubliez-le, mes bons amis. Hier, je voulais vous épargner mes peines; aujourd'hui je veux vous procurer mon bonheur. — Monsieur, poursuit-elle en s'adressant à moi, conduisez-les à l'autel, et ne différez pas d'un instant leur union.

A ces mots l'assemblée applaudit ; et Valmont décide que les deux amans seront unis dans six jours. Muets d'étonnement et de joie, ils voient approcher leur félicité sans oser la croire, et la sentent sans pouvoir l'exprimer.

En ce moment la mère de Constance qui, à la nouvelle du malheur de sa fille, venait partager sa douleur, arrive pour partager son ivresse. Le plaisir l'environne ; l'allégresse brille dans tous les yeux, et la joie fait couler autant de larmes que la douleur en avait fait répandre ; car plus la joie est imprévue, plus elle est vivement sentie.

Au milieu de ce tableau touchant, je me rappelais mes réflexions de la veille, et j'en concluais que l'homme sage doit jouir modérément du bonheur sans trop prévoir la peine, et supporter patiemment le chagrin en prévoyant le retour du bonheur.

Durant tout le cours de cette histoire, je n'avais pas perdu de vue l'infortuné Pamphile. Ses regards attachés sur le pasteur semblaient dévorer son récit. Je voyais se peindre dans ses traits toutes les nuances de la douleur, toutes les gradations de la joie. A l'abattement, au désespoir, succédaient peu à peu une résignation calme, un tendre abandon. Il était aisé de voir qu'il s'appliquait involontairement l'exemple, et des malheurs qu'il venait d'entendre, et du bonheur dont il avait été le témoin. Il était triste encore; mais la douce espérance commençait à dissiper son abattement. Toute sa physionomie nous présentait l'expression la plus touchante, et nous le contemplions avec celle du plus vif intérêt. Le pasteur avait cessé de parler, aucun de nous n'osait élever la voix; mais Pamphile lisait dans nos yeux les sentimens de nos cœurs. L'amitié provoque la confiance, et la douleur satisfaite aime à s'épancher. Tout-à-coup, rompant lui-même le silence, il s'écrie, avec cet accent qui part de l'âme et qu'elle sait si bien entendre : — Oui, je dois l'avouer, mes amis! la vie est une alternative continuelle de peines et de plaisirs........ Oh! que les peines sont cruelles!.... Cependant je commence à reconnaître que ce cœur même, où naissent de si terribles afflictions, en renferme aussi le remède, et que dans cette sensibilité, source de tant de malheurs, on peut, avec le temps et des amis tels que vous, puiser enfin de bien douces consolations!

FIN.

TABLE ALPHABÉTIQUE.

	Lettres.
ACHÉRON, fleuve des enfers.	LIX
ALCESTE, ramenée des enfers par Hercule.	Ib.
ALCYONE et CEIX, leur bonheur.	LXXXIII
Ambition de Céix, qui prend le nom de Jupiter.	Ib.
Malheur d'Alcyone et de Céix.	Ib.
AMITIÉ. Son culte tombé en désuétude.	LVIII
Ses attributs, ses vêtemens.	Ib.
AMPHITRITE, fille de Doris et de l'Océan.	LXXV
Elle est aimée de Neptune.	Ib.
Neptune la fait enlever par deux dauphins.	Ib.
ANDROGINE, formée de Salmacis et Hermaphrodite.	LXX
APOLLON travaille aux murs de Troie.	LXXIV
ARION. Sa naissance.	LXXV
Il parcourt la Sicile et l'Italie.	Ib.
Il s'embarque à Tarente pour retourner dans sa patrie.	Ib.
Jeté dans la mer par les matelots de son vaisseau, il est sauvé par les dauphins.	Ib.
Il paie ce bienfait d'ingratitude, et laisse expirer sur le sable le dauphin qui l'avait apporté.	Ib.
AVERNE.	LIX
BATTUS, changé en pierre de touche.	LXX
CALOMNIE, divinité infernale.	LXI
CANENTE, femme de Picus, changée en voix.	XLIX
CARON, nautonier des enfers.	LX
CERBÈRE, gardien des enfers.	Ib.
CIRCÉ. Sa naissance, son mariage, ses crimes.	LXXXII
COCYTE, fleuve des enfers.	LXVI

TABLE ALPHABÉTIQUE.

	Lettres.
COMÉTHO, amante de Mélanippe.	LXVIII
CORONIS, aimée et tuée par Apollon.	LXVI
DANAIDES. Leur crime, leur supplice.	Ib.
DAUPHINS, confidens de Neptune.	LXXV
Transportés au ciel et changés en constellation par Neptune.	Ib.
DÉIONÉE, attiré par Ixion dans une fournaise ardente.	LXVI
DESTIN. Son caractère, ses lois.	LXV
DIÈTE, médecin de l'Amour.	LVI
DISCORDE, fille de la Nuit; ses attraits, son caractère.	LXI
DORIS, fille de l'Océan.	LXXIII
Ses enfans.	LXXX
DOULEUR, sœur aînée de la Mélancolie.	LXI
ÉACUS, l'un des trois juges infernaux.	LXIX
ÉCHO, nymphe éprise de Narcisse.	LI
ÉGINE, aimée de Jupiter qui la rend mère d'Éacus.	LXIX
ÉPIMÉTHÉE, frère de Prométhée, ouvre la boîte fatale.	LXVI
EUMÉNIDES, surnom des Furies.	LXVII
EUROPE, enlevée par Jupiter, donne le jour à Minos.	LXIX
FANTASE, divinité nocturne, fille du Sommeil.	LIV
FAUNA, sœur et épouse de FAUNE, père des Faunes.	XLIX
FÉRONIE, divinité champêtre. Prodige sur le mont Soracte.	Ib.
FIDÉLITÉ, la même que la BONNE FOI.	LVIII
FLORE. Son origine, son apothéose. Épouse de Zéphyre.	XLIX
FORTUNE. Son portrait, ses attributs, son culte.	LXV

	Lettres.
FRAUDE, Divinité infernale.	LXI
FUREUR, divinité des enfers.	LXII
FURIES. Leur caractère. FURIES blanches ou *Euménides*; FURIES noires, ou *Érynnides*.	LXVII
GLAUCUS et SCYLLA.	LXXXI
Scylla est métamorphosée en monstre par Circé.	LXXXII
HAINE, divinité infernale.	LXII
HAMADRYADES, DRYADES, NAPÉES.	XLIX
HARPOCRATES, dieu du Silence.	LII
HÉCATE. Son triple pouvoir, son culte.	LXVIII
HERCULE tue Laomédon après avoir délivré Hésione.	LXXIV
HERMAPHRODITE. Son origine. Sa métamorphose.	LXX
HÉRO et LÉANDRE.	LXXXIV
HÉSIONE, délivrée par Hercule.	LXXIV
HYPERMNESTRE, l'une des Danaïdes, sauve la vie à Lyncée son époux. Fêtes en son honneur.	LXVI
HYPOCRISIE.	LXII
INO et MÉLICERTE. Leurs malheurs.	LXXX
IXION. Son crime : il est absous. Son indiscrétion.	LXVI
LARVES, âmes des scélérats morts.	LXII
LÉTHÉ, fleuve d'oubli.	LXXXII
LYNCÉE, sauvé par Hypermnestre.	LXVI
MAIA, mère de Mercure.	LXX
MANES. Plusieurs mânes. Libations et sacrifices en leur honneur.	LXII
MÉLANCOLIE, sœur de la Tristesse.	LXI
MÉLANIPPE. *Voyez* COMÉTHO.	
MÉLISSES, premier nom des abeilles.	XLIX
MENSONGE, divinité infernale.	LXI
MERCURE. Son caractère, son exil, son rappel, ses occupations, son culte, etc.	LXX

TABLE ALPHABÉTIQUE.

	Lettres.
MINOS, roi de Crète, juge des enfers.	LXIX
MORPHÉE, fils aîné du Sommeil.	LIV
MORT, favorite de Pluton. Ses traits, son caractère.	LXII
MUTA, déesse du Silence.	LII
MYRMIDONS, nouveau peuple du bon roi Éacus.	LXIX
NARCISSE, aimé de la nymphe Écho.	LI
Il devient épris de lui-même.	Ib.
Il meurt et est changé en fleur.	Ib.
NÉCESSITÉ, compagne de la Mort.	LXV
NÉMÉSIS, fille de la Nécessité, déesse de la justice et de la vengeance.	Ib.
NEPTUNE. Sa mère Cybèle, en mettant un cheval à sa place, le soustrait à la voracité de son père Saturne, qui avait l'habitude de dévorer ses enfans.	LXXIV
Il est chassé du ciel, et travaille chez Laomédon à rebâtir les murs de Troie.	Ib.
Laomédon lui refuse le salaire convenu; il inonde les champs troyens, et suscite un monstre marin qui ravage cette contrée.	Ib.
Il frappe la terre de son trident, et en fait sortir le cheval.	Ib.
Ses fêtes à Rome.	Ib.
Ses différens surnoms.	Ib.
Il aime Amphitrite et l'épouse.	LXXV
Vénus donne aux nouveaux époux une fête dans sa ville de Cythère.	LXXVI
Description de cette fête.	Ib.
Amphitrite et Neptune se fixent à Cythère.	LXXVII
Inconstance de Neptune et ses voyages à la nouvelle Cythère.	Ib.

	Lettres.
NÉRÉE, fils de l'Océan, épouse sa sœur Doris.	LXXIII
Ses talens.	LXXX
NUIT, fille du Chaos. Ses attributs.	LXI
OCÉAN. Sa naissance, son mariage, ses enfans.	LXXIII
Son abdication en faveur des fils de Saturne, son frère.	Ib.
ORÉADES, nymphes des montagnes.	XLIX
ORPHÉE et EURYDICE.	LXIX
PALÈS, déesse protectrice des troupeaux et des prairies.	XLIX
PAN. Son origine incertaine.	LI
Il aime Syrinx et la nymphe Pitys.	Ib.
Écho lui préfère Narcisse.	Ib.
Son caractère, son culte. Terreur panique.	Ib.
PANDORE. Son origine. Boîte de Pandore.	LXVI
PARQUES. Leurs fonctions. Chaque mortel a sa Parque.	LXIII
PASIPHAÉ, mère du Minotaure.	LXIX
PÉLOPS, fille de Tantale.	LXVI
PEUR, divinité, fille de la Nuit. Son temple.	LXI
PHLÉGÉTON, fleuve des enfers.	LXVI
PHLÉGYAS, père de Coronis, venge la mort de sa fille.	Ib.
Son supplice dans les enfers.	Ib.
PHOBÉTOR, fille du Sommeil.	LXIV
PICUS, aïeul des Sylvains, changé en pivert.	XLIX
PITYS, aimée du dieu Pan, changée en pin.	LI
PLUTON, dieu des enfers. Ses traits, ses attributs, son caractère.	LXII
Sa cour, ses surnoms, son culte.	Ib.
PLUTUS, dieu des richesses. Son origine, ses attributs, aveugle comme la Fortune.	LXIV

TABLE ALPHABÉTIQUE.

	LETTRES.
POLYPHÈME. Sa naissance.	LXXVII
Description de ce géant.	LXXVIII
Il aime Galatée.	Ib.
Il surprend Acis dans les bras de Galatée.	Ib.
Il surprend sur le rivage Ulysse et ses compagnons jetés par la tempête sur les côtes de la Sicile.	Ib.
Il est rendu aveugle par Ulysse, et comment.	Ib.
Il est tué par Apollon.	Ib.
POMONE, déesse des fruits, épouse de Vertumne.	L
PRIAPE, fils de Vénus et de Bacchus.	XLIX
PRINTEMPS. Son cortége, son culte, son origine.	Ib.
PROCRIS. *Voyez* CÉPHALE.	
PROMÉTHÉE, dérobe le feu céleste, et échappe à la vengeance de Jupiter qui ensuite le fait enchaîner sur le mont Caucase.	LXVI
PROSERPINE, reine des enfers.	LXII
PROTÉE, fils de l'Océan et de Téthys.	LXXX
PYRAME et THISBÉ.	LXI
QUERCULANES, nymphes, protectrices des chênes.	XLIX
RAMEAU D'OR, avec lequel on fléchissait Proserpine.	LIX
REPENTIR.	LXI
RHADAMANTE, l'un des trois juges infernaux.	LXIX
SALMONÉE. Son orgueil, son supplice.	LXVI
SATYRES.	XLIX
SIRÈNES, fille du fleuve Achéloüs et de la muse Calliope.	LXXXII
Elles sont admises à cause de leurs talens dans la société de Proserpine.	Ib.
Elles disputent aux Muses le prix du chant; elles sont vaincues et punies de leur audace.	Ib.

	Lettres.
Leurs chants attirent les Argonautes.	Ib.
Elles se précipitent dans la mer avec leurs instrumens.	Ib.
SISYPHE, brigand mis à mort par Thésée.	LXVI
SOMMEIL. Description de son palais.	LIV
STYX, fleuve des enfers.	LIX
SYRINX. *Voyez* PAN.	
TANTALE. Son crime, son supplice aux enfers.	LXVI
TARTARE, séjour des âmes criminelles.	LIX
TERME. Son caractère, son culte.	XLIX
TÉTHYS, sœur et épouse de l'Océan.	LXXIII
THÉTIS, l'une des Néréides.	LXXIX
Elle est aimée d'Apollon, Neptune et Jupiter.	Ib.
Elle leur préfère Pélée, simple mortel.	Ib.
TITYUS, attente à l'honneur de Latone.	LXVI
TRAHISON, fille et compagne de la Nuit.	LXII
TRISTESSE, sœur aînée de la Mélancolie.	LXI
TRITON. Sa naissance, ses talons.	LXXX
ULYSSE, roi d'Ithaque, jeté par la tempête sur les côtes de Sicile.	LXXVIII
VENGEANCE, divinité habitante des enfers.	LXII
VERTUMNE. *Voyez* POMONE.	
VICTOIRE, fille de Styx. Ses attributs.	LIX
Découvre à Jupiter la conjuration des Titans.	Ib.
VOLUPTÉ, fille de l'Amour et de Psyché. Définition de la VOLUPTÉ.	LVII
ZÉPHYRE, fils d'Éole et de l'Aurore, époux de Flore, et père du Printemps.	XLIX

FIN DE LA TABLE.

www.ingramcontent.com/pod-product-compliance
Lightning Source LLC
Chambersburg PA
CBHW071943220426
43662CB00009B/972